ŒUVRES COMPLÈTES

DE

RONSARD

Paris. — Imp. par Ch. Jouaust, 338, rue S.-Honoré.

ŒUVRES COMPLÈTES

DE

P. DE RONSARD

NOUVELLE ÉDITION

Publiée sur les textes les plus anciens

AVEC LES VARIANTES ET DES NOTES

PAR

M. PROSPER BLANCHEMAIN

TOME IV

A PARIS
Chez Pagnerre, Libraire

MDCCCLX

LES ECLOGUES

DE

P. DE RONSARD

Gentilhomme vendomois

A LA MÉMOIRE

DE TRES-ILLUSTRE ET TRES-VERTUEUX PRINCE
FRANÇOIS DE FRANCE, DUC D'ANJOU

Fils et Frere de Roy

Les Remarques de Pierre DE MARCASSUS sont dédiées à M. DE MESMES, S^r D'AVAUX, conseiller du Roy en son grand Conseil.

A TRES-HAUT, TRES-VERTUEUX
ET TRES-AVANTUREUX PRINCE

FRANÇOIS DE FRANCE, DUC D'ANJOU

Fils et Frere de Roy

Tandis que la vaillance, arme d'un bon courage,
Vous pousse à regaigner l'ancien heritage
Des princes vos ayeulx (1), et qu'ami du harnois,
Vous marquez plus avant les bornes des François,
Aimant mieux la sueur, la poudre et la prouesse,
Que rouiller au Plessis (2) vos beaux ans de paresse.
Paris me tient icy, où par l'impression
J'envoye mes enfans (3) en toute nation
Conceus de mon esprit par une ardente verve,

1. Il entend le Pays-Bas, qui appartenoit aux rois de France, où Monsieur, duc d'Anjou, fils de Henri II, faisoit pour lors la guerre.
2. C'est un fort beau château tout proche de Tours, belle et heureuse ville, ne seroit-ce que pour avoir produit le brave Lagrève.
3. C'est-à-dire ses livres.

A FRANÇOIS DE FRANCE.

Ainsi que Jupiter du sien conceut Minerve,
M'ouvrant (sans emprunter de Vulcan le couteau)
Par peine et par travail mon fertile cerveau.
Les enfans de l'esprit un long siecle demeurent,
Ceux des corps journaliers ainsi que les jours meurent.
   Je vous ay consacré mes Eclogues, à fin
Que vostre beau renom ne prenne jamais fin,
Non plus que les pasteurs, le sujet de mon livre.
Les roys et les pasteurs ont mesme estat de vivre :
L'un garde les troupeaux; par l'autre sont conduits
Les hommes sous la loy de leurs sceptres réduits (a).
Pource Homere, qui vit par longues renommées,
Appelloit les grands roys les pasteurs des armées.
   David, d'un simple pastre et de bas sang issu,
Par les prophetes oingt, au thrône fut receu;
Puis, desirant l'honneur où tout monarque aspire,
Plus outre par la guerre augmenta son empire.
   Moyse d'un bergerot devint legislateur,
Devint grand capitaine, et comme un grand pasteur
Guida par les deserts ses troupes vagabondes,
Et fit passer son peuple entre les murs des ondes.
   Pource ne dédaignez ce vulgaire present :
Et croyez, mon grand duc, que rien n'est si duisant,
Ny qui tant se conforme aux grandes seigneuries,
Que l'estat des bergers et de leurs bergeries.

(1584.)

a. Var. :

L'un garde les troupeaux, et l'autre les citez,
Et les hommes qui sont mortelles Deïtez.

LES ECLOGUES

Eclogue I
BERGERIE

LES PERSONNAGES
Le premier Joüeur de lyre dira le Prologue.
S'ensuit après le Chœur des Bergeres.
ENTRE-PARLEURS
Orleantin, Angelot, Navarrin, Guisin, Margot.
PUIS
Le premier Pasteur voyageur, le second Pasteur voyageur.
PUIS
Le second Joueur de lyre.
PUIS
Deux Pasteurs dedans un antre, l'un représentant la Royne, l'autre Marguerite, Duchesse de Savoye.

LE PREMIER JOUEUR DE LYRE
Commence le Prologue.

Les chesnes ombrageux que sans art la nature
Par les hautes forests nourrit à l'avanture(1)

1. Ce commencement est imité de l'*Arcadie* de Sannazare, duquel il a pris beaucoup de choses, comme lui a fait de Virgile et de Théocrite.

Sont plus doux aux troupeaux et plus frais aux bergers
Que les arbres entez d'artifice és vergers.
 Des libres oiselets plus doux est le ramage
Que n'est le chant appris des rossignols en cage ;
Et la source d'une eau saillante d'un rocher
Est plus douce au passant pour sa soif estancher
(Quand sans art elle coule en sa veine rustique)
Que n'est une fontaine en marbre magnifique,
Par contraincte sortant d'un grand tuyau doré
Au milieu de la cour d'un palais honoré.
Plus belle est une nymphe en sa cotte agrafée,
Aux bras à demy nuds, qu'une dame coifée
D'artifice soigneux, toute peinte de fard ;
Car tousjours la nature est meilleure que l'art.
 Pource je me promets que le chant solitaire
Des sauvages pasteurs doit d'avantage plaire
(D'autant qu'il est naïf, sans art et sans façon)
Qu'une plus curieuse et superbe chanson
De ces maistres enflez d'une muse hardie,
Qui font trembler le ciel sous une tragédie,
Ou d'un vers enaigri, d'une colere voix,
Qui foudroye l'honneur des princes et des rois (a).
 Escoutez donc icy les musettes sacrées
De ces pasteurs venus de lointaines contrées,
Qui font diversement tout ainsi qu'il leur plaist
D'amoureuses chansons sonner ceste forest.
 Ce ne sont pas bergers d'une maison champestre,
Qui menent pour salaire aux champs les brebis paistre,
Mais de haute famille et de race d'ayeux
Qui, tenant des pasteurs le sceptre en divers lieux,
Ont effroyé les loups, et en toute asseurance
Ont guidé les troupeaux par les herbes de France,

---

 a. Var. :

Et d'un vers ampoullé, d'une colere vois,
Redoublent les malheurs des princes et des rois.

[Aimez de leurs sujets et craints des estrangers ;
Car tousjours la vertu a conduit ces bergers.]

Le chœur des Bergeres, composé de douze, assises dedans un antre, six d'une part et six de l'autre.

La premiere partie du costé dextre commence en chantant.

Si nous voyons entre fleurs et boutons
   Paistre moutons,
Et nos chevreaux pendre sur une roche,
Sans que le loup sur le soir en approche
   De sa dent croche ;
Si liz florir et roses nous sentons,
Voyans mourir toute herbe serpentine ;
Si nous voyons les nymphes à minuit
  En leur simple vasquine (1)
   Mener un bruit,
Dansans au bord d'une source argentine ;
Si nous voyons le siecle d'or refait,
   C'est du bien fait
De la bergere Catherine (2).

L'autre partie sort de l'antre du costé gauche en chantant.

Quand nous irons baigner les grasses peaux
   De nos troupeaux,
Pour leur blanchir ergots, cornes et laines,
Semant partout des roses à mains pleines,
   Sur les fontaines,
Et du vin sur les ruisseaux ;
Quand nous ferons aux nymphes le service,
   Et d'annuel office

---

1. C'est une espèce d'habit que les damoiselles mettoient entre la chemise et la cotte.
2. C'étoit la reine mère.

Irons versant le sang d'un aignelet
  Dedans du laict
Pour un rustique sacrifice;

Lors nous ferons de gazons un autel
 Tout couvert de branche myrtine,
  Et par un vœu solennel,
 De la nymphe Catherine (1)
Invoquerons le renom eternel :
   Puis d'âge en en âge,
  En humble hommage,
Nous respandrons sur l'autel mille fleurs
  Honorant son visage.
Car, tant qu'Amour se nourrira de pleurs
  Et de douleurs,
Dedans nos cœurs nous aurons son image.

Le chœur des Nymphes toutes ensemble se prend par la main et dit ceste chanson en dansant; puis se retirent en l'antre d'où elles estoient sorties.

Nous avons veu d un prince la jeunesse,
D'un prince fils d'une grande déesse,
Dont la beauté, la grace et les valeurs
Ornent nos champs, comme au matin l'aurore
Orne le ciel, quand son beau front colore
Tout l'Orient de perles et de fleurs.
 Puissent ses ans croistre comme la rose
Qu'une pucelle en diligence arrose
Soir et matin pour s'en faire un bouquet,
Afin qu'un jour si hautement il croisse
Que sur les roys autant il apparoisse
Qu'une forest par dessus un bosquet.
 Au bon Carlin (2) le ciel face la grace
De voir çà bas la race de sa race,

---

1. Catherine de Médicis.
2. Charles IX.

Tout courbé d'ans ainsi que fit Nestor (a),
C'est ce Carlin promis des Destinées,
Sous qui courront les meilleures années
Du vieil Saturne et du bon siècle d'or (b).

*Les quatre Bergers et la Bergere se presentent ensemble,
d'un autre antre (c).*

ORLEANTIN (1) *commence.*

Puis que le lieu, le temps, la saison et l'envie,
Qui s'eschaufent d'amour, à chanter nous convie,
Chanton donques, bergers, et en mille façons
A ces vertes forests apprenon nos chansons.
   Icy de cent couleurs s'esmaille la prairie,
Icy la tendre vigne aux ormeaux se marie,
Icy l'ombrage frais va les fueilles mouvant
Errantes çà et là sous l'haleine du vent;
Icy de pré en pré les soigneuses avettes
Vont baisant et succant les odeurs des fleurettes;
Icy le gazouillis enroué des ruisseaux
S'accorde doucement aux plaintes des oiseaux;
Icy entre les pins les Zephyres s'entendent.
   Nos flutes cependant trop paresseuses pendent
A nos cols endormis, et semble que ce temps
Soit à nous un hyver, aux autres un printemps.
   Sus donques en cet antre ou dessous cet ombrage
Disons une chanson. Quant à ma part, je gage,
Pour le prix de celuy qui chantera le mieux,
Un cerf apprivoisé qui me suit en tous lieux.

1. Monsieur le duc d'Orléans, frère du roi Charles IX.

a. Var. :

Pere des roys, des peuples adoré :

b. Var. :
                          Et du siècle doré.

c. Var. :

Chacun de son antre à part.

Je le desrobay jeune, au fond d'une vallée,
A sa mere, au dos peint d'une peau martelée,
Et le nourry si bien que, souvent le gratant,
Le chatouillant, touchant, le peignant et flatant,
Tantost auprès d'une eau, tantost sur la verdure,
En douce je tournay sa sauvage nature.
Je l'ay tousjours gardé pour ma belle Thoinon,
Laquelle en ma faveur l'appelle de mon nom;
Tantost elle le baise et de fleurs odoreuses
Environne son front et ses cornes rameuses,
Et tantost son beau col elle vient enfermer
D'un carquan enrichy de coquilles de mer;
D'où pend la croche dent d'un sanglier, qui ressemble
En rondeur le croissant qui se rejoint ensemble.
Il va seul et pensif où son pied le conduit;
Maintenant des forest les ombrages il suit,
Maintenant il se mire aux bords d'une fontaine
Ou s'endort sous le creux d'une roche hautaine.
Puis il retourne au soir, et, gaillard, prend du pain,
Tantost dessus la table et tantost en ma main,
Saute à l'entour de moy, et de sa corne essaye
De cosser brusquement mon mastin qui l'abaye,
Fait bruire son cleron, puis il se va coucher
Au giron de Thoinon, qui l'estime si cher.
Il souffre que sa main le chevestre luy mette,
Faict à houpes de soye, et si bien ell' le traite
Que sur son dos privé le bast elle luy met.
Elle monte dessus et sans crainte le fait
Marcher entre les fleurs, le tenant à la corne
D'une main, et de l'autre, ingenieuse, elle orne
Sa croupe de bouquets et de petits rameaux;
Puis le conduit au soir à la fraischeur des eaux,
Et de sa blanche main seule luy donne à boire.
Or quiconques aura l'honneur de la victoire
Sera maistre du cerf, bien-heureux et contant
De donner à s'amie un present qui vaut tant.

ANGELOT (1).

Je gage mon grand bouc, qui par mont et par plaine
Conduit seul un troupeau comme un grand capitaine;
Il est fort et hardy, corpulent et puissant,
Brusque, prompt, éveillé, sautant et bondissant,
Qui gratte, en se jouant, de l'ergot de derriere
(Regardant les passans) sa barbe mentonniere.
Il a le front severe et le pas mesuré,
La contenance fiere et l'œil bien asseuré;
Il ne doute (2) les loups, tant soient-ils redoutables,
Ny les mastins armez de colliers effroyables,
Mais, planté sur le haut d'un rocher espineux,
Les regarde passer et si se mocque d'eux.
 Son front est remparé de quatre grandes cornes,
Les deux proches des yeux sont droites comme bornes
Qu'un pere de famille esleve sur le bord
De son champ qui estoit nagueres en discord;
Les deux autres, qui sont prochaines des aureilles,
En douze ou quinze plis se couvrent à merveilles
Comme ondes de la mer (a) et en tournant s'en vont
Cacher dessous le poil qui luy pend sur le front.
 Dés la poincte du jour, ce grand bouc qui sommeille
N'attend que le pasteur tout le troupeau réveille,
Mais il fait un grand bruit dedans l'estable, et puis,
En poussant le crouillet, de sa corne ouvre l'huis,
Et guide les chevreaux, qu'à grands pas il devance
Comme de la longueur d'une moyenne lance,
Puis les rameine au soir à pas contez et lons,
Faisant sous ses ergots poudroyer les sablons.
 Jamais en nul combat n'a perdu la bataille,
Ruzé dés sa jeunesse, en quelque part qu'il aille,

---

1. Monsieur le duc d'Anjou, frère du roi Charles IX.
2. Pour *redoute*.

 a. Var. :

D'une entorse ridée,

D'emporter la victoire ; aussi les autres boucs
Ont crainte de sa corne et la reverent tous.
Je le gage pourtant, gentil pasteur, regarde,
Il vaut mieux que le cerf que ta Thoinon te garde.

NAVARRIN (1).

J'ay dans ma gibbeciere un vaisseau fait au tour,
De racine de buis, dont les anses d'autour
Par artifice grand de mesme bois sont faites,
Où maintes choses sont diversement portraites.
Presque tout au milieu du gobelet est peint
Un satyre cornu, qui de ses bras estreint
Tout au travers du corps une jeune bergere,
Et la veut faire choir dessous une fougere.
Son couvrechef lui tombe, elle a de toutes pars,
A l'abandon du vent, ses beaux cheveux espars ;
La nymphe courroucée, ardante en son courage,
Tourne loin du satyre arriere le visage,
Essayant d'eschapper, et de la dextre main
Luy arrache le poil du menton et du sein,
Et luy froisse le nez de l'autre main senestre,
Mais en vain : car tousjours le satyre est le maistre.
Trois petits enfans nuds de jambes et de bras,
Taillez au naturel, tous potelez et gras,
Sont gravez à l'entour; l'un, par vive entreprise,
Veut faire abandonner au satyre sa prise,
Et d'une infante main par deux et par trois fois
Prend celle du bouquin et luy ouvre les doits.
L'autre, plus courroucé, d'une dent bien aigue
Mort ce dieu ravisseur par la cuisse pelue,
Se tient contre sa gréve et le pince si fort
Que le sang espandu sous les ongles en sort,
Faisant signe du doigt à l'autre enfant qu'il vienne,
Et que par l'autre jambe ainsi que luy le tienne ;
Mais cet autre garçon, pour-neant supplié,
A dos courbé se tire une espine du pié,

---

1. Le roi de Navarre Henri le Grand.

Assis sur un gazon de verte pimpernelle,
Sans se donner soucy de celuy qui l'appelle.
  Une genisse auprés luy pend sur le talon,
Qui regarde tirer le poignant aiguillon
De l'espine cachée au fond de la chair vive ;
Et toute est tellement à ce fait ententive
Que beante elle oublie à boire et à manger,
Tant elle prend plaisir à ce petit berger,
Qui, tirant à la fin la pointe de l'espine,
De douleur se renverse et tombe sur l'eschine.
  Un houbelon rampant à bras longs et retors
De ce creux gobelet passemente les bors,
Et court en se pliant à l'entour de l'ouvrage :
Tel qu'il est toutefois je le mets pour mon gage.

GUISIN(1).

  Je mets une houlette en lieu de ton vaisseau.
L'autre jour que j'estois assis prés d'un ruisseau,
Radoubant ma musette avecques mon alesne,
Je vy dessur le bord le tige d'un beau fresne
Droit, sans nœuds et sans plis ; lors me levant soudain,
J'empoignay d'allegresse un goy dedans la main,
Puis, coupant par le pied le bois armé d'escorce,
Je le fis chanceler et trebucher à force
Dessur le pré voisin estendu de son long :
En quatre gros quartiers j'en fis sier le tronc,
Au soleil je seichay sa verdeur consumée,
Puis j'endurcy le bois pendu à la fumée.
  A la fin le baillant à Jean, ce bon ouvrier
M'en fist une houlette, et si n'y a chévrier
Ny berger en ce bois qui ne donnast pour elle
La valeur d'un taureau, tant elle semble belle.
  Elle a par artifice un million de nouds,
Pour mieux tenir la main, tous marquetez de clous ;
Et afin que son pied ne se gaste à la terre,
Un cercle faict d'airain de tous costez le serre :

---

1. C'est feu Monsieur de Guise.

Une poincte de fer le bout du pied soustient,
Rempart de la houlette, où le pasteur se tient
Dessur la jambe gauche, et du haut il appuye
Sa main, quand de jouer sur sa flute il s'ennuye.
L'anse est faite de cuivre et le haut de fer blanc
Un peu long et courbé, où pourroient bien de ranc
Deux mottes pour jetter au troupeau qui s'égare,
Tant le fer est creusé d'un artifice rare.
 Une nymphe y est peinte, ouvrage nompareil,
Qui ses cheveux essuye aux rayons du soleil,
Qui deçà qui delà dessur le col luy pendent,
Et dessur la houlette à petits flots descendent.
 Elle fait d'une main semblant de ramasser
Ceux du costé senestre et de les retrousser
En frisons sur l'aureille, et de l'autre elle allonge
Ceux du dextre costé mignotez d'une esponge
Et tirez fil à fil, faisant entre ses doits
Sortir en pressurant l'escume sur le bois.
Aux pieds de ceste nymphe est un garçon qui semble
Cueillir des brins de jonc et les lier ensemble
De long et de travers courbé sur le genou.
Il les presse du pouce et les serre d'un noud,
Puis il fait entre deux des fenestres égales,
Façonnant une cage à mettre des cigales.
 Loin derriere son dos est gisante à l'escart
Sa panetiere enflée, en laquelle un regnard
Met le nez finement, et d'une ruze estrange
Trouve le déjeuner du garçon et le mange,
Dont l'enfant s'apperçoit sans estre courroucé,
Tant il est ententif à l'œuvre commencé.
 Si mettray-je pourtant une telle houlette,
Que j'estime en valeur autant qu'une musette.

MARGOT (1).

Je mettray pour celuy qui gaignera le prix
Un merle qu'à la glus en nos forests je pris;

---

1. Madame Marguerite, duchesse de Savoie.

Eclogue I.

Puis vous diray comment je l'enfermay en cage
Et luy fis oublier son naturel ramage.
  Un jour en l'escoutant siffler dedans ce bois
J'eu plaisir de son vol et plaisir de sa vois,
Et de sa robbe noire, et de son bec qui semble
Etre peint de safran, tant jaune il luy ressemble ;
Et pource j'espiay l'endroit où il buvoit,
Quant au plus chaud du jour ses plumes il lavoit.
  Or en semant le bord de vergettes gluées,
L'une assez près de l'autre, en ordre situées (a),
Je me cachay sous l'herbe au pied d'un arbrisseau,
Attendant que la soif ameneroit l'oiseau.
  Aussi tost que le chaud eut la terre enflamée,
Et que les bois fueilluz herissez de ramée
N'empeschoient que l'ardeur des rayons les plus chaux
Ne vinssent alterer le cœur des animaux,
Ce merle, ouvrant la gorge et laissant l'aile pendre,
Matté d'ardante soif, en volant vint descendre
Dessus le bord glué, et comme il allongeoit
Le col pour s'abreuver (pauvret qui ne songeoit
Qu'à prendre son plaisir!), se veit outre coustume
Engluer tout le col et puis toute la plume,
Si bien qu'il ne faisoit en lieu de s'en-voler,
Sinon à petits bonds sur le bord sauteler.
Incontinent je cours, et prompte luy desrobbe
Sa douce liberté, le cachant sous ma robbe ;
Puis, pliant et nouant de vergettes de buis
Et d'osier une cage, en prison je le mis.
Et fust que le soleil se plongeast dedans l'onde (b),

  a. Var. :

Où les premieres eaux du vent sont remuées,

  b. Var. :

Puis, repliant d'osier un petit labyrint,
Pour son buisson natal prisonnier il devint
De ma cage, et depuis, fust le soleil sous l'onde,

Fust qu'il monstrast au jour sa belle tresse blonde,
Fust au plus chaud midy, alors que nos troupeaux
Estoient en remaschant couchez sous les ormeaux,
Si bien je le veillay, parlant à son aureille,
Qu'en moins de quinze jours je luy appris merveille,
Et luy fis oublier sa rustique chanson,
Pour retenir par cœur mainte belle leçon
Toute pleine d'amour. J'ay souvenance d'une ;
Bien que l'invention en soit assez commune,
Je la diray pourtant, car par là se verra
Si l'oiseau sera cher à celuy qui l'aura.

Xandrin (1) mon doux soucy, mon œillet et ma rose,
Qui peux de mes troupeaux et de moy disposer,
Le soleil tous les soirs dedans l'eau se repose !
Mais Margot pour t'amour ne sauroit reposer.

Il en sçait mille encore et mille de plus belles
Qu'il escoute en ces bois chanter aux pastourelles,
Car il apprend par cœur tout cela qu'il entend,
Et bien qu'il me soit cher, je le gage pourtant.

Les chansons des pasteurs.

ORLEANTIN.

Quel estrange malheur, quelle amere tristesse
Vous tenoit, ô forests, quand la blonde jeunesse
Qui boit les eaux du Rhin (2) d'un malheureux harnois
Brigandant effroyoit le païs champenois,
Puis, enflée en espoir d'une fausse victoire,
Beut en lieu de son Rhin les eaux de nostre Loire,

---

1. Par Xandrin, il entend Henri III, qui auroit été nommé sur les fonts Alexandre.
2. Il entend les Allemands, qui passèrent en France contre Charles IX, bien que Henri II, son père, eût entrepris le voyage d'Allemagne, si fâcheux et si pénible pour la défense de leur liberté contre l'empereur Charles V.

Et osa, se fiant à l'infidelité
Du peuple, menacer nostre grande cité (a).
   En ce temps si mauvais, la France, en despit d'elle,
Portoit dessur l'eschine une gent si cruelle,
Et voyant maugré soy tant de guerriers nouveaux,
Soustenoit par despit les pieds de leurs chevaux.
   Le soleil se cacha, et la saison, chargée
De neiges apperceut ceste troupe enragée
Saccager nos maisons au milieu de l'hiver;
Car jamais le soleil ne se daigna lever
Pour voir nostre ruine (b), abhorrant que le vice
Allast le front levé sans crainte de justice.
Un peuple se bandoit contre l'autre irrité (c),
Le citoyen estoit banny de sa cité,
Les autels despouillez de leurs saints tutelaires,
Les temples ressembloient aux deserts solitaires,
Sans feu, sans oraison, et les prestres sacrez
Servoient de proye aux loups sur l'autel massacrez.
   Nul tant chetif troupeau ne se trainoit sur l'herbe,
Qu'il ne fust égorgé par l'ennemy superbe,

  a. Var. :

Qui sent tousjours la bise éventer son harnois,
Sans crainte briganda le sceptre des François?
Et, s'enflant de l'espoir d'une fausse victoire,
Vint boire, en lieu du Rhin, les eaux de nostre Loire,
Contre un jeune orphelin (1), *dont le pere indomté* (2)
Avoit leur nation remise en liberté?

  b. Var. :
                              Ne voulut approuver
Si cruel brigandage.

  c. Var. :

Le peuple avoit perdu toute fidelité,

1. Charles IX.
2. Henri II.

Qui d'une main barbare emportoit pour butin
Gras et maigre troupeau, et pasteurs et mâtin.
 Les Faunes et les Pans, et les Nymphes compagnes,
Se cacherent d'effroy sous le creux des montagnes,
Abominans le sang et les glaives trenchans,
Et nulle Déité n'habitoit plus aux champs.
 La honte de mal-faire estoit morte, et les armes,
Et les harnois craquans sur le dos des gensdarmes,
Luisoient de tous costez; bref, il n'y avoit lieux,
Tant fussent eslongnez, soit des pieds, soit des yeux,
Il n'y avoit montagne, ou pendante vallée,
Ou forest, tant fust elle à l'escart reculée,
Ou rocher si secret, qui ne sentist la main
Et la barbare voix de l'avare Germain (1).
 Les herbes commençoient à croistre par les rues,
Oisives par les champs se rouilloient les charrues;
Car la terre, irritée et dolente de voir
Ses fils s'entre-tuer, leur nioit son devoir,
Et en lieu de donner des moissons abondantes,
Ne poussoit que chardons et qu'espines mordantes.
 Voire, et si du haut ciel quelque bon Dieu n'eust mis
Un remors vergongneux au cœur des ennemis,
C'estoit fait que de France (*a*), et sa terre, couverte
De tant de gras troupeaux, fust maintenant deserte,
Et, bannis de nos champs, eussions esté contraints
Aller en autre part implorer autres saints.
Mais un prince bien né (2) qui prend son origine (*b*)

 a. Var. :

La France estoit perdue,

 b. Var. :

Mais un Bourbon qui prend sa celeste origine

1. Germain, *Allemand*, en latin *Germanicus*.
2. C'étoit Louis de Bourbon, prince de Condé.

Du tige de nos roys, et une Catherine (1),
Ont rompu le discord, et doucement ont fait
Que Mars, bien que grondant, se voit pris et desfait.
Ceste Nymphe, et royale et digne qu'on luy dresse
Des autels tout ainsi qu'à Palés la déesse,
La premiere nous dit : Pasteurs, comme devant
Entonnez vos chansons et les contez au vent,
Et aux grandes forests, si longuement muettes,
R'apprenez les accords de vos vieilles musettes,
Et menez desormais par les prez vos taureaux,
Et dormez seurement sous le frais des ormeaux.

 Elle nous rebailla nos champs et nos bocages,
Elle nous fit rentrer en nos premiers herbages
Et nos premiers courtils, et d'un front adoucy
Chassa bien loin de nous la peur et le soucy.

 Et pource, tous les ans, à jours certains de festes,
Donnans repos aux champs, à nous et à nos bestes,
Luy ferons un autel comme à la grand' Junon,
Et long temps par les bois sera chanté son nom.

 Les bois le chanteront, et les creuses vallées,
Et les eaux des rochers, contre-bas devalées,
Le diront à l'envy, et echo, qui l'oirra
Si souvent rechanter, souvent le redira.

 Il n'y aura forest où son nom sur l'escorce
Des chesnes les plus beaux ne soit escrit à force,
Et qu'à l'entour du nom ne pendent mille fleurs
En mille chapelets de diverses couleurs.

 Il n'y aura berger, soit qu'au matin il meine,
Soit qu'il rameine au soir son troupeau porte-laine,
Qui, songeant et pensant et faisant un discours,
Que d'elle seulement est venu son secours,
Ne luy verse du miel, et qu'il ne luy nourrisse
A part dans une prée une blanche genisse,
Ne luy sacre aux jardins un pin le plus espais,
Un ruisseau le plus clair, un antre le plus frais,
Et, luy offrant ses vœux, hautement ne l'appelle

---

1. Catherine de Médicis, reine mère.

ECLOGUE I.

La mere de nos Dieux, la Françoise Cybelle.
   O bergere d'honneur, les saules ne sont pas
Aux aignelets sevrez si gracieux repas,
Ny le printemps n'est point si plaisant aux fleurettes,
Ny la rosée aux prez, ny les blondes avettes
N'aiment tant à baiser les roses et le thin,
Que j'aime à celebrer les honneurs de Catin.

ANGELOT (¹).

   Quand le bon Henriot (²), par rude destinée,
Avant la nuict venue accomplit sa journée,
Nos troupeaux, prevoyans quelque futur danger,
Languissoient par les champs sans boire ny manger,
Et, beslans et crians, et tapis contre terre,
Gisoient comme frappez de l'esclat du tonnerre.
Toutes choses çà bas pleuroient en desconfort ;
Le soleil s'en-nua (³) pour ne voir telle mort,
Et d'un crespe rouillé cacha sa teste blonde,
Abominant la terre en vices si feconde.
   Les nymphes l'ont gemy d'une piteuse vois ;
Les antres l'ont pleuré, les rochers et les bois.
Vous le sçavez, forests, qui vistes és bocages
Les loups mesme le plaindre et les lions sauvages.
   Ce fut ce Henriot qui, remply de bon-heur,
Remist des Dieux bannis le service en honneur,
Et, se monstrant des arts le parfait exemplaire,
Esleva jusqu'au ciel la gloire militaire.
   Tout ainsi que la vigne est l'honneur d'un ormeau,
Et l'honneur de la vigne est le raisin nouveau,
Et l'honneur des troupeaux est le bouc qui les meine,
Et comme les espics sont l'honneur de la plaine,
Et comme les fruits meurs sont l'honneur des vergers,
Ainsi ce Henriot fut l'honneur des bergers.
   Quantes-fois avons nous, depuis sa mort cruelle,

---

1. Le duc d'Anjou.
2. Henri II, duquel il chante un chant funèbre.
3. Mot que Ronsard a fait pour dire : se cacha d'une nue.

Labouré les sillons d'une peine annuelle,
Las! qui nont rapporté, en lieu de bons espics,
Qu'yvraie, qu'aubifoin, que ponceaux inutils!
  Les herbes par sa mort perdirent leur verdure,
Les roses et les lis prindrent noire teinture,
La belle marguerite (1) en prist triste couleur,
Et l'œillet sur sa fueille escrivit ce malheur.
  Pasteurs, en sa faveur semez de fleurs la terre,
Ombragez les ruisseaux de pampres et de lierre;
Et de gazons herbus en toute saison verts,
Dressez-luy son sepulchre et y gravez ces vers:

  L'ame qui n'eut jamais en vertu son égale,
Icy laissa son voile en tranquille repos:
Chesnes, faictes ombrage à la tombe royale,
Et vous, manne du ciel, tombez dessus ses os.

  O berger Henriot, en lieu de vivre en terre
Sanglante de discord, de meurdres et de guerre,
Tu vis là haut au ciel, où mieux que paravant
Tu vois dessous tes pieds les astres et le vent,
Tu vois dessous tes pieds les astres et les nues,
Tu vois l'air et la mer et les terres cognues,
Comme un ange parfait deslié du soucy
Et du fardeau mortel qui nous tourmente icy.
  O belle ame royalle, au ciel la plus haussée,
Qui te mocques de nous et de nostre pensée,
Et des appas mondains qui ne nous font sentir
Apres le plaisir vain si non le repentir!
  Ainsi qu'un beau soleil entre les belles ames,
Environné d'esclairs, de rayons et de flames,
Tu reluis dans le ciel, et, loin de toute peur,
Fait Ange, tu te ris de ce monde tompeur!
  Où tu es, le printemps ne perd point sa verdure;
L'orage n'y est point, le chaud ny la froidure,

---

1. Allusion de la fleur au nom de la sœur de Henri II, qui fut grandement affligée de la mort de son frère.

Mais un air pur et net, et le soleil au soir
Comme icy ne se laisse en la marine choir.
 Tu vois autres forests, tu vois autres rivages,
Autres plus hauts rochers, autres plus verds bocages,
Autres prez plus herbus, et ton troupeau tu pais
D'autres plus belles fleurs qui ne meurent jamais.
Et pource nos forests, nos herbes et nos plaines,
Nos ruisseaux et nos prez, nos fleurs et nos fontaines,
Se souvenant de toy, murmurent en tout lieu
Que le bon Henriot est maintenant un Dieu.
Sois propice à nos vœux : je te feray d'yvoire
Et de marbre un beau temple au rivage de Loire,
Où, sur le mois d'avril, aux jours longs et nouveaux,
Je feray des combats entre les pastoureaux
A sauter, à luiter, à franchir la carrière,
Et pour couronne auront la rose printannière (*a*).
 Là sera ton Janot (1), qui chantera tes faits,
Tes guerres, tes combats, tes ennemis desfaits,
Et tout ce que ta main d'invincible puissance
Osa pour redresser la houlette de France.
 Or adieu, grand berger! tant qu'on verra les eaux
Soustenir les poissons, et le vent les oiseaux,
Nous aimerons ton nom, et par ceste ramée,
D'âge en âge suivant, vivra ta renommée.
 Nous ferons en ton nom des autels tous les ans,
Verds de gazons de terre, et comme aux Egipans,
Aux Faunes, aux Satyrs, te ferons sacrifice :
Ton Perrot (2) le premier chantera le service,
En dansant main à main, couronnés de cyprés,
Et au son du cornet, nous ferons aux forests
Apprendre tes honneurs, afin que ta louange,

 a. Var. :

A sauter, à luiter sur l'herbe nouvelette,
Pendant au prochain pin le prix d'une musette.

1. Jan-Antoine de Baïf.
2. Pierre de Ronsard.

Redite tous les ans, par les ans ne se change,
Plus forte que la mort, fleurissant en tout temps
Par ces grandes forests, comme fleurs au printemps.

NAVARRIN(1).

Que ne retourne au monde encore ce bel âge
Simple, innocent et bon, où le meschant usage
De l'acier et du fer n'estoit point en valeur,
Trop en prix maintenant en nostre grand malheur?
Hà! bel âge doré, où l'or n'avoit puissance!
Mais doré pour-autant que la pure innocence,
La crainte de mal-faire et la simple bonté
Permettoient aux humains de vivre en liberté.
Les Dieux visiblement se presentoient aux hommes,
Et, pasteurs de troupeaux par ces champs où nous sommes,
Au milieu du bestail ne faisoient que sauter,
Apprenant aux mortels le bel art de chanter.
Les bœufs, en ce temps-là, paissans parmi la plaine,
L'un à l'autre parloient, et d'une voix humaine,
Quand la nuict approchoit, predisoient les dangers,
Et servoient par les champs d'oracles aux bergers.
Il ne regnoit alors ny noise ny rancune,
Les champs n'estoient bornez, et la terre commune,
Sans semer ny planter, bonne mere, apportoit
Le fruict qui de soy-mesme heureusement sortoit;
Les procez n'avoient lieu, la guerre ny l'envie.
Les vieillards sans douleur sortoient de ceste vie
Comme en songe, et leurs ans doucement finissoient,
Ou, mangeant de quelque herbe, ils se rajeunissoient.
Jamais du beau printemps la saison esmaillée
N'estoit (comme depuis) par l'hyver despouillée.
Tousjours du beau soleil les rayons se voyoient,
Et tousjours par les bois les Zephyres s'oyoient;
Tousjours le rossignol chantoit par la verdure;
Tous ces vilains oiseaux d'abominable augure,
Orfrayes et chouans qui sont cornus au front,

---

1. Le roi de Navarre, Henri le Grand.

Sur le haut des maisons ne chantoient comme ils font.
　　La terre, comme elle est vers les hommes despite,
N'engendroit ni venin ni plante d'aconite (*a*);
Mais myrrhe precieuse, et l'amome, qui sent
Si doucement au nez, et le basme et l'encent.
Chascun se repaissoit, dessous les frais ombrages,
Ou de laict, ou de glan, ou de fraises sauvages.
　　Car le bœuf laboureur, apres avoir sué
Comme il fait sous le joug, pour lors n'estoit tué;
Ni la douce brebis qui les robes nous donne
Sa gorge ne tendoit au couteau de personne (*b*).
　　O saison gracieuse! helas, que n'ay-je esté
En un temps si heureux en ce monde alaité?
　　Maintenant on ne voit que Circes (1), que Medées,

　　a. Var. :

　　La terre par le ciel encor' n'estoit maudite :
Son sein ne produisoit encores l'aconite,
Vitriol, arsenic, ny tous ces vegetaux,
Ny le prompt argent-vif, principe des metaux,
Ny tout ce que Pluton cache en son patrimoine,
Ny des fortes poisons l'execrable antimoine :

　　　　　　　　　　　　　　　　(1584.)

　　b. Var. :

Ny la simple brebis, qui nos vêtements porte,
Aux estaux des bouchers au croc ne pendoit morte;
Ny lors la vache mere, oubliant le sejour
Des ruisseaux et des prez, ne mugloit à l'entour
Des ministres sacrez, lamentant sa genice,
Car les fleurs et les fruits servoient de sacrifice.

　　　　　　　　　　　　　　　(Ed. posth.)

　　1. Des personnes qui ne faisoient estat que d'empoisonner. Il ne nous est pas permis de dire ici la vérité sans crime. — Il fait allusion à l'empoisonnement de la reine de Navarre.　　　　　　　　　　　　　　　　P. B.

Que Cacus (1) eshontez aux mains outrecuidées,
Que Busirs, Geryons, que Protées nouveaux,
Qui se changent en tigre, en serpens, en oiseaux,
Et coulent de la main tout ainsi qu'une anguille,
Et aux moissons d'autruy ont tousjours la faucille.
  Il me souvient un jour qu'aux rochers de Beart (2)
J'allai voir une vieille, ingenieuse en l'art
D'appeler les esprits hors des tombes poudreuses,
D'arrester le soleil et les rivieres creuses,
Et d'enchanter la lune au milieu de son cours,
Et changer les pasteurs en tigres et en ours.
Or elle, prevoyant par magique figure
Que la bonté faudroit en la saison future,
Me conduit dans un antre, où elle me monstra
Un tableau qu'à main dextre attaché rencontra,
Et, le lisant, m'apprist dés enfance à cognoistre
Le grand Pan (3) des bergers, de toutes choses maistre;
Me montra mille maux en ceste table escris,
Dont les hommes seroient en peu de temps surpris :
La guerre, le discord, mainte secte diverse (4),
Et le monde esbranlé tomber à la renverse.
  « Mais pren cœur, ce disoit : car, tant que les grands rois
De la Gaule aimeront les pasteurs navarrois,
Tousjours leurs gras troupeaux paistront sur les montagnes,
Le froment jaunira par leurs blondes campagnes,
Et n'auront jamais peur que les proches voisins
Emportent leurs moissons ou coupent leurs raisins.
  « Pource, jeune berger, il te faut dés enfance
Aller trouver Carlin (5) le grand pasteur de France;
Ta force vient de luy. » Lors, suyvant mon destin,

  1. Par ces Cacus, il entend les harpies de l'État, qui voloient à toutes mains. Cacus étoit un voleur qui se tenoit sur le mont Aventin ; il fut tué par Hercule.
  2. L'extrémité de la France du côté de l'Espagne.
  3. Le roy Charles IX.
  4. L'hérésie, qui causa durant son règne tant de maux par toute l'Europe.
  5. Charles IX.

En France je vins voir le grand pasteur Carlin,
Carlin que j'aime autant qu'une vermeille rose
Aime la blanche main de celle qui l'arrose,
Que les prez les ruisseaux, les ruisseaux la verdeur;
Car de son amitié procede ma grandeur.

GUISIN (1).

Houlette qui soulois és plaines Idumées
Comme troupeaux rangez conduire les armées (2),
Qui a regi Sicile et les monts Calabrois (3),
Et la ville, tombeau de la Serene (4); vois
Maintenant, je te tiens, de pere en fils laissée,
Qui, dure, n'as esté par les guerres cassée,
Et qui dois gouverner encore dessous moy
Les troupeaux de Carlin, mon pasteur et mon roy.
Icy les grands forests que les ans renouvellent,
Icy Carlin, icy les fontaines t'appellent,
Les rochers et les pins, et le ciel, qui, plus beau,
Se tourne pour complaire à ton regne nouveau.
Toute chose s'esgaye à ta belle venue,
L'air n'est plus attristé d'une fascheuse nue,
La mer rit en ses flots, sans soufles est le vent,
Et les astres au ciel luisent mieux que devant.
O grand pasteur Carlin, ornement de nostre âge,
Haste-toi d'aller voir ton fertile heritage (5),
Environne tes champs et compte tes taureaux,
Et reçois desormais les vœux des pastoureaux.
Catherine ta mere, à ta main dextre assise,
D'un voyage si beau conduira l'entreprise,

---

1. Monsieur de Guise.
2. A cause de Godefroy de Bouillon, dont il descend, qui conquit la Terre-Sainte.
3. Il y a eu des rois de Sicile des descendants de Godefroy.
4. Naples, autrement Parthenopé, ainsi nommée d'une sirène de ce nom.
5. Parce qu'il devoit faire le tour de la France avec la reine mère.

Et te fera passer par tes villes, ainsi
Que passe par le ciel un bel astre esclairci.
　L'honneur et la vertu iront devant ta face ;
Les fleuves, les rochers, les bois, te feront place,
Et le peuple, joyeux, en chantant semera
Tous les chemins de fleurs où ton pied passera ;
Car tu es ce grand roy que tant de destinées
Nous promettoient venir apres longues années
Pour gouverner ta France et retourner aux cieux,
Apres cent ans passez assis entre les Dieux (*a*).
　On dit, quand tu nasquis, que les Parques fatales,
Ayans fuseaux égaux et quenouilles égales,
Et non pas le filet et la trame, qui est
De diverse façon tout ainsi qu'il leur plaist,
Jettant sur ton berceu à pleines mains décloses
Des œillets et des lis, du safran et des roses,
Commencerent ainsi : « Roy, qui devois venir
Au monde pour le monde en repos maintenir,
Et qui par le Destin en France devois naistre
Pour estre des grands roys le seigneur et le maistre,
Enten ce que le Ciel, immuable en sa loy,
Et nos fuseaux d'airain ont devidé de toy (*b*).
　« Durant ton nouveau regne (avant que l'âge tendre
Laisse autour de ta lévre un crespe d'or espandre),
L'ambition, l'erreur, la guerre et le discord
Par les peuples courront, images de la mort :
On fera, pour tenir les villes asseurées,
Des fossez, des rempars, des ceintures murées,
Et l'horrible canon, par le soulphre animé,
Vomira de sa bouche un tonnerre allumé.

a. Var. :

　　　　　　　　Et pour estre le roy,
Mais plustost le recteur des peuples et de toy.

b. Var. :

Enten ce que Themis au visage ridé
Sur nos fuseaux d'airain a pour toy devidé.

« On fera des rateaux les poignantes espées,
Les faucilles seront en lames détrempées,
L'avantureux nocher, d'avarice conduit,
Ira voir sous nos pieds l'autre pole qui luit.
D'autres Tiphys naistront, qui, pleins de hardiesse,
Esliront par la France encore une jeunesse
De chevaliers errans dans Argon enfermez;
Encores on voirra des Achilles armez
Combattre devant Troye, et les rivieres pleines
De corps morts escumer sanglantes par les plaines (*a*).

« Mais si tost que les ans en croissant t'auront fait,
En lieu d'un jouvenceau, homme entier et parfait,
Lors la guerre mourra, les harnois et les armes;
Les querelles mourront, les plaintes et les larmes,
Et tout ce qui dépend du vieil siecle ferré
S'enfuira, donnant place au bel âge doré.

« Les hommes reverront les Dieux venir en terre;
Le Ciel, sans plus s'armer de foudre et de tonnerre,
Sans plus faire la gresle à bonds espais rouler,
Fera dessur les champs la manne distiller.

« Les pins, vieux compagnons des plus hautes montagnes,
En navires creusez ne voirront les campagnes
De Neptune venteux, car sans voguer si loin
La terre produira toute chose sans soin;
Mere qui ne sera comme devant ferue
De rateaux aiguisez, ny de soc de charrue;
Car les champs de leur gré, sans taureaux mugissans
Sous le joug, se voirront de froment jaunissans.
Les moissons n'auront peur de sentir les faucilles;
De leur gré les sommets des arbres bien fertilles
Noirciront de raisins, et le clair ruisselet
Ondoira par les fleurs et de vin et de laict (*b*).

a. Var. :

De carcasses de morts rougir parmy les plaines.

b. Var. :

Les moissons n'auront peur des faucilles voutées,

« Le miel distillera de l'escorce des chesnes,
Et les roses croistront sur les branches des fresnes ;
Le belier, en paissant au milieu d'un pré vert,
Se voirra tout le dos d'escarlate couvert,
De pourpre l'aignelet, et la barbe des chévres
Deviendra fine soye à l'entour de leurs lévres,
Les cornes des taureaux de perles, et encor
Le rude poil des boucs jaunira de fin or.

« Bref, tout sera changé, et le monde, difforme
Des vices d'aujourd'huy, prendra nouvelle forme
Dessous toy, qui croistras pour avoir ce bonheur,
O prince bien-heureux, d'être son gouverneur ! »
Ainsi sur ton berceau ces trois Parques chenues
Chantoient, qui tout soudain volerent dans les nues ;
Et alors les pasteurs en l'escorce des bois
Graverent leur chanson, afin que tous les mois,
Aux flutes des bergers elle fust accordée,
Et parmy les forests dans les arbres gardée.

MARGOT(1).

Soleil, source de feu, haute merveille ronde,
Soleil, l'ame, l'esprit, l'œil, la beauté du monde,
Tu as beau t'éveiller de bon matin, et choir
Bien tard dedans la mer, tu ne sçaurois rien voir
Plus grand que nostre France ; et toy, lune qui erres
Maintenant dessur nous, maintenant sous les terres,
En errant haut et bas tu ne vois rien si grand
Que nos roys, dont le nom par le monde s'espand.
    Il ne faut point vanter ceste vieille Arcadie,
Ses roches, ses forests, encore qu'elle die
Que ses pasteurs son nais avant que le croissant
Fust au ciel, comme il est, de nuict apparoissant ;

Ny l'arbre de Bacchus des serpettes dentées,
Car tousjours par les prez l'ondoyant ruisselet
Ira coulant de vin, de nectar et de laict.

1. Marguerite, duchesse de Savoie.

La France la surpasse en antres plus sauvages,
En taillis, en forests, en sources, en rivages,
En rochers plus amis des Dieux, qui sont contents
De se monstrer à nous et nous voir en tout temps.
  O bien-heureuse France, abondante et fertile !
Si l'encens, si le basme en tes champs ne distile,
Si l'amome asien sur tes rives ne croist,
Si l'ambre sur les bords de ta mer n'apparoist,
Aussi le chaud extrême et la poignante glace
Ne corrompt point ton air ; et l'orgueilleuse race
Des tigres, des lions, si fierement marchants,
Comme ils font autre part, ne gaste point tes champs (*a*).
  Que dirons-nous d'Auvergne, en montaignes qui hausse
Sont front jusques au ciel, de Champagne et de Beauce ?
L'une riche en troupeaux, les deux autres en blé (1),
Au vœu des laboureurs d'usure redoublé ?
  Que dirons-nous d'Anjou et des champs de Touraine ?
De Languedoc, Provence, où l'abondance pleine
De sillon en sillon fertile se conduit,
Portant sa riche corne enceinte de beau fruit ? (2)
  Que dirons-nous encor de cent mille rivieres
Qui lechent les remparts de tant de villes fieres,
Dont le front nous fait peur en allant au marché,
Tant il est dans le ciel superbement caché ?
Que dirons-nous des roys d'une si noble terre,
D'un François, d'un Henry, deux foudres de la guerre ?
Des Charles, des Loys courageux, indomptez,
Qui ont tousjours chassé les loups de tous costez,

---

a. Vers ajoutés dans les éditions posthumes :

Ny le venin baveux des fils de la Gorgonne
Tes jardins ny tes prez ny tes fleurs n'empoisonne,
Ny l'aconit, enfant de l'infernal portier,
Qui croist sur les rochers, n'infecte ton quartier.

1. La Beauce et la Champagne.
2. Allusion à la Corne d'Amalthée, où la fertilité de toutes les choses du monde étoit.

ÉCLOGUE I.

Et n'ont jamais souffert qu'une force estrangere
Ait pillé dans nos bois ny troupeaux ny bergere;
Mais à coups de leviers, de houlette et de dards
Ont tousjours repoussé les larrons de nos parcs!
Elle a produit Renault et Rolland, et encore
Un Ogier, un Yvon, et toi, Carlin, qui ore
Crois pour estre l'honneur des peuples et des rois,
Afin que toute Europe aille dessous tes lois.
France, que dirons-nous encor de tes mérites! (a)

a. Les 18 vers qui précèdent le renvoi sont remplacés dans l'édition de 1584 par ceux-ci :

C'est cette bonne mere en semence feconde,
Dont le germe a produit les miracles du monde,
Ces braves chevaliers aux armes prompts et chauds,
Ces Tristans (1), *ces Ogers* (2), *ces Rolands, ces Renaulds,*
Et ce grand Charlemaigne, et Martel (3) *qui devore*
Les ans par son renom, et toy, Charles, encore,
Qui crois pour devenir la splendeur de nos rois,
Afin que toute Europe aille dessous tes lois.
C'est la mere fertile abondante en la race
D'hommes, masles esprits, qui, desdaignant la masse
De la terre brutale, ont poussé jusqu'aux cieux
Non seulement le cœur, mais le soin et les yeux,
Aux astres attachez par la philosophie,
Et du grand Jupiter ont gousté l'ambroisie :
Un Turnebe (4), *un Budé, un Vatable, un Tusan* (5),

1. Tristan étoit un des chevaliers de la Table-Ronde.
2. Oger étoit un des preux de l'empereur Charlemagne, comme Roland et Renaud.
3. Un des braves rois de France qui aient jamais été.
4. Homme illustre du temps de Charles IX. Lecteur royal, comme Budée, à qui nous devons la langue grecque en France, comme le témoigne Buchanan par ce distique :

Gallia quod græca est, quod Græcia barbara non est,
Utraque Budæo debet utrumque suo.

5. Vatable et Tusan étoient deux grandes lumières de leur temps.

C'est toy qui as nourry trois belles Marguerites (1),
Qui passent d'Orient les perles en valeur :
L'une vit dans le ciel exempte du malheur
Qui entretient ce siecle en querelles et noises,
Ayant regi long temps les terres navarroises.
L'autre, prudente et sage, et seconde Pallas,
Fidele à son grand duc (2), embellit de ses pas
Les hauts monts de Savoye, et comme une déesse

Et toy, divin Daurat (3), des Muses artizan,
Qui premier, amoureux de leur belle neufvaine,
Par les outils des Grecs destoupas la fontaine
D'Helicon, et, premier, aux François as tourné
Permesse en l'eau de Seine au bord non couronné
De lauriers comme Eurote, ains d'hommes, dont l'enclume
A forgé tant d'escrits par l'outil de la plume.
    Adjoustez à son los tant de palais dorez,
Tant de marbres polis à force elabourez,
Entrailles des rochers qui sont par artifices
Maintenant l'ornement des royaux edifices.
Joignez à sa richesse et l'une et l'autre mer
Qui viennent aux deux coins de la France escumer,
Et, grosses de vaisseaux, apportent en trafique
De bien loin à nos bords la nouvelle Amerique (4).
Adjoustez d'autre part tant d'arts qui sont meilleurs,
Engraveurs et fondeurs, imagers et tailleurs ;
Adjoustez la musique, adjoustez la peinture,
Voire tous les presens que la riche Nature
Et le Ciel plus benin ont versé de leurs mains
Pour embellir la terre et les pauvres humains.
    Quelle Muse pourroit égaler tes merites ?

1. La reine de Navarre, sœur de François Ier ; Madame de Savoie, sœur de Henri II, sa nièce, et la reine Margot, femme de Henri IV.

2. Il entend le duc de Savoie, à qui elle étoit mariée.

3. Poëte royal, de Limoges, maître de Ronsard.

4. A la façon des anciens poëtes, il met ce qui contient pour ce qui est contenu, l'Amérique pour ses richesses.

Marche par le Piedmont, au milieu d'une presse
Qui court à grande foule, à fin de faire honneur
A ce sang de Valois (1) qui cause leur bonheur.
[L'autre croist soubs sa mere, ainsi qu'un scion tendre
Sous l'ombre d'un laurier qui doibt bientost estendre
Ses bras jusques au ciel et son chef spatieux
Pour embasmer d'odeur et la terre et les cieux.]
   Que dirons-nous encor de la maison de France ?
Si un pauvre pasteur se lamente en souffrance,
S'il a perdu ses bœufs, s'il est mangé des ours,
Ceste noble maison est seule son secours,
Luy chasse loin de luy sa honte miserable,
Luy redonne ses bœufs, ses champs et son estable,
Ou le fait d'estranger domestique pasteur,
Luy oste de l'esprit la sombre pesanteur,
Le rend riche et gaillard et luy apprend à dire
Par les hautes forests les chansons de Tityre.
   Là fleurit la vertu, l'honneur et la bonté ;
La douceur y est jointe avec la gravité,
Le desir de louange et la peur d'infamie,
Et tout ce qui depend de toute preud'homie.
   La les peres, vieillards en barbe et cheveux gris,
Conduisent leurs enfans pour y estre nourris,
Et pour mettre une bride à leur jeunesse folle :
Car de toute vertu la France est une escolle.
   Je te salue, heureuse et feconde maison,
Qui fleuris en tout temps sans perdre ta saison,
Mere de tant de roys, de tant de riches villes
Et de troupeaux paissant tant de plaines fertilles (a).
   Le bon-heur te conduise, et jamais le discord
Ne pousse tes bergers au peril de la mort ;
Mais, unis d'amitié, puissent dessur leur teste
Des ennemis vaincus r'apporter la conqueste,

   a. Var. :

D'hommes, havres et ports, et provinces fertilles.

   1. Elle étoit de la race des Valois.

Et puissent en tous lieux se monstrer serviteurs
De leur prince Carlin, le maistre des pasteurs;
Afin que pour jamais nostre France resemble
Aux troupeaux bien-unis qui se serrent ensemble.
Tousjours ta terre soit abondante en froment;
La nielle, que l'air corrompu va formant,
Ne ronge tes espics, et jamais la gelée
N'envoye à tes brebis ny tac ny clavelée;
La famine et la peste aille bien loin de toy,
Et bien-heureuse vy dessous un si bon roy.

LE PREMIER PASTEUR VOYAGEUR.

L'ardeur qui la jeunesse eschauffe de louange
M'a fait errer long temps en mainte terre estrange,
Pour voir si le merite égaloit le renom
Des roys, dont j'ay cognu les faces et le nom.
J'ay pratiqué leurs mœurs, leurs grandeurs, leurs altesses,
Leurs troupeaux infinis, leur superbes richesses,
Leurs peuples, leurs citez et les diverses lois
Dont se font obeyr les princes et les rois.
Je vy premierement le grand pasteur d'Espagne (1);
Assise à son costé j'apperceu sa compagne (2),
Qui prend sa noble race et son estre ancien
Des Valois descendus du noble sang troyen (3),
Fille de Henriot (4), sœur de Carlin (5) et fille
De Catin (6), le surgeon de si noble famille.
Je vy ce demy-Dieu en Espagne adoré (7),
Je le vy d'Orient tellement honoré
Que pour riche present son Inde luy envoye
Cent vaisseaux tous les ans chargez de jaune proye.

1. Philippe II, grand-père de notre reine.
2. Elisabeth, fille de Henri II, femme du roy d'Espagne. Elle mourut âgée de vingt ans.
3. Parce qu'ils sont issus de Francus.
4. Fille de Henri II.
5. De Charles IX.
6. De Catherine.
7. Le roi d'Espagne.

Je le vy craint, aimé, reveré, redouté,
Plein d'une ame gaillarde et d'un cœur indomté,
Roy de tant de troupeaux que je n'en sçay le conte,
Car un nombre si grand ma memoire surmonte.
  Mais le plus grand plaisir dont je repeu mon cœur,
Ce fut quand je cognu que ce prince, vainqueur
Des hommes et de soy, aimoit tant nostre France
Qu'il soustenoit Carlin (1), appuy de son enfance,
Et qu'en lieu de surprendre ou de ravir ses biens,
Bon frere luy gardoit ses sujects anciens,
Luy prestoit ses guerriers, le couvroit sous son aile,
Tant vaut une amitié quand elle est fraternelle.
  Jamais pour ce bien-fait ne puisses-tu, grand roy,
Sentir se rebeller tes peuples dessous toy,
Et jamais en ton lict ne puisse arriver noise,
Puisque tu es si bon à la terre françoise.
  Passant d'autre costé (2), j'allay voir les Anglois,
Region opposée au rivage gaulois;
Je vy leur grande mer en vagues fluctueuse,
Je vy leur belle royne honneste et vertueuse;
Autour de son palais je vy ces grands milords
Accorts, beaux et courtois, magnanimes et forts,
Je les vy tous aimer la France leur voisine,
Je les vy reverer Carlin et Catherine,
Ayant juré la paix, et jetté bien-avant
La querelle ancienne aux vagues et au vent.
Je vy des Escossois la royne sage et belle (3),
Qui de corps et d'esprit ressemble une immortelle;
J'approchay de ses yeux, mais bien de deux soleils,
Deux soleils de beauté qui n'ont point leurs pareils,
Je les vy larmoyer d'une claire rosée,
Je vy d'un beau crystal sa paupiere arrosée
Se souvenant de France et du sceptre laissé,

---

1. Charles IX.
2. Du côté de la Normandie.
3. Marie Stuart, reine d'Écosse, veuve de François II,
et mère de Jacques, roi de la Grande-Bretagne.

Et de son premier feu comme un songe passé.
　Qui voirroit en la mer ces deux roynes, fameuses
En beauté, traverser les vagues escumeuses,
Certes on les diroit, à bien les regarder,
Deux Venus qui voudroient en Cythère aborder.
　Face bien tost le Ciel que leur jeunesse esclose,
Comme une belle fleur, ne ressemble à la rose
Qui fanist sur l'espine et languissante pend
Sa teste, et son parfum inutile respand,
Perdant odeur et teint, et grace printaniere,
Pour n'estre point cueillie en sa saison première.
Quand une tendre vigne est pendante aux ormeaux,
En force et en vigueur elle estend ses rameaux,
Fait ombrage aux pasteurs ; mais si rien ne la serre,
Sans force et sans viguenr elle languist à terre,
Rampe dessur la place, et d'un bras fletrissant
En soy-mesme languist, le mespris du passant.
　Soient donques à deux roys leurs jeunesses liées
D'un amour eternel, afin que, mariées,
Roynes, sans perdre temps, enfantent d'autres roys,
Puis que leurs Majestez aiment tant les François.

Le second Pasteur voyageur.

　La mesme ardeur de gloire et la bouillante envie
De voir les estrangers m'a fait voir l'Italie,
Terre grasse et fertile, où Saturne habitoit
Quand le peuple innocent de glan se contentoit.
　J'ay veu le grand Pasteur de tant d'ames chrestiennes (1)
J'ay vu dedans un lac (2) les barbes anciennes
De ces peres bergers qui gouvernent sous eux
Par prudence et vertu un peuple si heureux (3).
　J'ay veu le grand Berger de la belle Florence (4),

---

　1. C'est le Pape.
　2. Venise.
　3. Les sénateurs de la ville, par le conseil desquels la seigneurie est gouvernée.
　4. Le grand-duc de Florence.

Florence qui se dit de Catin la naissance ;
J'ay veu le fleuve d'Arne (1) et le Mince cornu,
Qui est par le berceau de Tityre cognu (2),
Où le duc mantouan, ennemy de tout vice,
Aux peuples ses sujets administre justice.
De là m'en retournant, contremont j'allay voir
Le beau palais d'Urbin (3), escolle de sçavoir.
  Je vy des Ferrarois le pasteur et le maistre,
Qui se vante d'avoir de Roger pris son estre (4) ;
Je vy sa forte ville et le Pau (5) menaçant,
Qui va comme un taureau par les champs mugissant ;
Grands pasteurs, grands bergers, qui ont la foy jurée
Au grand prince Carlin d'eternelle durée,
Qui aiment sa grandeur, et qui d'un cœur loyal
Redressent sa couronne et son sceptre royal.
  De là m'en retournant, je pris ma droite voye
Par les champs de Piedmont, par les monts de Savoye,
Où je vy ce grand duc (6) qui n'a point de pareil
Sous la voute du ciel en armes ny conseil ;
Animé d'une force et prompte et vigoureuse,
Ayant pris des Saxons sa race genereuse (7),
Et du Ciel son esprit, qui, magnanime et chaut,
A tousjours pour sujet un penser grand et haut.
A son dextre costé je vy sa femme assise (8),
Fleur et perle d'honneur que nostre siecle prise,

---

1. Fleuve de la Toscane.
2. C'est un fleuve de Venise, qui vient faire un lac devant Mantoue.
3. En Italie, où estoient les livres de Catherine de Médicis, qui sont maintenant dans la bibliothèque du roi.
4. D'où est venue la maison d'Est, commandant à Ferrare, d'où sont venus Messieurs de Guise, du côté de Madame de Nemours, leur mère, femme de François de Lorraine, duc de Guise, qui fut tué au siège d'Orléans par Poltrot.
5. Fleuve d'Italie.
6. C'est le duc de Savoie.
7. Aïeux de la maison de Savoie.
8. Marguerite.

La tante de Carlin (1), que la grace a nourry,
La fille de François (2) et la sœur de Henry (3),
La mere des vertus, qui justement merite
D'estre ensemble une perle et une Marguerite.
  Bien loin de sa maison soit malheur et meschef!
Le doux miel sous ses pieds, la manne sur son chef
Puisse tousjours couler, et les lis et les roses
Au plus froid de l'hyver soient pour elle décloses
Aux buissons de Piedmont! et en lieu d'un torrent
Le laict par la Savoye aille tousjours courant,
Murmurant son renom, puis que tant elle estime
Les chansons des pasteurs, leurs flutes et leur rime!

L'AUTRE BERGER VOYAGEUR.

  Que faites-vous icy, Bergers, qui surmontez
Les rossignols d'avril quand d'accord vous chantez?
Que faites-vous icy? vous perdez, ce me semble,
La parole et le temps à disputer ensemble.
Ensemble partissez le prix victorieux,
Estans également les chers mignons des Dieux.
Apollon et Palès et Pan vous favorisent,
Et tous à qui mieux mieux vous honorent et prisent;
Doncques abandonnez vos frivoles discords,
Et venez escouter les merveilleux accords
De deux peres bergers, qui dessous une roche
Vont dire une chanson dont Tityre n'approche.
  Tous les bergers des champs y courent d'un grand pas,
Tous les chevriers des monts en descendent à bas,
Et les plus durs rochers abaissent les aureilles
Sur l'antre pour ouyr de si douces merveilles.
Maintenant, en cherchant mon belier esgaré,
J'ay veu les deux bergers dans cet antre sacré,
Qui ont déjà la flute à la lèvre pour dire
Je ne sçay quoy de grand qu'Apollon leur inspire.

---

1. De Charles IX.
2. François Ier.
3. Henri II.

Venez doncq' les ouyr sans disputer en vain
Un prix qui ne pourroit honorer vostre main (a).
Vous estes tous unis d'amitié mutuelle,
Puis la paix entre vous vaut mieux que la querelle.

LE CHŒUR DES BERGERS.

J'ai songé sur la mi-nuit
  Ceste nuit,
Quand le doux sommeil nous lie,
Que mille cygnes chantoient,
  Qui sortoient
Du costé de l'Italie.
J'en ay veu d'autres après,
  Plus espais,
Venir de la part d'Espagne,
Et d'autres forts et puissans,
  Blanchissans,
Du costé de l'Allemagne;
Puis, en volant tout en rond
  Sur le front
De Carlin, luy faire feste,
Et, doucement le flatant,
  En chantant
Luy predire une conqueste.
[Après je vis à l'escart,
  D'autre part,
Mars prisonnier d'une femme,
Et Saturne, le vieil Dieu,
  De son feu
Adoucir l'ardente flamme.]
J'ay veu presque en mesme temps
  Le printemps
Florir deux fois en l'année.
Dieu ces songes nous permet,
  Qui promet
Quelque bonne destinée.

a. Var. :
Ostez de vos flageols et la bouche et la main.

ECLOGUE I.

LE SECOND JOUEUR DE LYRE.

Un jour, au mesme lieu où nous sommes icy,
Deux bergeres ayans de leur race (1) soucy,
Bergeres de renom, de famille excellente,
L'une mere du roy (2), l'autre du roy la tante (3),
L'une venant de France et l'autre de Piedmont,
Se trouvans en cet antre où ces deux pasteurs sont,
Apres avoir long temps discouru de grands choses,
Qui aux entendements de tous hommes sont closes,
Appellerent Carlin leur petit nourriçon (4),
Et luy firent par ordre une belle leçon.
    Or, d'autant que leurs mots contenoient la doctrine
Qu'il faut qu'un jeune roy retienne en sa poitrine,
Portant dedans son cœur leur precepte imprimé,
S'il veut estre des siens bien craint et bien aimé;
Les pasteurs d'icy prés, pour ne perdre la gloire
De tels enseignemens si dignes de mémoire,
Par un vœu solennel aux Dieux ont ordonné
Qu'en ce mois, tous les ans, à jour determiné,
Couvrant l'antre de fleurs et les prez de carolles (5),
Deux pasteurs rediroient mot à mot les paroles
Qu'autrefois à Carlin ces bergeres ont dit,
Et que la vive Echo par ces bois respandit,
Afin que des pasteurs la jeunesse nouvelle
Apprenne tous les ans une leçon si belle.
    Or ils vont commencer; s'il vous plaist les ouir,
D'enseignemens si beaux vous pourrez réjouir,
Et, vous couchant au soir, prés du feu les redire
A vos jeunes enfans à fin de les instruire;
Car ny large moisson, ny troupeaux engraissez,
Ny bleds dans les greniers l'un sur l'autre amassez,

---

1. De leurs enfants.
2. Catherine de Médicis.
3. Madame de Savoie.
4. Le roi Charles IX.
5. Vieux mot, pour dances.

Ne vallent le sçavoir, de l'esprit l'heritage :
Par la seule leçon le pasteur devient sage.

LE PREMIER PASTEUR.

Puis que tu es, mon fils, de tant de pasteurs maistre,
Et que Dieu sous ta main a mis tant de troupeaux,
Il ne faut seulement sçavoir les mener paistre,
Sçavoir les engraisser, sçavoir tondre leurs peaux.

LE SECOND PASTEUR.

Ce n'est pas tant d'avoir mille bœufs en pasture,
Il faut les conserver et en avoir souci ;
Il faut de ton bestail cognoistre la nature,
Corriger tes bergers, te corriger aussi.

I.

Quand les petits bergers font aux champs une faute,
Petite, elle ne tire un repentir après ;
Mais des maistres pasteurs elle devient si haute
Qu'elle passe en grandeur les plus hautes forests.

II.

Et pource, mon neveu, il faut dés ta jeunesse
Apprendre la vertu, pour guide la suivant :
C'est un ferme tresor qui les hommes ne laisse,
Les autres biens mondains s'en-volent comme vent.

I.

Pour vivre bien-heureux, crain Dieu sur toute chose ;
Seul il faut l'adorer et au cœur l'imprimer,
Et le prier au soir, quand le soleil repose,
Et dés l'aube du jour, quand il sort de la mer.

II.

Le seul commencement et la fin de science
Est craindre le Seigneur et maintenir la foy

Des peuples espandus sous ton obéissance,
Qui sont enfans de Dieu aussi bien comme toy.

I.

Sois paré de vertu, non de pompe royale :
La seule vertu peut les grands roys decorer.
Sois prince liberal : toute ame liberale
Attire à soy le peuple et se fait honorer.

II.

Porte dessur le front la honte de mal-faire,
Aux yeux la gravité et la clemence au cœur,
La justice en la main, et de ton adversaire,
Fust-il moindre que toy, ne sois jamais moqueur.

I.

Rens le droit à chacun, c'est la vertu premiere
Qu'un roy doit observer; sois courageux et fort :
La force du courage est la vive lumière
Qui nous fait mespriser nous-mesmes et la mort.

II.

Ne sois point arrogant, vanteur ne temeraire,
Jureur, opiniastre et superbe à la main,
Mutin, chagrin, despit : le prince debonnaire
Doit estre gracieux, amiable et humain.

I.

Mesprise la richesse, et toutesfois desire,
Comme roy valeureux, d'augmenter ton bonheur,
Et par armes un jour agrandis ton empire,
Moins pour avoir du bien que pour avoir honneur.

II.

Sois ferme en ta parole, et de vaine promesse
N'abuse tes subjets, et aux trompeurs ne croy :

Celuy qui par le nez, comme un bufle, se laisse
Mener par les flateurs, n'est digne d'estre roy.

I.

Sois tardif à courroux, et point ne te conseille
Par jeunes éventez qui n'ont appris le bien.
Mais honore les vieux et leur preste l'aureille,
Et seul de ton cerveau n'entreprens jamais rien.

II.

Sois constant et hardy aux fortunes pressées,
Magnanime au péril, au faire industrieux,
Devance le futur par les choses passées,
Et sois du temps présent tousjours victorieux (a).

I.

Chasse l'oisiveté, la mere de tout vice,
Et, grand seigneur, appren les mestiers d'un soldart :
Sauter, luiter, courir, est honneste exercice,
Bien manier chevaux et bien lancer le dart.

II.

Exerce ton esprit aux choses d'importance,
Aux affaires qui sont de ton privé conseil,
L'esprit en est plus sain, l'oiseuse negligence
Sille les yeux des roys d'un vicieux sommeil.

I.

Tu dois cognoistre ceux qui te font du service,
Les aimer, les cherir pour leur fidelité;
Et afin qu'apres toy honorer on les puisse,
Hausse-les aux honneurs comme ils ont merité.

a. Var. :

Magnanime au peril, prompt d'esprit et de main,
Et jugeant l'avenir par les choses passées,
Jouy du temps present, n'atten le lendemain.

II.

Par flateurs, par menteurs et par femmes ne donne
Ny presens ny estats, malheur s'en est suivi ;
Que la seule vertu seulement on guerdonne :
Si tu le fais ainsi, tu seras bien servi.

I.

Ne renverse jamais l'ancienne police
Du pays où les loix ont fleuri si longtemps ;
Ce n'est que nouveauté qui couve une malice :
Si un s'en réjouist, mille en sont mal-contens.

II.

Jamais, si tu m'en crois, ne souffre par la teste
De ton peuple ordonner tes statuts ny tes lois ;
Le peuple, variable, est une estrange beste
Qui de son naturel est ennemi des rois.

I.

N'offense le commun pour aider à toy-mesme,
Des grands et des petits sois tousjours le support :
La propre conscience est une genne extréme,
Quand nous avons peché, qui tousjours nous remord.

II.

Et bref, mon cher neveu, pour regner prens exemple
Aux roys tes devanciers, princes chevaleureux.
Si leurs faits pour patron ta jeunesse contemple,
Tu seras non pas roy, mais un Dieu bien-heureux.

Le Choeur des Bergers.

Tout ainsi qu'une prairie
Est pourtraite de cent fleurs,
Ceste neuve bergerie
Est peinte de cent couleurs.
Le poëte icy ne garde

L'art de l'eclogue parfait ;
Aussi la Muse regarde
A traiter un autre fait.
 Pource, Envie, si tu pinces
Son nom de brocars legers,
Tu faux ; car ce sont grands princes
Qui parlent, et non bergers.
 Il mesprise le vulgaire
Et ne veut point d'autre loy,
Pour ceste fois, sinon plaire
Aux grands princes et au roy.

(1567.)

ECLOGUE II

LES PASTEURS

ALUYOT ET FRESNET (1).

Paissez, douces brebis, paissez ceste herbe tendre,
Ne pardonnez aux fleurs : vous n'en sçauriez tant prendre
Par l'espace d'un jour qu'en peu d'heures la nuit
Humide de rosée autant en ait produit (a).
De là vous deviendrez plus grasses et plus belles,

a. Var. :

Par l'espace d'un jour que la nuit ensuyvant
Humide n'en produise autant qu'au-paravant.

(1578.)

1. D'Aluye et de Fresne, secrétaires d'État.

ECLOGUE II.

L'abondance de laict enflera vos mamelles,
Et suffirez assez pour nourrir vos aigneaux
Et pour faire en tout temps des fromages nouveaux.
 Et toy, mon chien Harpaut, seure et fidelle garde
De mon troupeau camus, leve l'œil et pren garde
Que je ne sois pillé par les loups d'alentour,
Ce-pendant qu'en ce bois je me plaindray d'Amour.
 Or-sus, mon Aluyot, allon, je te supplie,
Soulager en chantant le soin qui nous ennuye,
Allon chercher le frais de cet antre moussu,
Creusé dedans le flanc de ce tertre bossu :
Et là, nous souvenans de nos cheres amies,
Qui sont de nos langueurs doucement ennemies,
Tous deux, en devisant, par ordre nous dirons
Nos plaintes aux rochers qui sont aux environs,
Afin que quelque vent rapporte à leurs aureilles
Les soucis que nous font leurs beautez nompareilles.
 Nous sommes arrivez dedans l'antre sacré :
Je m'en vay le premier (s'ainsi te vient à gré)
Te chanter ma complaite : ayant ouy la mienne,
Secondant ma douleur tu me diras la tienne.

FRESNET.

 Ma belle Marion (1), dont le cher souvenir
Me fait en un rocher sans âme devenir,
Pour l'absence de toy je hay ma propre vie,
La quelle, me laissant, maugré moy t'a suivie,
Pour loger en tes yeux, qui ores de si loin
Me remplissent le cœur de tristesse et de soin.
 Rien ne m'est agreable apres si longue absence ;
J'espere sans espoir ; la peur et l'esperance
Combatent ma raison, mais l'amoureuse peur
Assaut ma patience et vainc tousjours mon cœur.
 Rien ne me rejouit ; soit que la jeune Aurore

---

1. Marie, sa seconde maîtresse, qu'il a tant chantée en la seconde partie de ses Sonnets.

ECLOGUE II.

De roses et d'œillets l'Orient recolore,
Soit que le soleil pousse en la mer ses chevaux,
Il void mes yeux en pleurs et mon cœur en travaux.
  Quand le soir est venu, je conte ma fortune
Maintenant aux forests, maintenant à la lune;
J'erre de bois en bois, car en lieu de dormir,
Impatient d'amour, je ne fais que gemir.
Ou si le long travail de fortune m'assomme
Et me fait par contrainte aux yeux venir le somme (a),
Cent fantosmes divers s'apparoissent à moy,
Qui me font en dormant trembler le cœur d'effroy;
Je rêve, je discours, je bâille, je m'allonge.
Tantost son beau portraict, qui me revient en songe,
Me fuit, me suit, me tient, et, en le poursuivant,
En lieu de l'embrasser, je ne prend que du vent.
C'est grand cas que d'aimer! une amoureuse playe
Ne se guarist jamais pour chose qu'on essaye;
Plus on la veut guarir, et plus le souvenir
La fait tousjours plus vive en nos cœurs revenir.
  J'ay beau me promener au travers d'un bocage,
J'ay beau paistre mes bœufs le long d'un beau rivage,
J'ay beau voir le printemps, ame des arbrisseaux,
Ouïr les rossignols, gazoüiller les ruisseaux,
Et voir entre les fleurs par les herbes menuës
Sauter les aignelets sous leurs meres cornuës,
Voir les boucs se choquer, et tout le long du jour
Voir les beliers jaloux se battre pour l'amour;
  Ce plaisir, toutefois, non plus ne me contente
Que si du froid hyver la sifflante tourmente
Avoit terni les champs et en mille façons
Rué dessus les fleurs la neige et les glaçons,
Et que le sainct troupeau de cent Nymphes compaignes

---

    a. Var. :

Si je dors de fortune, et si celuy qu'on nomme
Le frere de la Mort me deçoit par le somme,

                                    (Ed. posth.)

Ne vinssent plus de nuict danser en nos montaignes.
    Bien que mon parc soit riche en vaches et taureaux,
Et que sous ma faveur vivent cent pastoureaux
Qui savent tous jouër des douces cornemuses,
Les mignons d'Apollon, de Mercure et des Muses;
Et bien que mon flageol, sur tous le mieux appris,
Quand il me plaist chanter, seul emporte le prix;
Bien qu'en nulle saison le doux laict ne me faille;
L'une part devient cresme et l'autre part se caille,
L'autre devient fromage, un mol, l'autre seiché :
Le mol est pour manger, le sec pour le marché;
    Et bien que mes brebis ne soient jamais brehaignes,
Bien que mille troupeaux beslent par mes campaignes,
Je voudrois n'avoir rien, Marion, sinon toy,
Que je voudrois pour femme en mon antre chez-moy,
Et parmy les forests, loin d'honneur et d'envie,
User en te baisant le reste de ma vie.
    L'orage est dangereux aux herbes et aux fleurs,
La froideur de l'automne aux raisins qui sont meurs,
Les vents aux bleds d'avril; mais l'absence amoureuse
A l'amant qui souspire est tousjours dangereuse.
    J'ay pour maison un antre en un rocher ouvert,
De lambrunche sauvage et d'hierre couvert,
Qui deçà qui delà leurs grands branches espandent,
Et droit sur le milieu de la porte les pendent.
    Un meslier noüailleux ombrage le portail,
Où, sans crainte du chaud, remasche mon bestail;
Du pied naist un ruisseau dont le bruit delectable
S'enrouë, entre-cassé de cailloux et du sable,
Puis, au travers d'un pré serpentant de maint tour,
Arrouse doucement le lieu de mon sejour.
De là tu pourras voir Paris la grande ville,
Où de mes pastoureaux la brigade gentille
Porte vendre au marché ce dont je n'ay besoing,
Et tousjours argent frais leur sonne dans le poing.
    Là, s'il te plaist venir, tu seras la maistresse;
Tu me seras mon tout, ma nymphe et ma déesse,
Nous vivrons et mourrons ensemble, et tous les jours

Vieillissans nous verrons rajeunir nos amours.
Tous deux nous estendrons dessous un mesme ombrage,
Tous deux nous menerons nos bœufs en pasturage
Dés la poincte du jour, les ramenant au soir
Quand le soleil tombant en l'eau se laisse choir.
Tous deux les menerons quand le soleil se couche,
Et quand de bon matin il sort hors de sa couche;
A toute heure en tous lieux ensemble nous irons,
Et dessous mesme loge ensemble dormirons.
Puis au plus chaud du jour estant couchez à l'ombre,
Apres avoir conté de nos troupeaux le nombre,
Pour chasser le sommeil je diray des chansons
Que pour toy je compose en diverses façons.
 Alors toy, doucement sur mes genoux assise,
Maintenant tu ferois d'une douce feintise
Semblant de sommeiller, maintenant tu ferois
Semblant de t'éveiller, puis tu me baiserois,
Et presserois mon col de tes bras en la sorte
Qu'un orme est enlacé d'une vigne bien forte;
Maintenant tu romprois de ton baiser mon chant,
Maintenant tu irois de ta levre cherchant
A m'oster le flageol hors de la levre mienne,
Pour y mettre en son lieu le coural de la tienne;
Puis tu me baiserois, et, me voulant flater,
Tu voudrois quelquefois avecque moy chanter.
Quelquefois toute seule et comme languissante
Je te verrois mourir en mes bras pallissante,
Puis te resusciter, puis me faire mourir,
Puis d'un petit sousris me venir secourir,
Puis en mille façons de tes lévres vermeilles
Me rebaiser les yeux, la bouche et les aureilles,
Et coup sur coup jetter des pommes sur mon sein,
Que j'aurois et d'œillets et de roses tout plein,
Pour rejetter au tien, qui maintenant pommelle
Comme fait au printemps une pomme nouvelle;
Sein où logeoit Amour, qui le trait me tira
Au cœur, qui autre nom depuis ne souspira
Que le tien, Marion; tesmoin en est ce chesne,

Où ces vers l'autre jour j'engravay d'une alesne :

« Les ondes refuiront contremont les ruisseaux,
Sans feuilles au printemps seront les arbrisseaux,
Venus sera sans torche, et Amour sans sagette,
Quand le pasteur Fresnet oubli'ra Mariette. »

Sus, troupeau, deslogeons ; j'ay d'esclisse et d'osier,
Achevant ma chanson, achevé mon panier.
Voicy la nuit qui vient, il me faut mener boire
Mon grand bouc encorné qui a la barbe noire.
Or, adieu, Marion, ma chanson et le jour :
Mon chant me lasse bien, mais non pas ton amour.
Ainsi disoit Fresnet. Aluyot, au contraire,
Pour l'amour de sa dame une chanson va faire.

ALUYOT.

Ma Jeanette, mon cœur, dont je n'ose approcher
Tant les yeux sont ardans, plus polie à toucher
Que la plume d'un cygne, et plus fresche et plus belle
Que n'est au mois d'avril une rose nouvelle ;
Plus douce que le miel, plus blanche que le lait,
Plus vermeille en couleur que le teint d'un œillet ;
Voicy (il m'en souvient) le mois et la journée
(O douce souvenance, heureuse et fortunée !)
Où premier je te vey peigner tes beaux cheveux,
Ainçois filets dorez, mes liens et mes nœuds.
Je vy de sa main propre Amour les mettre en ordre,
Et filet à filet en deux tresses les tordre ;
J'en coupay les plus blonds et les plus crespelets ;
Les tournant en cordons, j'en fy des brasselets
Que je porte à mes bras, signe que tu tiens prise
En tes crespes cheveux mon cœur et ma franchise.
Je les garde bien cher, car en nulle saison
Je ne veux eschapper de si belle prison.
Mainte fille, en voyant ma face jeune et tendre,
Où la barbe commence encores à s'estendre,
M'a choisi pour amy ; hier mesme Margot,

Qui fait sauter ses bœufs au son du larigot,
Tu la cognois, Janette, envoya Jaqueline
Vers moy, pour me donner de sa part un beau cygne,
Et me dist : « Ceste-là qui te donne cecy
Avecque son present à toy se donne aussi ;
Pren son present et elle, assez elle merite,
Ayant les yeux si beaux, d'estre ta favorite.
 Mais je la refusay ; car plustost que d'aimer
Autre que toy, mon cœur, douce sera la mer,
Le doux miel coulera de l'escorce d'un fresne,
Et les roses croistront sur les branches d'un chesne,
Les buissons porteront les œillets rougissans,
Et les halliers ronceux les beaux lis blanchissans.
 D'autant que du printemps la plaisante verdure
Est plus douce aux troupeaux que la triste froidure,
D'autant qu'un arbre enté rend un jardin plus beau
Que le tige espineux d'un rude sauvageau,
D'autant qu'un olivier surpasse en la campagne
D'un saule pallissant la perruque brehagne,
Et d'autant qu'au matin la belle aube qui luit
Surmonte de clarté les ombres de la nuict ;
D'autant, ma Janeton, dessur toute pucelle
Tu sembles à mes yeux plus gentille et plus belle.
Ces houx m'en sont tesmoins, et ces pins que tu vois
Surmonter en hauteur la cyme de ces bois,
Où, m'esbatant un jour, j'engravay sur l'escorce
D'un chesne non ridé ceste epigramme à force.

 « Quand Aluyot vivra sans aimer Janeton,
Le bouc se vestira de la peau d'un mouton,
Et le mouton prendra la robbe d'une chévre,
Et aura comme un bouc grand barbe sous la lévre. »

 J'ay l'ame toute esmeuë et le cœur tout ravi,
Quand je pense en ce jour où premier je la vy
Porter un beau panier (ainsi qu'une bergere),
Allant cueillir des fleurs au jardin de ma mere.
Si tost que je la vy, si tost je fu deçeu,

Je me perdi moy-mesme, et depuis je n'ay sceu
Soulager ma douleur, tant l'amoureuse flame,
Descendant jusqu'au cœur, m'avoit embrasé l'ame.
Elle avoit les cheveux sans ordre desliez,
Frisez, crespez, retors, primes et deliez
Comme filets de soye; et de houpes garnie
Luy pendoit aux talons sa belle souquenie.
 Sa sœur alloit apres, j'allois apres aussi :
Et comme je voulois luy conter mon souci,
Las! je m'esvanouy, et l'amoureux martyre
Qui me pressoit le cœur ne me laissa rien dire.
 A la fin revenu de telle pasmoison,
Le bouillant appetit surmonta la raison,
Je luy contay mon mal; mais elle, non atteinte
De ma triste douleur, se moqua de ma plainte.
 Or, comme elle cueilloit une fleur de sa main,
Par feintise, un bouquet luy tomba de son sein
(Où mainte fleur estoit l'une à l'autre arrengée)
Lié de ses cheveux et de soye orengée :
Je l'amasse et l'attache au bord de mon chapeau,
Et bien qu'il soit fany, tousjours me semble beau,
Comme ayant la couleur de ma face blesmie,
Qui maugré mon printemps se flestrit pour m'amie.
 Ainsi que je pleurois, pour mon mal appaiser
Elle saute à mon col, me donnant un baiser.
Ha! je meurs quand j'y pense! Et, de sa bouche pleine
De roses, me versa dans l'ame son haleine.
Ce doux baiser passa (dont j'ay vescu depuis)
Soudain de nerfs en nerfs, de conduis en conduis,
De veine en veine apres, de moüelle en moüelle,
M'allumant tout le sang d'une chaleur nouvelle;
Si bien qu'en toutes pars, en toute place et lieux,
J'ay tousjours son baiser au devant de mes yeux :
J'en sens tousjours l'haleine, et, depuis, ma musette
N'a pu chanter sinon le baiser de Janette.
 Douce est du rossignol la rustique chanson,
Et celle du linot et celle du pinçon;
Doux est d'un clair ruisseau le sautelant murmure,

ECLOGUE II.

Bien doux est le sommeil sur la douce verdure ;
Mais plus douce est ma flute et les vers que de toy
Je chante quand tu es assise aupres de moy.

 J'oy tousjours dans mon antre une belle fontaine ;
Mon lict d'herbes est faict, ma place est toute pleine
De toisons de brebis, que le vent fit broncher
L'autre jour contre bas du faiste d'un rocher.

 De l'ardeur du soleil autant je me soucie
Qu'un amant enchanté des beautez de s'amie
Se soucie d'ouïr son pere le tanser,
Car Amour ne le fait qu'en sa dame penser.
Autant qu'on peut songer en dormant de richesses,
Autant j'ay de troupeaux ; sur leurs toisons espesses
Tous les jours je m'endors, sans me donner esmoy
Du froid, car la froideur ne vient pas jusqu'à moy.

 Mais ce-pendant qu'icy je chante ma Janette,
Vesper reluit au ciel d'une clarté brunette ;
Le temps coule si tost que je ne le sens point,
Le soleil est couché ; mais l'ardeur qui me poingt
Ne se couche jamais et jamais ne s'alente,
(Donnant tréve à mon cœur) tant elle est violente.

 Remede contre Amour je ne sçaurois trouver,
Voir eussé-je avallé tous les torrens d'hyver,
Et beu tous les glaçons des montaignes Rifées,
Tant j'ay de sa chaleur les veines eschaufées.
Je ne puis qu'en chantant ma douleur contenter ;
Mon confort seulement ne vient que de chanter (*a*).

 La cigale ayme bien la voix de la cigale,
Et pasteur j'ayme bien la chanson pastorale.
L'aigneau suit l'herbe courte, et le doux chévrefueil
Est suivi de la chévre, et le bois du chevreil :
Chacun suit son desir, et je suis ma musette
Pour y chanter dessus les amours de Jeanette.

 a. Var. :

Par la langue mon cœur peut son mal enchanter.
       (Editions posthumes.)

Or, adieu, Janeton, le jour et ma chanson.
D'un ruisseau murmurant si plaisant n'est le son,
Le sommeil n'est si doux, ny les tendres fleurettes
Du printemps ne sont point si douces aux avettes,
Que les vers me sont doux, voire autant que tes yeux,
Qui font tousjours Amour sur moy victorieux.

(1564.)

ECLOGUE III

ou

CHANT PASTORAL

SUR

LES NOPCES DE MONSEIGNEUR CHARLES
DUC DE LORRAINE

ET DE MADAME CLAUDE

Deuxième fille du Roy Henry II (1).

LES PASTEURS
Bellot (2), Perrot (3), Michau (4).

Un pasteur Angevin et l'autre Vendomois (5),
Bien cognus des rochers, des fleuves et des bois,
Tous deux d'âge pareils, d'habits et de houlette,

1. Paris, A. Wechel, 1559, 20 pages in-4°.
2. C'étoit Du Bellay, poëte excellent et grand amy de Ronsard.
3. C'est Ronsard lui-même.
4. Michel de l'Hospital.
5. Ronsard.

L'un bon joüeur de flute, et l'autre de musette,
L'un gardeur de brebis, et l'autre de chévreaux,
S'escarterent un jour d'entre les pastoureaux.
    Pendant que leur bestail paissoit parmy la plaine,
Un peu dessous Meudon (1), au rivage de Seine,
Ils laisserent leurs chiens, pour abboyer les loups,
Bien armez de colliers tous herissez de cloux,
Et, montant contre-mont d'une colline droite
Au travers d'une vigne, en une sente estroite,
Gaignerent pas à pas la grotte de Meudon,
La grotte que Charlot (2) (Charlot de qui le nom
Est saint par les forests) a fait creuser si belle
Pour estre des neuf Sœurs la demeure eternelle;
Sœurs qui en sa faveur ont mesprisé les eaux
D'Eurote et de Permesse, et les tertres jumeaux
D'Helicon et d'Olympe, et la fameuse source
Qui du cheval-volant prit son nom et sa course,
Pour venir habiter son bel antre esmaillé,
Dans le creux de la terre en un roc entaillé.
    Si tost que ces pasteurs du milieu de la rotte
Apperceurent le front de la divine grotte,
S'enclinerent à terre, et, craintifs, honoroient
De bien loing le repaire où les Sœurs demeuroient.
    Apres l'oraison faite, arrivent à l'entrée
(Nuds de teste et de pieds) de la grotte sacrée;
Car ils avoient tous deux et sabots et chapeaux,
Reverans le sainct lieu, pendus à des rameaux.
    Eux, devots arrivez au devant de la porte,
Salüerent Pallas qui la Gorgonne porte,
Et le petit Bacchus qui dans ses doigts marbrins
Tient un pampre chargé de grappes de raisins;
Ils se lavent trois fois de l'eau de la fontaine,
Se serrent par trois fois de trois-plis de verveine,
Trois fois entournent l'antre, et d'une basse vois
Appellent de Meudon les Nymphes par trois fois,

---

1. Lieu de plaisance tout proche de Paris.
2. Le cardinal de Lorraine, qui favorisa grandement les Muses, frère de François de Lorraine, duc de Guise.

Les Faunes, les Sylvains et tous les Dieux sauvages
Des prochaines forests, des monts et des bocages;
Puis, prenans hardiesse, ils entrerent dedans
Le saint horreur de l'antre, et, comme tous ardans
De trop de Deïté, sentirent leur pensée
De nouvelle fureur brusquement insensée (1).

    Ils furent esbahis de voir le partiment
En un lieu si desert d'un si beau bastiment;
Le plan, le frontispice et les piliers rustiques
Qui effacent l'honneur des colonnes antiques;
De voir que l'artifice avoit portrait les murs
De grotesque si belle en des rochers si durs;
De voir les cabinets, les chambres et les salles,
Les terrasses, festons, gillochis et ovalles,
Et l'esmail bigarré, qui ressemble aux couleurs
Des prez quand la saison les diapre de fleurs;
Ou comme l'arc en-ciel qui peint, à sa venuë,
De cent mille couleurs le dessus de la nuë.

    Lors Bellot et Perrot (de tels noms s'appeloient
Les pasteurs qui par l'antre en reverence alloient)
Ne se peurent garder de rompre le silence,
Et le premier des deux, Bellot, ainsi commence.

BELLOT.

Printemps, naissez bientost et faites naître aussy
Avec vous la rosée et les herbes d'icy,
Afin que de cent fleurs diverses je façonne (*a*)
Pour le front de Charlot une belle couronne.

    Pasteurs, puis que Charlot nous daigne regarder,
Comme nous soulions faire il ne faut plus garder
Pour la crainte des loups nos brebis camusettes,

    a. Var. :

Printemps, naissez, croissez, et de mille façons
Couvrez les jeunes prez de fleureuses moissons,
Afin qu'en les cueillant et tirant je façonne

1. A cause que Charles, cardinal de Lorraine, étoit l'Apollon des bons esprits de son temps, il fait sa grotte semblable à celle des Muses.

Qui sans crainte paistront au bruit de nos musettes.
Nos chevres sans danger les saules brouteront,
Et nos taureaux sous l'ombre assis remascheront
L'herbe que leur gosier deux fois pousse et retire (*b*),
Et nous autres bergers ne ferons plus que rire,
Que jouër, que fluter, que chanter, que dancer,
Comme si l'âge d'or vouloit recommencer
A regner dessous luy, comme il regnoit à l'heure
Que Saturne faisoit en terre sa demeure.
Nous ferons de gazons son autel comme à Pan;
Nous chommerons sa feste, et au retour de l'an,
Tout ainsi qu'à Palés ou à Cerès la grande,
Trois vaisseaux pleins de laict verserons pour offrande,
En invoquant son nom, et, tournant à l'entour
De l'autel, nous ferons un banquet tout le jour,
Où Janot, Limosin (1), prendra sa chalemie
A tous pasteurs venans pour l'amour de s'amie;
Car c'est un demi-Dieu à qui plaisent nos sons,
Qui fait cas des pasteurs, qui aime leurs chansons,
Qui garde leurs brebis de chaud et de froidure
Et en toutes saisons les fournit de pasture (2).

 Quelque part que tu sois, Charlot, pour ta vertu,
En tes lévres tousjours savourer puisses-tu
Le doux sucre et la manne, et manger tout ensemble
Le miel qui en douceur à tes propos ressemble,
Et tousjours, quelque part que tu voudrois aller,

 a. Var.:

Car eux et nos aigneaux ensemble coucheront,
Nos taureaux leur viande à l'ombre mascheront
Deux fois en escoutant les chansons de Tytyre.

 1. Jean Daurat, Limousin, poëte royal.
 2. Tout cela est dit sous un autre sens, comme fait Virgile en une infinité de lieux dans ses Bucoliques. Charles de Lorraine étoit l'unique support des bons esprits qu'il entend sous les noms des bergers. C'est pourquoi il dit que c'étoit l'unique Pan qui avoit soin de leurs troupeaux et de leurs pâturages.

Puissent dessous tes pieds les fontaines couler
De vin et de nectar, et loin de ton herbage
Le Ciel puisse ruer sa foudre et son orage;
Les cornes de tes bœufs se puissent jaunir d'or,
D'or le poil de tes boucs, et la toison encor
De tes brebis soit d'or, et les peaux qui herissent
De tes chévres le dos de fin or se jaunissent.
Pan, le Dieu chévre-pied, des pasteurs gouverneur,
Augmente ta maison, tes biens et ton honneur:
Tousjours puisse d'aigneaux peupler ta bergerie,
De ruisseaux argentins arroser ta prairie,
Et tousjours l'herbe espaisse emplisse tes herbis,
De taureaux ton estable et ton parc de brebis,
Puis que tu es si bon et que tu daignes prendre
Quelque soin des pasteurs et leurs flutes entendre.
 A-tant se teut Bellot, et à peine avoit dit,
Qu'en pareille chanson Perrot luy respondit,

PERROT.

 Nymphes, filles des eaux, des Muses les compagnes,
Qui habitez les bois, les monts et les campagnes,
Permettez-moy chanter cet antre de Meudon,
Que des mains de Charlot vous receutes en don.
Comme Amphion tira les gros quartiers de pierre
Pour emmurer sa ville au son de sa guiterre,
Ainsi ce beau sejour Charlot vous a construit
Des rochers qui suivoient de ses flutes le bruit.
 Ceux qui viendront ici boire de la fontaine,
Ou s'endormir aupres, ils auront l'ame pleine
De toute poësie, et leurs vers quelquefois
Pourront bien réjoüir les aureilles des rois.
 Ici, comme jadis en ces vieux tabernacles
De Delphe et de Delos, se rendront les oracles;
Et à ceux qui voudront à la grotte venir,
Phebus leur apprendra les choses à venir.
 Charlot, je te suppli' de n'avoir point de honte
De nous, simples bergers, faire un petit deconte;
Apollon fut berger, et le Troyen Pâris;

Et le jeune amoureux de Venus, Adonis,
Ainsi que toy portoit au flanc la panetiere,
Et par les bois sonna l'amour d'une bergere;
Mais nul des pastoureaux en l'antique saison
Comme toy n'a basti des Muses la maison.

 Tousjours tout à l'entour la crespe mousse y croisse,
Le poliot fleury en tout temps y paroisse (*a*),
Le lierre tortu, replié de maint tour,
Puisse dessus le front grimper tout à l'entour,
Et la lambrunche errante, ensemble entortillée,
Laisse espandre ses bras tout du long de l'allée.
L'avette en lieu de ruche ordonne dans les troux
Des rustiques piliers sa cire et son miel roux,
Et le freslon armé qui les raisins moissonne
De son bruit enroüé par l'antre ne bourdonne;
Mais les noirs gresillons, qui de leurs cris tranchans
Salu'ront les pasteurs à leur retour des champs.
Mainte gentille Nymphe et mainte belle Fée,
L'une aux cheveux pliez et l'autre descoifée,
Avecque les Sylvains y puissent toute nuit
Fouler l'herbe des pieds au son de l'eau qui bruit.

 Tousjours ceste maison puisse avoir arrosée
Le pied d'une fontaine et le chef de rosée;
Tousjours soit aux pasteurs son taillis ombrageux,
Sans crainte ny du feu ny du fer outrageux;
Et jamais au sommet, quand la nuict est obscure,
Les choüans, annonceurs de mauvaise adventure,
Ne s'y viennent percher, mais les rossignolets,
Voulans chanter plus haut que tous nos flageolets,
Y desgoisent tousjours par la verte ramée
Du bon pasteur Charlot la belle renommée,
Afin que tous les vents l'emportent jusqu'aux cieux,
Et du ciel puisse aller aux aureilles des Dieux.

 Ainsi finist Perrot, et l'un et l'autre ensemble
(A qui tout le pied droit par bon augure tremble),

  a. Var.:
Le thym, le poliot, la marjolaine espesse;

Sortent hors de la grotte, et, à fin de pouvoir
Mieux chanter à loisir, s'en-allerent asseoir
L'un dessus un gazon, l'autre sus une souche;
Et lors de tels propos Bellot ouvrit sa bouche.

BELLOT.

Perrot, tous les pasteurs ne te font que louer,
Te vantent le premier, soit pour savoir jouer
De flageol ou de flute, et la musette tienne,
Tant ils sont abusez, comparant à la mienne.
Je voulois dés long temps seul à seul te trouver
Loin de nos compagnons, à fin de t'esprouver,
Et pour te faire veoir qu'autant je te surpasse
Qu'une haute montaigne une colline basse.

PERROT.

Mon Bellot, il est vray que les pasteurs d'ici
M'estiment bon poëte, et je le suis aussi;
Mais non tel qu'est Michau(1), ou Lancelot(2), qui sonne
Si bien de la musette aux rives de Garonne,
Et mon chant au prix d'eux est pareil au pinçon
Qui veut du rossignol imiter la chanson.
Toutefois, mon Bellot, je ne te veux desdire;
Si tu es bon Thyrsis, je seray bon Tityre,
Et tu ne trouveras en moy le cœur failli,
Bien que si hardiment tu m'ayes assailli (a).
Il faut pour le vainqueur que nous mettions un gage;
Quant à moy, pour le prix je te mets une cage
Que je fis l'autre jour, voyant paistre mes bœufs,
En parlant à Thoinet, qui s'égalle à nous deux.

a. Var. :

Commence, je n'ay point le courage failli :
L'assailleur bien souvent vaut moins que l'assailli.

1. Michel de L'Hôpital, chancelier de France, excellent poëte latin de son temps.
2. Lancelot Carles, grand poëte.

Les barreaux sont de til, et la perchette blanche
Qui traverse la cage est d'une coudre franche;
De pelures de jonc j'ay tissu tout le bas.
A l'un des quatre coings la coque d'un limas
Pend d'un crin de cheval, voire de telle sorte
Qu'on diroit à la voir qu'elle-mesme se porte.
  J'ay creusé d'un sureau l'auge bien proprement
Et les quatre pilliers du petit bastiment
Sont d'une grosse ronce en quatre parts fenduë;
Et le cordon tressé duquel elle est penduë,
Belin me l'a donné, houpé tout à l'entour
Des couleurs qu'il gaigna de Catin l'autre jour.
  J'ay dedans prisonniere une jeune aloüette,
Qui desgoise si bien qu'hier ma Cassandrette,
Que j'aime plus que moy, m'en offrit un veau gras
Avecques un chevreau, voire et si ne l'eut pas;
Toutefois tu l'aura si tu me gagnes ores;
Mais je t'assure bien que tu ne l'as encores (*b*).

BELLOT.

  Pour la cage et l'oiseau je veux mettre un pannier
Gentement enlacé de vergettes d'ozier,
Large et rond par le haut, qui tousjours diminuë
En tirant vers le bas d'une poincte menuë.
L'anse est faite d'un hous qu'à force j'ay courbé;
En voulant l'attenuir le doigt je me coupé
Avecque ma serpette; encores de la playe
Je me deuls, quand du doigt mon flageollet j'essaye.
Tout ce gentil pannier est portrait par-dessus
De Mercure et d'Io, et des cent yeux d'Argus.
Io est peinte en vache et Argus en vacher :
Mercure fait le guet qui du haut d'un rocher

---

a. Var. :

Toutefois tu l'auras si tu as la victoire ;
Mais plustost que l'avoir, la nege sera noire.

ECLOGUE III.

Roulle à bas cet Argus, apres avoir coupée
Son col du fer courbé de sa trenchante espée :
De son sang naist un paon qui, les aisles ouvrant,
Va de çà et de là tout le panier couvrant (*a*).
Il me sert à serrer des fraizes et des roses,
Il me sert à porter au marché toutes choses.
Mon Olive(1), mon cœur, desire de le voir,
Elle me veut donner son mastin pour l'avoir,
Et si ne l'aura pas; je te le mets en gage :
Il vaut mieux ny que toy, ton oiseau ny ta cage (*b*).
Mais qui nous jugera ? qui en prendra le soin ?
Vois-tu ce bon vieillard qui vient à nous de loin ?
A luy voir au menton la barbe venerable,
Le chef demi-couvert d'un poil gris honorable,
La houlette en la main d'un noüailleux cormier,
Le hauqueton d'un dain, c'est Michau, le premier
Des pasteurs en sçavoir, auquel font reverence,
Quand il vient dans nos parcs, tous les bergers de France.

PERROT.

Je le cognois, Bellot, je l'ay ouy chanter.
Autant comme tu fais, je l'ose bien vanter,
Car il a bien souvent daigné prendre la peine
De loüer mes chansons à Charlot de Lorraine (2).

a. Var. :

*Une Nymphe est auprès en simple corset blanc,
Qui tremble de frayeur de voir jaillir le sang.*

b. Var. :

J'en refuse trois fois la vente de ta cage.

1. Maîtresse de Du Bellay, comme j'ai appris de M. Garnier, excellent poëte de notre temps. Le nom est tourné de Viole, son vrai nom : elle étoit nièce de l'évêque de Paris.
2. Charles, cardinal de Lorraine.

Eclogue III.

Michau.

Que dites-vous, enfans, des Muses le souci ?
Ici le bois est verd, l'herbe fleurist ici,
Ici les petits monts les campagnes emmurent,
Ici de toutes parts les ruisselets murmurent;
Ne soyez point oisifs, enfans, chantez tousjours,
Mais comme auparavant ne chantez plus d'amours,
Elevez vos esprits aux choses bien plus belles,
Qui puissent apres vous demeurer immortelles.
  N'avez-vous entendu comme Pan, le grand Dieu,
Le grand Dieu qui preside aux pasteurs de ce lieu (1),
Par mariage assemble à sa fille Claudine (2)
Le beau pasteur lorrain, de telle fille digne ?
C'est le jeune Charlot (3), tige de sa maison,
Parent de ces pasteurs (4) qui portent la Toison (5),
Et cousin de Charlot (6), le bon hoste des Muses,
Duquel tousjours le nom enfle vos cornemuses,
Et de ce grand Francin (7) qui à coups de leviers,
De fondes et de dars, a chassé les bouviers
Qui venoient d'outre-mer saccager nos rivages,
Et menoient maugré nous leurs bœufs en nos herbages.

---

1. Le roi.
2. Claude, duchesse de Lorraine, fille de Henri II.
3. Le duc de Lorraine.
4. Sa mère étoit parente de l'empereur Charles V, roi d'Espagne, occasion pour laquelle le roi Henri II, surprenant Metz par finesse et par le moyen du connétable Anne de Montmorency, amena ledit duc de Lorraine, âgé de neuf ans, en France, de crainte qu'il ne fût enlevé et que Metz ne tombât à l'empire.
5. C'est l'ordre des rois d'Espagne que la Toison.
6. Charles, cardinal de Lorraine.
7. François, duc de Guise, qui défit les Anglois. Etant pour lors comte d'Aumale et fils aîné du duc de Guise, il reçut un coup de lance entre le nez et l'œil, et lui demeura un éclat de bois de la longueur de deux doigts dans la tête, duquel coup il guérit miraculeusement. Ce fut Ambroise Paré qui le sauva.

Là ne se fera point quelque menu festin.
Depuis le soir bien tard jusqu'au premier matin
La feste durera, et les belles Naiades,
Les Faunes, les Sylvains, Dryades, Oreades,
Les Satyres, les Pans, tout le jour balleront,
Et de leurs pieds fourchus l'herbette fouleront.
De ce beau mariage entonnez vos musettes,
Monstrez-vous aujourd'hui tels sonneurs que vous estes,
Chantez ceste alliance et cet accord sacré ;
Les deux freres lorrains vous en sçauront bon gré (1).
Pan (2) y tiendra sa cour en majesté royale,
Auprès de luy sera son espouse loyale (3),
Et son fils déja roy (4), et sa divine sœur (5),
Qui passe de son nom et la perle et la fleur.
Sus donc chante, Bellot, commence quelque chose :
Tu diras l'espousé, Perrot (6) dira l'espose (*a*).
Car il vaut mieux, enfans, celebrer ce beau jour,
Qu'user vos chalumeaux à chanter de l'Amour.

BELLOT.

O Dieu qui prens le soin des nopces, Hymenée,
Laisse pendre à ton dos ta châpe ensafranée,
Ton pied soit enlacé d'un beau brodequin bleu,
Et portes en ta main un clair flambeau de feu.
Esternue trois fois et trois fois, de la teste

a. Var. :

Sus donc chante, Bellot, et ta musette appreste;
Dy le lict nuptial, Perrot dira la feste.

1. François, duc de Guise, et Charles, cardinal de Lorraine.
2. Le roi Henri II.
3. Catherine de Médicis.
4. François II, appelé déjà roi Dauphin, à cause qu'il avoit épousé Marie Stuart, depuis reine d'Ecosse.
5. Marguerite de Savoie, sœur de Henri II.
6. Ronsard.

ECLOGUE III.

Fais signe, ains que venir à la divine feste (*a*)
De Claudine (1) et Charlot (2), à fin que desormais
Le mariage soit heureux pour tout jamais.
  Ameine avecques toy la Cyprienne sainte,
De ta belle ceinture au travers du corps ceinte (*b*),
Et son enfant Amour avec l'arc en sa main,
Pour se cacher ès yeux du jeune enfant lorrain.
  Ce n'est pas un pasteur qui dans un bois champestre
Meine tant seulement deux ou trois chevres paistre,
Mais qui a cent troupeaux de vaches et de bœufs,
Et autant de brebis paissans les prez herbeus
De Meuse et de Moselle, et tous ceux qui la plaine
Broutent auprés de Bar et des monts de Lorraine.
[Il a tant de betail qu'il n'a jamais esté
En hyver sans du laict, sans fromage en esté,
Et ses paniers d'esclisse et ses vertes jonchées
De caillottes de crème en tout temps sont chargées.]
Il s'élève en beauté sur tous les pastoureaux
Comme un jeune taureau sur les menus troupeaux,
Ou comme un grand cyprès sur un petit bocage,
Ou comme un gresle jonc sur l'herbe du rivage.
Un poil crespé de soye au menton lui paroist
Qui blond et deslié entre les roses croist (*c*)

  a. Var. :

Esternuë trois fois; ta teste chevelüe
Esbranle par trois fois; trois fois à ta venuë,
Voy Claudine et Charlot,

  b. Var. :

D'un demi-ceinct tissu dessus les hanches ceinte,

  c. Var. :

  Il s'élève en beauté sur tous les pastoureaux
  Comme un brave taureau sur les menus troupeaux,
  Ou comme un pin gommeux au resonnant feuillage

1. Madame Claude, fille de Henri II.
2. Charles, duc de Lorraine.

[De sa face adonine, ainsi comme se couvre
De duvet un oiseau qui de la coque s'ouvre.
D'une belle couleur et d'œillets et de lis
Ses membres sont partout freschement embellis,
Et en mille façons parmy la couleur vive
De sa beauté reluit une grâce naïve.
Sont front est de l'aurore, et comme astres des cieux
Sous une nuict brunette éclairent ses beaux yeux.
Autant comme en beauté en adresse il abonde
Soit à getter le dard ou à ruer la fronde,
A sauter, à lutter, ou à force de coups
Regagner un chevreau de la gueule des loups.
Comme l'herbe est l'honneur d'une verte prairie,
Des herbettes les fleurs, et d'une bergerie
Un taureau qui du pied pousse l'arène au vent;
D'une fresche ramée un ombrage mouvant,
Les roses d'un bouquet, les lis d'une guirlande,
Ainsi tu es l'honneur de toute nostre bande.
La chevre suit le thym, le loup la chevre suit,
Le lion suit le loup, l'herbe l'onde qui bruit,
La mouche à miel les fleurs, et l'estrangere grue
Suit au printemps nouveau le train de la charrue;
Mais nous autres pasteurs qui par les champs vivons,
De mesme affection partout nous te suivons.]
 Bergers, faites ombrage aux fontaines sacrées,
Semez par les chemins les fleurettes pourprées,
Despendez la musette, et de bransles divers
Chantez à ce Charlot des chansons et des vers.
Qu'il te tarde beaucoup que Vesper ne t'ameine
Déja la nuict pour mettre une fin à ta peine!
Soleil, haste ton char, accourci ton sejour,
Charlot a plus besoin de la nuit que du jour.
 L'amitié, la beauté, la grace et la jeunesse
Appresteront ton lict, et par grande largesse
Une pluye d'œillets dessus y semeront,

Tient son chef pommelu par-dessus un bocage.
Qui plus est, son menton en sa jeune saison
Ne se fait que cresper d'une blonde toison.

Et d'ambre bien-sentant les draps parfumeront.
Mille petits Amours ayant petites ailes
Voleront sur le lict comme és branches nouvelles
Des arbres au printemps revolent les oiseaux
Qui se vont esgayant de rameaux en rameaux.
Comme un lierre espars pendra ta mariée
A l'entour de ton col estroitement liée (*a*),
Qui d'un baiser permis ta bouche embasmera
Et d'un autre plaisir ton cœur allumera.
C'est une prime fleur encore toute tendre ;
Espoux, garde-toy bien de brusquement la prendre ;
Il la faut laisser croistre, et ne faut simplement
Que tenter ceste nuict le plaisir seulement.
Comme tes ans croistront les siens prendront croissance ;
Lors d'elle à plein souhait tu auras jouïssance,
Et trouveras meilleur mille fois le plaisir,
Car l'attente d'un bien augmente le desir.
Or, le soir est venu, entrez en vostre couche,
Dormez bras contre bras et bouche contre bouche ;
La concorde à jamais habite en vostre lit,
Chagrin, dissension, jalousie et despit
Ne vous troublent jamais, ains d'un tel mariage
Puisse naistre bien tost un genereux lignage
Meslé du sang lorrain et du sang de Valois,
Qui Parthenope encor remette sous ses lois,
Et puisse couronner ses royales armées
Sur le bord du Jourdain de palmes Idumées.

A tant se teut Bellot, et Perrot, tout gaillard,
Enflant son chalumeau, luy respond d'autre part.

PERROT.

O Lucine Junon qui aux nopces présides
Et de paons accouplés ta belle coche guides

a. Var. :

La vigne à son ormeau si fort ne soit liée
Qu'alentour de ton col ta jeune mariée,

Aussitost que les vents là où tu veux aller,
Soit sur mer ou sur terre, au ciel ou dedans l'air,
Vien avecques ta fille, amyable et benigne,
Favoriser le jour des nopces de Claudine (*a*).
Comme une belle rose est l'honneur du jardin,
Qui aux rais du soleil est éclose au matin,
Ainsy Claudine l'est de toutes les bergeres,
Et les passe d'autant qu'un pin fait les fougeres.
Nulle ne l'a gaignée à savoir façonner
Un chapelet de fleurs pour son chef couronner;
Nulle ne sait mieux joindre au lys la fraische rose,
Nulle mieux sur la gaze un dessein ne compose
De fil d'or et de soye, et nulle ne sçait mieux
Conduire de Pallas les arts ingénieux.

 Comme parmi ces bois volent deux tourterelles
Que je voy tous les jours se caresser des ailes,
Se baiser l'une l'autre, et ne s'entre-eslongner,
Mais constantes de foy tousjours s'accompagner,
Qui de leur naturel jusqu'à la mort n'oublient
Les premières amours qui doucement les lient;
Ainsi puisses-tu vivre en amoureux repous
Jusqu'à la mort, Claudine, avecque ton espous.

 Je m'en vay sur les bords des rives plus secrettes
Cueillir dans mon panier un monceau de fleurettes,
Afin de les semer sur ton lict genial,
Et chanter à l'entour ce beau chant nuptial :
 D'une si belle fille est heureuse la mere,
Son pere est bien heureux, et bien heureux son frere;
Mais plus heureux cent fois et cent encor sera
Qui d'un masle heritier enceinte te fera.

a. Var. :

Et de paons accouplez où il te plaist tu guides
Ta coche comme vent sur terre et sur les cieux,
Brave de majesté comme royne des dieux,
Amene Pasithée, et la Muse divine
Qui preside aux banquets, aux nopces de Claudine.

ECLOGUE III.

Heureux sera celuy qui aura toute pleine
Sa bouche de ton ris, et de ta douce haleine,
Et de tes doux baisers, qui passent en odeur
Des prés les mieux fleuris la plus soüave fleur !
Heureux qui dans ses bras pressera toute nuë
Toy, Claudine aux beaux yeux, du sang des dieux venuë;
Qui hardi tastera tes tetins verdelets
Qui semblent deux boutons encore nouvelets !
Heureux qui près la tienne allongera sa hanche,
Qui baisera ton front et ta belle main blanche,
Et qui demeslera fil à fil tes cheveux !
Follastrant toute nuict et faisant mille jeux,
Il priera que la nuit dure cent nuits encore,
Ou bien que de cent jours ne s'éveille l'aurore,
Afin que paresseux long temps puisse couver
Ses amours en ton sein et point ne se lever.

Mais le soir est venu, et Vesper, la fouriere
Des ombres, a desja respandu sa lumiere :
Il faut s'aller coucher. Quoi ! tu trembles du cœur,
Ainsi qu'un petit fan qui tremble tout de peur
Quand il a veu le loup, ou quand, loin de sa mere,
Il s'effroye du bruit d'une feuille legere.
Il ne sera cruel, car une cruauté
Ne sauroit demeurer avec telle beauté.
Demain, après avoir son amitié cognuë,
Tu voudrois mille fois que la nuict fust venuë,
Pour retourner encore aux amoureux combas,
Et pour te rendormir encore entre ses bras.

Sus, des-habille toy, et comme une pucelle
Qui de bien loin sa mere à son secours appelle,
N'appelle point la tienne, et vien pour te coucher
Près du feu qui te doit tes larmes dessecher.
[Comme une tendre vigne à l'ormeau se marie
Et de mainte embrassée autour de lui se plie,
Tout ainsi de ton bras en cent façons plié
Embrasse le beau col de ton beau marié.]

Celuy puisse conter le nombre des arenes,
Les estoiles des cieux et les herbes des plaines,

Qui contera les jeux de ces combats si dous,
Desquels pour une nuict vous ne serez pas saouls.
Or esbatez-vous donc, et en toute liesse
Prenez les passe-temps de la douce jeunesse,
Qui bien tost s'enfuira, et au nombre des ans
Qui vous suivront tous deux égalez vos enfans.
Ton ventre desormais si fertile puisse estre
Que d'un sang si divin il puisse faire naistre
Des filles et des fils : des fils qui porteront
Les vertus de leur pere empreintes sur le front,
Et qui dès le berceau donneront cognoissance
Que d'un pere très fort ils auront pris naissance.
Les filles en beautez, en grace et en douceur,
Par signes donneront un tesmoignage seur
De la pudicité de leur mère divine,
Qui de nostre grand Pan a pris son origine.
　Ainsi disoit Perrot, qui, retenant le son
De son pipeau d'aveine, acheva sa chanson.
Echo luy respondoit : les bois qui rechanterent
Le beau chant nuptial jusqu'au ciel le porterent.
Lors Michau tout gaillard sauta parmi les fleurs
D'aise qu'il avoit eu d'ouïr les deux pasteurs (*a*).

MICHAU.

Vostre harmonie, enfans, à l'aureille est plus douce
Que le bruit d'un ruisseau qui jaze sur la mousse,
Ou que la voix d'un cygne ou d'un rossignolet
Qui chante au mois d'avril dans un bois nouvelet.
De manne à tout jamais vos deux bouches soient pleines,
De roses vos chapeaux, vos mains de marjolaines,
Jamais en vos maisons ne vous defaille rien,
Puisque les chalumeaux vous entonnez si bien.

　a. Var. :

Lors Michau, s'escriant, s'assit au milieu d'eux,
Puis dit, en approuvant la chanson de tous deux.

Que chacun par accord s'entre-donne son gage;
Perrot, prend son panier, et toi, Bellot, sa cage:
Retournez, mes enfants, conduire vos troupeaux,
Et vivez bien heureux entre les pastoureaux.

MONOLOGUE

OU

CHANT PASTORAL

A TRES-ILLUSTRE ET VERTUEUSE PRINCESSE

MADAME MARGUERITE DE FRANCE

Duchesse de Savoye (1).

J'estois fasché de tant suivre les rois,
Et pour la cour je me perdois ès bois,
Seul à par moy sauvage et solitaire,
Loin des seigneurs, des rois et du vulgaire;
Plus me plaisoit un rocher bien poinctu,
Un antre creux de mousse revestu,
Un long destour d'une seule valée,
Un vif sourgeon d'une onde reculée,
Un bel esmail qui bigarre les fleurs,
Voir un beau pré tapissé de couleurs,
Oüir jazer un ruisseau qui murmure
Et m'endormir sur la douce verdure,
Qu'estre à la cour et mendier en vain

1. Publié pour la première fois en 1559, chez Robert Estienne, in-4°, à la suite du Discours à Monseigneur le duc de Savoye. T. 3, p. 338, de cette édition.

Un faux espoir qui coule de la main.
  Au mois de may que l'aube retournée
Avoit declose une belle journée,
Et que les voix d'un million d'oiseaux,
Comme à l'envy du murmure des eaux,
L'un haut, l'un bas, contoient leurs amourettes
A la rousée, aux vents et aux fleurettes,
[Et que du ciel mille perles tomboient
Dessus les fleurs qui rondes s'assembloient,
Pour abreuver les gentilles abeilles,
Qui de moissons ont les cuisses vermeilles;]
Lorsque le ciel à la terre sou-rit,
Lorsque tout arbre en jeunesse fleurit,
Quand tout sent bon, et que la douce terre
Ses riches biens de son ventre desserre,
Toute joyeuse en son enfantement;
Errant tout seul, tout solitairement
J'entre en un pré, du pré en un bocage,
Et du bocage en un desert sauvage,
Et là j'avise un pasteur qui portoit
Dessus le dos un habit qui estoit
De la couleur des plumes d'une gruë;
Sa panetière à son costé penduë
Estoit d'un loup, et de la dure peau
D'un ours pelu il avoit son chapeau.
Luy, s'appuyant debout sur sa houlette
A cent couleurs, il tire une musette,
La met en bouche, et ses lèvres enfla,
Puis coup sur coup en haletant soufla,
Et re-soufla d'une forte halenée
Par les poumons reprise et redonnée,
Ouvrant les yeux et dressant le sourcy;
Mais quand partout le ventre fut grossi
De la chevrette, et qu'elle fut égalle
A la grosseur d'une moyenne balle,
A coups de coude il en chassa la vois;
Puis çà, puis là faisant saillir ses dois
Sur les pertuis de la musette pleine,

Comme s'il fust en angoisseuse peine,
Palle et pensif avec le triste son
De sa musette il dit telle chanson :
   Petits aigneaux qui paissez sous ma garde,
Plus que devant il vous faut prendre garde
De vostre peau, pour la crainte des loups,
Et de bonne-heure au soir retirez-vous.
Plus ne verrez sauter parmi les prées
Ny les sylvains ni les muses sacrées,
Car nos pastis ne sont plus habitez
Comme ils souloient des sainctes deïtez.
   Plus ne paistrez poliot ny lavande ;
Le dur chardon sera vostre viande ;
Et si verrez en toutes les saisons
La ronce aiguë escarder vos toisons.
   Et toy, Harpaut, qui te soulois defendre
Contre les loups, maintenant faut apprendre
D'estre humble et doux et ne plus abboyer ;
Il faut apprendre à flechir et ployer,
Et, te couchant (puisqu'il n'y a plus d'ordre),
Flatter les loups quand ils te voudront mordre.
   Et toy, musette, à qui presque j'avois
Par sept conduits donné la mesme vois
Qu'à son flageol avoit donné Tityre,
Plus tu n'auras ce plaisir d'ouïr dire :
La belle nymphe a fait cas de tes chants,
Car Sa Grandeur abandonne nos champs.
   Plus ne voudra ceste nymphe divine
A son grand Pan qui la France domine
Comme autrefois tes chansons celebrer.
Que tardes-tu ? va-t'en te démembrer
De piece en piece, et, si tu peux, transforme
Ton corps venteux en sa premiere forme ;
Car tu devins sur la rive d'une eau,
S'il m'en souvient, de pucelle un roseau,
Et là tousjours, quand tu seras atteinte
De quelque vent, ne sonne que ma plainte.
   Dedans le creux d'un rocher tout couvert

De beaux lauriers estoit un antre vert,
Où au milieu sourdoit une fontaine
Tout à l'entour de violettes pleine;
Là s'élevoient les œillets rougissants,
Et les beaux lys en blancheur florissants,
Et l'ancolie en semences enflée,
La belle rose avec la giroflée (*a*),
La paquerette et le passe-velours,
Et ceste fleur qui a le nom d'amours.

 Ceste fontaine en ruisseaux separée
Baignoit les fleurs d'une course égarée,
S'entre-lassant en cent mille tortis,
Que ny chévreaux, ny vaches, ny brebis,
D'ergots fourchus n'avoient jamais souillée,
Ny les pasteurs de leurs traces foulée.

 Un jour d'esté qu'encores le soleil
N'a ses chevaux devallez au sommeil,
Et qu'il se monstre encor plus haut qu'une aulne
Dedans le ciel tout bigarré de jaulne,
De pers, de bleu, je vy prés d'un rocher
Un grand troupeau de nymphes s'approcher,
Toutes ayans en leurs fresches mains blanches
Un beau cofin entre-clissé de branches.

 En-ce-pendant que l'une se baignoit,
L'autre sautoit et l'autre se peignoit,

---

a. Var. :

Là se trouvoient, toutes saisons de l'an,
Deux belles fleurs, la rose et le safran,
L'une honteuse et l'autre que l'on donne
Pour sacrifice à la nymphe Pomonne ;
Et l'ancolie en semence s'enflant,
Et le narcis que le vent va soufflant ;
Le blanc neufart à la longue racine,
Et le glayeul à la fleur arquencine (1).

        (1587.)

1. Couleur d'arc-en-ciel.

Je vis venir une belle Charite,
Que les humains appelloient Marguerite,
Des immortels Pasithée avoit nom,
Toute divine en faicts et en renom.
    Elle, marchant à tresses décoiffées,
Apparoissoit la princesse des fées ;
Un beau surcot de lin bien replié,
Frangé, houpé, luy pendoit jusqu'au pié.
Ses tendres pieds, qui fouloient la verdure,
Deux beaux patins avoient pour couverture ;
Un carquan d'or son col environnoit,
Et son beau sein sans branler se tenoit,
Pressé bien haut d'une boucle azurée,
De meinte fleur à l'entour bigarrée (a).
Elle cent fois d'un seul traict de ses yeux
Avoit flechy les hommes et les dieux
Sans se flechir : car la fleche poussée
De l'arc d'amour ne l'avoit point blessée,
Et sienne et franche avoit tousjours esté
Parmy les fleurs en toute liberté.
    A peine avoit dans les ondes voisines
Lavé ses bras et ses jambes marbrines,
Quand tout soudain (ou soit qu'il vinst des cieux,
Ou soit qu'il fust un faune de ces lieux)
Je veis venir, par estrange avanture
Un dieu caché sous mortelle figure,
Qui ressembloit le pasteur delien
Gardeur de bœufs au bord amphrysien,
Ou le Troyen dont l'ardante jeunesse
Donna la pomme à Venus la déesse.
Ses beaux cheveux sous un zephyre mol
En petits flots ondoyoient à son col ;
Ses yeux, son front, son allure et son geste
Estoient pareils à celuy d'un celeste.

    a. Var. :

Ainsi qu'on peint la belle Cytherée.

Comme un pasteur il portoit dans sa main
Une houlette à petits cloux d'airain,
Où, sur le haut, dedans l'escorce dure,
De deux beliers se monstroit la figure
Qui se choquoient ; et auprés d'eux estoit
Un loup pourtraict, lequel les aguettoit.
 Si tost qu'il vid ceste belle dryade,
Blessé d'amour, il en devint malade ;
Or comme un feu qui aux espics se prend,
Et de petit aprés se faict bien grand,
Et tellement en ondoyant s'allume
Que tous les champs d'alentour il consume,
D'un tel brasier l'amour l'environna
Qu'à la parfin la nymphe il emmena
Dans des rochers par voye trop deserte
Toute de neige et de glace couverte (*a*).
Tant seulement j'en entendis la vois
Evanoüie au milieu de ces bois
Qui parvenoit à mon aureille à peine,
Comme la voix de quelque nymphe en peine.
 Or, en voyant dans ces champs, l'autre jour,
Un pigeon blanc empieté d'un autour,
Qui l'emportoit pour luy servir de proye
Dessus les monts de la haute Savoye (*b*),

 a. Var. :

Puis, soufleté par les vents, se respand
De tous costez, trouvant pasture preste,
Et des forests vient embraser la teste,
Ainsi l'amour tellement l'embrasa
Que ceste nymphe à la fin il osa
Ravir au dos, l'enlevant en Savoye,
Comme un lyon le doux suc d'une proye.

 b. Var. :

Qui l'emportoit dedans sa serre aiguë
En la Savoye, un Atlas porte-nuë,

Je prevy bien l'infortune futur,
Et l'engravay dedans le tige dur
De ce coudrier. Encor l'escorce verte
De l'engraveure apparoist entre-ouverte ;
Y adjoustant ces vers pleins de soucy
Qu'encore un coup je vais redire icy :
  A ton depart les gentilles naiades,
Faunes, sylvains, satyres et dryades,
Pans, ægipans, de ces antres reclus,
Sont disparus et n'apparoissent plus.
  Loing de nos champs Flore s'en est allée,
Pomone a pris autre part sa volée (*a*),
Et Apollon, qui fut jadis berger,
Dedans nos champs ne daigne plus loger,
Et le troupeau des neuf Muses compagnes
Ainsi qu'en friche ont laissé nos campagnes
Pour le regret de leur dixiesme sœur,
Qui les passoit de chant et de douceur ;
Bref de nos bois toutes deïtez saintes,
Cypris la belle et ses graces desceintes,
En nous laissant pour si piteux depart
La larme à l'œil, habitent autre part.
Plus les rochers ny les antres rustiques
Ne seront pleins de fureurs poëtiques :
Echo se taist et ne veut plus parler,
Tant a regret de te voir en-aller.
  Las ! maintenant en ta fascheuse absence
Le champ ingrat trompera la semence
Se démentant, et en lieu de moissons
Ne produira que ronces et buissons ;
Si que je crains que malheur ne vous vienne,
Qu'en fleur nouvelle un Ajax ne devienne,
Et que Narcisse encor' ne soit mué,
Et d'Apollon Hyacinthe tué,

a. Var. :

D'un habit noir Pomone s'est voilée.

Et qu'en soulcy ne jaunisse Clytie,
Et que la peau du satyre Marsye
Ne saigne tant que du dos écorché
Ne se reface un grand fleuve espanché,
Puis que Manto et la nymphe Egerie
N'ont plus le soin de nostre bergerie.
   O demy-dieux, ô gracieux esprits
Qui de pitié le cœur avez épris,
O monts, ô bois, ô forests cheveluës,
O rouges fleurs, jaunes, palles et bluës,
O terre, ô ciel, ô fontaines et vens,
Faunes, sylvains, et satyres, et pans!
Et toy Clion, qui fus jadis ma muse,
Entre mes mains casse ta cornemuse,
Car qu'aussi bien sans faveur et sans los
Pendroit en vain une charge à mon dos!
   Pasteurs françois, n'enflez plus les musettes,
Dorènavent elles seront muettes,
Car dedans l'air leur chant évanoüy
Comme il souloit ne sera plus oüy.
   Si m'en croyez, allons en Arcadie,
Et flechissons de nostre melodie
Rochers et bois, tigres, lyons et loups,
Puis que la France est ingrate vers nous;
Puis que la nymphe en qui fut l'esperance
Des bons sonneurs s'absente de la France,
Allon-nous-en sans demeurer icy
Pour y languir en peine et en soucy.
   Qui fera plus d'un annuel office
Parmy les bois aux Muses sacrifice?
Qui plus de fleurs les ruisseaux semera?
Qui plus le nom de Palés nommera
Parmy les champs? et qui plus aura cure
De nos troupeaux pour leur donner pasture?
Qui plus à Pan daignera presenter
Les pastoureaux pour les faire chanter?
Qui de leur flute appaisera les noises?
Qui jugera de leurs chansons françoises?

Eclogue III.

Qui donnera le prix aux mieux-disans
Et sauvera leurs vers des médisans?
 Adieu, troupeau qui prés moy soulois vivre,
Adieu, Vendome, adieu, je la veux suivre
Par les rochers, les antres et les bois,
Savoisien en lieu de Vendomois.
 Dans le pays où la belle Atalante
Mettra les pieds, tousjours dessous sa plante,
Fust-ce en hyver, les roses s'esclou'ront,
Et de laict doux les fontaines courront;
[Les chesnes durs sûront la liqueur rousse
Du miel espais, et la manne tres-douce
Sur les sommets des arbres s'assiera,
Et sur leur tronc le beau lys fleurira;]
Les chesnes creux parleront les oracles;
Et plus qu'en France on voirra des miracles.
Car les rochers nostre langue apprendront,
Et les pinçons rossignols deviendront;
Tous les pasteurs, au retour de l'année,
Luy dedi'ront une feste ordonnée,
Feront des vœux et donneront le prix
A qui sera de chanter mieux appris;
Si qu'à jamais, comme une colombelle,
Par les pasteurs volera toute belle
De bouche en bouche, et par mille beaux vers
Son nom croistra dedans les arbres verds,
Qui garderont dans l'escorce entamée
A tout jamais sa vive renommée,
Et deviendra plus vieille quelque jour
Que ces rochers, nos remparts d'alentour.
 Tant qu'on voirra, sur les Alpes chenuës,
Ou s'appuyer ou degouter les nuës;
Tant qu'en hyver les torrens ravageux
Tomb'ront des monts à gros boüillons neigeux;
Tant que les cerfs aimeront les bocages,
L'air les oiseaux, les poissons les rivages;
Tant que mon sang mon corps animera,
Tant que ma main ma musette aimera,

Tousjours par tout, sans repos et sans cesse,
Je chanteraî ceste belle déesse,
La Marguerite, honneur de nostre temps,
Dont la vertu fleurit comme un printemps.
 Et toy, chanson si rudement sonnée,
Demeure icy, où je t'ay façonnée,
Dedans ce bois, au pied de ce rocher.
Il ne faut plus de la cour approcher,
A tous les coups tu rougirois de honte,
Et de ta voix on feroit peu de compte.
Demeure icy, hostesse de ces bois;
Tu n'as que faire à la cour des grands rois;
Où Du Bellay, qui tout honneur merite,
Si hautement chante la Marguerite.
Demeure icy, parmi ces arbrisseaux,
Où je te chante au bruit de ces ruisseaux,
Et où Progné avecques Philomèle
Vont desgoisant leur antique querelle;
Ou si Morel, des Muses nourrisson,
Veut advouer que tu sois sa chanson,
Suy le partout et prends la hardiesse
De te monstrer à si haute princesse.
Ce seul Morel, qui, d'un gentil esprit,
Premier de tous de ma muse s'esprit,
Et mon renom sema par ces bocages,
Maugré l'envie et les ardantes rages
Des mesdisans, qui m'ont plus advancé
Tant plus ils ont mon renom offensé.
Ce seul Morel, qui de vertus s'enflamme,
Qui, d'une belle, heureuse et gentille âme,
Dès son enfance a tousjours eu souci
Des bons esprits et de leurs vers aussi,
Les chérissant plus fort qu'une pucelle
N'aime au printemps quelque rose nouvelle.
 Or sus paissez, paissez, pauvres brebis;
Allez par l'herbe, emplissez-vous le pis;
Broutez, rongez ceste douce verdure,
Pour emporter aux aigneaux nourriture,

Qui en beslant dans le toict ont desir
De vous succer le laict tout à loisir.
Et quoy, troupeau ! tu es insatiable,
La nuict arrive, il faut gaigner l'estable ;
Voicy les loups qui ont accoustumé
De brigander quand le jour est fermé,
Ils font le guet et plus de rien n'ont crainte,
Car la bonté par les champs est estainte.
 A tant le jour peu à peu s'embrunit,
Et le pasteur comme le jour finit
Son chant rural; des-enfla sa musette,
Et dans sa main empoigna sa houlette,
Chassant devant son troupelet menu,
Harpaut son chien et son belier cornu.

(1560.)

ECLOGUE IV (1)

ou

DU-THIER (2)

LES PASTEURS

BELLOT, PERROT, BELIN.

De fortune Bellot et Perrot dessous l'ombre
D'un vieil chesne touffu avoient compté par nombre,
L'un à part ses brebis, et l'autre ses chévreaux,

---

1. Dans l'éd. de 1560 cette Eglogue suit immédiatement l'Epître à J. Du Thier, qui se trouve la deuxième pièce du second Livre des Poëmes.
2. C'étoit un secrétaire d'État, qui favorisoit les bons esprits.

Et tous deux sur la lévre avoient des chalumeaux.
L'un et l'autre tenoit son eschine appuyée
Sur l'escorce d'un chesne, et la jambe pliée
En croix sur la houlette, et leur mastin estoit
Couché prés de leurs pieds qui les loups aguettoit.
    Ce-pendant que Bellot (2) chantoit sa Dianette (3),
Et que Perrot (4) faisoit apprendre à sa musette
Le saint nom de Charlot (5) et d'Annot (6), que les bois,
Les fleuves et les monts ont oüy tant de fois
Redire à son flageol, que mieux ils le cognoissent
Que ne font les troupeaux le thym dont ils se paissent ;
Voicy venir Bellin (6), qui seul avoit erré
Tout un jour à chercher son belier adiré (7),
Qu'à peine il ramenoit, ayant lié sa corne
A un lasset coulant d'un tortis de viorne.
    Or ce Bellin estoit de chanter bon ouvrier,
D'habits et de façon il sembloit un chevrier ;
Il avoit en la main une houlette dure,
Sa musette pendoit au long de sa ceinture,
De moëlle de jonc il portoit un chapeau,
En lieu d'un paletoc (8) se vestoit de la peau
D'un chevreau marqueté de couleur noire et blanche,
Qu'une boucle d'airain luy serroit sur la hanche ;
D'un chevreul avorté un baudrier il avoit :
Son mastin à gros poil pas à pas le suivoit,
Qui abayoit son ombre et mordoit à la fesse

---

  1. Du Bellay.
  2. Diane de Poitiers, dame d'Anet, maîtresse de Henri II, d'où étoit venue feu Madame d'Angoulême, que Du Bellay chantoit fort.
  3. Ronsard.
  4. Charles cardinal de Lorraine.
  5. Anne de Montmorency, connétable de France.
  6. Je crois que c'est Belleau, poëte françois, du temps de Ronsard.
  7. C'est-à-dire égaré.
  8. Il est curieux de voir notre *paletot* moderne déjà connu au XVIe siècle.

Le belier qui trainer par la corne se laisse.
  Si tost que je le vy, si tost je le cognu,
Et luy criay de loin : Tu sois le bien-venu ;
Couche-toy prés de nous, ou, si le mol ombrage
Du chesne te desplaist, voy cest antre sauvage,
Au fond de ce vallon ; nous irons si tu veux,
Et là tu chanteras, le tiers avec nous deux.
  Au bout de l'antre sonne une vive fontaine,
Ses bords sont pleins de mousse et le fond d'une arene
Que l'onde en sautelant fait jaillir çà et là,
Et dit-on qu'autrefois la fontaine parla.
  Une vigne sauvage est rampant sur la porte,
Qui d'un nœud replié sur le ventre se porte
D'une longue trainée, et du haut jusqu'à bas
D'infertiles raisins laisse pendre ses bras.
  Les sieges sont de tuf, et autour de la pierre
Comme un passement verd court un sep de lierre.
L'antre n'est guiere loin, tu le verras d'ici,
Si tu veux t'ergotter, ou te tenir ainsi
Debout comme je suis, ou grimper à ce saule,
Ou sans me faire mal monter sur mon espaule.
  Mais ne bougeon d'icy, cest ombrage est bien frais,
Et bien frais est le vent qui vient de ces forés,
Bien doux est ce ruisseau, bien douces ces bergeres
Qui desgoisent leur chant aupres de ces fougeres.
Ton belier les oit bien, qui ne fait qu'escouter,
Et depuis leur chanson n'a souci de brouter.

BELLIN.

Ne bougeon, mon Perrot, l'ombre du chesne est bonne ;
Icy parmy les prez la belle herbe fleuronne,
Icy les papillons peints de mille couleurs
Et les mousches à miel voletent sur les fleurs ;
Icy sur les ormeaux se plaint la tourterelle,
Icy le colombeau baise sa colombelle,
Philomele se deult, et d'un gentil babil
Progné d'une autre part lamente son Ityl.

De vous deux une éclogue à l'envy soit jouée.
Perrot, les loups m'ont veu, ma voix est enroüée,
Je ne sçaurois chanter, et quand je le voudrois
(Je jure par ton bouc), encor je ne pourrois ;
Car on m'a desrobé à ceste matinée
L'anche de mon bourdon que tu m'avois donnée.
J'ay bien veu le larron qui s'enfuyoit de moy,
Et tant plus à Thenot je le monstrois au doy,
Plus il gaignoit le bois et se cachoit derriere
(Afin qu'on ne le vist) d'une espesse ronciere.

PERROT.

Ce n'est pas d'aujourd'huy qu'on void force larrons
Entre les pastoureaux ; par tous les environs
De ces prochains taillis on ne void autre chose.
C'est pourquoy mon mastin toute nuict ne repose
Et ne fait qu'abayer. Bellot encore hier,
Comme il dormoit seulet sous l'ombre d'un coudrier,
Perdit sa chalemie et son pipeau d'avaine,
Qui valoit bien d'achat quatre toisons de laine.
Depuis je vy Thoumin qui dans le carrefour
Où tu vois ceste coudre enfloit tout à l'entour
Les veines de son col, pour vouloir contrefaire
Bellot ; mais le pipeau ne le vouloit pas faire,
Ains d'un son miserable irritoit par les champs
Les geais et les pivers à respondre à ses chants.
Et moy, j'ay bien perdu ma loure toute entière,
Que Pernet desroba dedans ma panetière.
Je haslay mon mastin après le larronneau,
Qui si prés le suivit qu'il le prit au manteau ;
Il se sauva pourtant, et de la loure mienne
Toujours sonne depuis, et jure qu'elle est sienne.
Janot sçait bien que non, car il me la bailla,
Et de nuict et de jour assez il travailla
Pour m'en faire jouër, contrefaisant la Muse
Qui sonne les bergers aux bords de Syracuse.
Ne laisse pour cela, mon Bellot, de chanter :
Les bois ne sont pas sourds, ils pourront t'escouter.

ECLOGUE IV.

Echo nous respondra, et nous ferons égales
Nos rustiques chansons à la voix des cigales.
Chanton l'un apres l'autre, et en ceste façon
Que Phœbus aime tant dison une chanson.

BELLOT.

Mes vers au nom de Pan il faut commencer, Muses·
Pan est Dieu des Pasteurs, et d'eux il a souci,
Il daigne bien danser dessous mes cornemuses,
Il a soin de la France et de mes vers aussi.

PERROT.

Au sainct nom de Palés il faut que je commence :
Palés ainsi que Pan aime les Pastoureaux ;
Au bruit de mon flageol bien souvent elle dance,
Elle a soin de mes vers et de tous mes troupeaux.

BELLOT.

Diane, qui les cerfs va suivant à la trace,
A qui tout le beau front en croissant apparoist,
Ne cognoist pas si bien, en courant à la chasse,
La meute de ses chiens comme elle me cognoist.

PERROT.

Phœbus, qui sous Charlot a caché sa figure,
Ne cognoist pas si bien sa lyre qu'il ne fait.
J'ay tousjours de ses dons, et tousjours la verdure
De ses lauriers au front pour couronne il me met (a).

BELLOT.

Deux pigeons dans un nid je porte à mon Olive,

a. Var. :

Phœbus le chevelu, Dieu qui préside à Cynthe,
M'aime plus que son luth : je fais sa volonté,
Toujours ses dons je porte, au sein son hyacinthe,
Son laurier sur le front, sa trousse à mon costé.

Denichez d'un grand orme à gravir malaisé,
Afin de la baiser s'elle veut que je vive :
Autrement je mourray si je n'en suis baisé.

PERROT.

Je portay l'autre jour deux tourtres à Cassandre,
Et mon present et moy beaucoup elle prisa :
De sa blanchette main l'aureille me vint prendre,
Et plus de mille fois doucement me baisa.

BELLOT.

Il ne faut comparer ma Bergere à la tienne,
Non plus qu'une fleur vive à des boutons cueillis;
La tienne est toute brune, et tu sçais que la mienne
(Tu la vis l'autre jour) est plus blanche que liz.

PERROT.

La couleur blanche tombe, et la couleur brunette
Est tousjours en saison et ne se flestrit pas;
On cueille du baciet la fleur toute noirette,
Et le beau liz tout blanc tombe souvent à bas.

BELLOT.

Je ne veux plus aller où ma Nymphe sejourne,
J'y pers tousjours mon cœur, qui fantasque la suit,
Comme un bouc adiré, qui le soir ne retourne
A l'estable, et d'amour s'égare toute nuit.

PERROT.

Je n'ose voir la mienne, elle m'a fait malade
Plus de trois jours entiers en extreme langueur :
Je ne sçay quels amours sortoient de son œillade,
Qui de cent mille traits me percerent le cœur.

BELLOT.

Mon mastin, garde bien de mordre ma mignonne
Si elle vient me voir, ains baise-luy les pieds :

Mais abayè de loin si de quelque personne
Au milieu de nos jeux nous estions espiez.

PERROT.

J'ayme bien mon mastin, par luy je vy m'amie
L'autre jour, que le chaut me faisoit sommeiller ;
Elle jettoit des fleurs sur ma bouche endormie,
Mon mastin abayoit à fin de m'éveiller.

BELLOT.

Que tousjours Avanson (1) maugré l'âge fleurisse,
Car il aime les vers et tous ceux qui les font.
Je pais à son honneur une belle génisse
Qui de blanche couleur porte une estoile au front.

PERROT.

Mon Du-Thier (2) dans le Ciel puisse prendre sa place,
Car il m'aime et tous ceux qui vont bien escrivant (a).
Je lui pais un taureau qui les Pasteurs menace
De la corne, et du pied pousse l'arene au vent.

BELLOT.

Quiconque aime Avanson, toutes heureuses choses
Luy puissent à souhait venir de toutes pars :
Quelque part qu'il ira, les œillets et les roses,
Et fust-ce au jour d'Hyver, luy naissent sous les pas.

PERROT.

Quiconque aime Du-Thier, qu'il flechisse les marbres,

a. Var. :

Il aime mes chansons et les met en avant.

1. Conseiller d'État, grand homme de son temps et amateur des Muses, qui fut envoyé en ambassade à Rome.
2. Secrétaire d'État, qui faisoit grande estime des gens de savoir.

Qu'en parlant le doux miel luy coule de la vois,
La reguelice soit l'écorce de ses arbres,
De succre ses rochers, de canelle ses bois.

BELLOT.

S'il est vray que je chante aussi bien qu'és montagnes
Chantent au mois de May les doux rossignolets,
Nymphes, je vous suppli', paissez par ces campagnes
D'herbettes et de fleurs mes petits aignelets.

PERROT.

S'il est vray que je chante aussi bien que Tityre,
Et que du premier rang tousjours vous m'avez mis (a),
Nymphes, je vous suppli' que mon troupeau n'empire,
Paissez-le de bonne herbe et lui enflez le pis.

BELLOT.

De laict puissent couler les ondes de mon Loire,
Ses bords soient pour jamais d'hyacinthes semez,
Et de ces belles fleurs qui gardent la memoire
Et le beau nom des Rois en elles transformez.

PERROT.

Mon Loir coule de miel, son arene soit pleine
De perles et rubis, et sa rive d'esmail,
Ses coutaux de raisins, et de froment sa plaine,
De manne ses forests, et ses prez de bestail.

BELLOT.

Mais d'où vient que mon bouc qui sautoit si alaigre,
Qui gaillard dans ces prez cossoit contre mes bœufs,
Depuis qu'il vid ta chévre est devenu si maigre ?
Je ne sçay qu'il auroit, s'il n'estoit amoureux.

a. Var. :

Et que mes vers sans nom ne se trainent croupis,

ECLOGUE IV.

PERROT.

La chévre que tu dis sur une pierre dure
Avorta l'autre jour ; depuis elle ne paist
Ny saule ne fouteau, c'est un mauvais augure :
Bellot, si tu le sçais, dy-le-moy s'il te plaist.

BELLOT.

Je cognois les Pasteurs qui nos bœufs ensorcelent
De regards enchantez ; puissent-ils arriver
Avecque leurs troupeaux, quand les fleurs renouvellent,
Au Printemps en Afrique, en la Thrace l'Hyver.

PERROT.

De ce taillis prochain deux vieilles sont sorties,
Qui m'ont ensorcelé mon pauvre taureau blanc ;
Puissent-elles dormir au milieu des orties,
Apres avoir gratté leurs corps jusques au sang.

BELLOT.

Si j'avois mon Olive, et les barbes des lévres
De mes boucs estoient d'or, et si tant d'or j'avois
Que de poil se herisse en la peau de mes chévres,
Je ne voudrois pas estre un Faune de ces bois.

PERROT.

Si mes brebis portoient une toison dorée,
Si j'avois ma Cassandre, et mes beliers cornus
Avoient les ergots d'or, au cœur de ceste prée
Je bastirois un temple à la belle Vénus.

BELLOT.

Ja la chaleur se passe et le Soleil s'abaisse,
Les vents sont assoupis, les bois dorment sans bruit ;
Mais le feu de l'amour, qui jamais ne me laisse,
Plus s'allume en mon cœur plus s'approche la nuit.

PERROT.

La nuict nourrist le mien que je ne puis esteindre.
Avaller toute l'eau de la mer me faudroit ;
Mais pour boire la mer il ne seroit pas moindre,
Plus je l'arrouserois et plus il reviendroit.

BELLOT.

Dessur deux chesneteaux hier à toute force
Avanson je gravay avecques un poinçon :
Les deux chesnes croistront, et la nouvelle escorce
Portera jusqu'au Ciel le nom de d'Avanson.

PERROT.

A la Déesse Echo, qui par les bois resonne,
J'apprens le nom Du-Thier si souvent et si bien
Que parmy les forests ceste Nymphe ne sonne
Ny entre les rochers autre nom que le sien.

BELLOT.

Hou mastin! va chasser mon bouc que je voy pendre
Sur le haut de ce roc, il pourroit trebucher.
Qu'il vienne icy brouter où l'herbage est bien tendre.
Si je prens ma houlette! il se fait bien chercher.

PERROT.

Prés des meres paissez, paissez parmy l'herbette,
Petit troupeau d'agneaux, pour la crainte des loups.
Tousjours devers le soir la beste vous aguette ;
Ne vous esloignez pas, elle courra sur vous.

BELLOT.

Dy-moy quelle herbe fait les homme invisibles
Mise dessur la langue, avant que déjeuner,
De qui Janne faisoit des choses impossibles ?
Tu me seras un Dieu si la peux deviner.

ECLOGUE IV.

PERROT.

Mais devine toy-mesme, et tu seras Prophete,
Le plus grand des Pasteurs, de quelle herbe est changé
Le cœur d'une pucelle, et de cruelle est faite
Plus douce à son amy quand elle en a mangé?

BELLIN.

Il ne faut point entrer en si longue dispute ;
Mon Bellot, mon amy, pren de moy cette flute.
Fredel, ce bon ouvrier, de buis la façonna,
Et par quatre pertuis le vent il luy donna.
Toy Perrot, prens aussi ceste belle chévrette :
Son ventre est fait de cerf, son anche de coudrette,
Son bourdon de prunier, jamais ne perd le vent :
Car elle est bien cirée et derrière et devant.
  Perrot prit la chévrette, et seul par les valées
Et les bords plus secrets des rives reculées
Alloit sonnant Du Thier : Du-Thier sonnoit sa vois,
Et Du-Thier respondoient les antres et les bois.
Il le sonnoit au soir quand le Soleil se couche,
Le sonnoit au matin quand il sort de sa couche,
Le sonnoit à midy alors que les troupeaux
Remaschent leur viande à l'ombre des ormeaux.
Car il aimoit Du-Thier autant que les avettes
Aiment au mois d'Avril les odeurs des fleurettes,
Les brebis la rosée ; et dés ceste heure-là
Perrot laissa les bois et aux Roys s'en-alla.

1560.

Eclogue V

DAPHNIS ET THYRSIS (¹)

Deux freres (²) pastoureaux qui avoient pris naissance
De Pan (³), qui commandoit n'agueres à la France,
Tous deux d'âge pareils, se rencontrans un jour,
Apprindrent aux forests à parler de l'amour.
Tous deux avoient appris d'enfler les cornemuses,
L'un dessous Amyot (⁴), grand ministre des Muses,
Et l'autre (⁵) dessous Selve (⁶), à qui Phebus donna
Sa lyre et son laurier quand il le couronna.
 Tous deux estoient sçavans, bien appris à semondre,
Bien appris à chanter, bien appris à respondre ;
Tous deux apparoissoient miracle de leur temps,

---

1. Nous verrons dans cette Eglogue les Pasteurs de Ronsard sous ces noms grecs auxquels Boileau lui reproche si vivement d'avoir renoncé. Dès l'édition de 1567 les noms de Daphnis et de Thyrsis sont remplacés par ceux de Carlin et Xandrin, noms qui représentent Charles IX et Henri III, qui avoit nom en son premier âge Alexandre, représenté par Xandrin. Dans la pièce, en 1564, figure sous l'initiale L. Lansac, gentilhomme sainctongeois, pour lors gouverneur du roi Charles IX.
2. Charles IX et Henri III.
3. Du roi Henri II.
4. Le plus grand personnage de son siècle, à qui la France doit le Plutarque. Il étoit évêque d'Auxerre, grand aumônier de France, et précepteur du roy Charles IX.
5. Henri III.
6. Il fut précepteur de Henri III, et, comme Felin remarque, premier président à Milan sous François Iᵉʳ.

Faisans naistre des fleurs plustost que leur printemps.
Comme Daphnis un jour retournoit de la chasse
(L'un avoit nom Daphnis, l'autre Thyrsis), il passe
Aupres d'une fontaine où son frère Thyrsis
Estoit dessus l'herbette à la frescheur assis (a).
Aussi tost que Daphnis l'apperceut, il s'escrie :

DAPHNIS.

Thyrsis, gentil pasteur, chanton, je te supplie.
Tous les bergers de France ont estimé de toy
Que tu es plus sçavant à bien chanter que moy ;
Je viens pour t'essayer et te faire cognoistre
Qu'en l'art de bien chanter je ne trouve mon maistre.

THYRSIS.

Daphnis, gentil berger, je suis prest de chanter ;
Mais avant le combat il ne faut te vanter.
Approche, je suis prest ; je te feray cognoistre
Qu'en l'art de bien chanter je ne trouve mon maistre.
Mais que veux-tu gager ?

DAPHNIS.

    Tout ce que tu voudras.
Je gage deux aigneaux, gage deux chévreaux gras.

THYRSIS.

En lieu de tes aigneaux je veux mettre une tasse
Qui quatre fois le prix de ton gage surpasse.
Nouvellement tournée ; encores elle sent
La cire et le burin. Une vigne descent
Tout à l'entour des bords, qui, de raisins chargée,
Est de quatre ou de cinq pucelles vendangée.
L'une tient un panier, l'autre tient un couteau,

---

a. Var. :

Aupres d'une fontaine où son frere Xandrin
Paissoit ses gras aigneaux de verd trefle et de thym.

Et l'autre à pieds deschaux gache le vin nouveau,
Qui semble s'écouler dans la tasse profonde.
  A l'ombre de la vigne est une nymphe blonde
A cheveux déliez, qui se couvre le flanc,
Les cheveux et le sein d'un petit linge blanc.
Deux satyres cornus sont auprès de la belle,
Qui ont les yeux enflez de trop veiller pour elle,
Blessez de son amour; mais, peu se chaillant d'eux,
Quelquefois dessus l'un, quelquefois sur les deux,
Mignotte son regard, et se prend à sou-rire,
Leur donnant le martel, et ne s'en fait que rire.
  Un pescheur est assis au bord du gobelet,
Qui courbé fait semblant de jeter un filet
En la mer, pour pescher, et de toute sa force,
Et de mains et de nerfs et de veines, s'efforce
De le tirer de l'eau. Ses muscles, grands et gros,
S'enflent depuis son chef jusqu'au bas de son dos;
Tout le front lui degoutte, et bien qu'il soit vieil homme,
Le labeur toutefois ses membres ne consomme.
Son reth est dessous l'eau, et diriez, à le voir,
Qu'en tirant il ahanne et ne le peut ravoir.
Ma levre au gobelet n'a touché pour y boire :
Tu l'auras toutefois si tu as la victoire.

DAPHNIS.

Je gage une musette, au lieu de ton vaisseau,
Qui me couste en argent la valeur d'un taureau,
Que d'un ligneul ciré au genoüil j'ay fait coudre.
Son ventre est peau de cerf, ses anches sont de coudre,
Son bourdon est de buis, son pipeau de prunier;
C'est un chef-d'œuvre grand : Fredon (1), ce bon ouvrier,
En ces bois l'autre jour me la vendit bien chere;
Je la voulois donner à Margot (2), la bergere;

---

  1. Dans les éditions suivantes le nom de Fredon est remplacé par Janot, puis par Selvin. Seroit-ce des luthiers de cette époque ?
  2. Voici Margot et Catin dont les noms ne sont guere grecs.

ECLOGUE V.

Margot qui, par les bois, garde ici comme nous
Les troupeaux de Catin, et fait la guerre aux loups.
 Ou bien, si tu ne veux, je mets ma panetiere.
D'un avorton de biche est la peau toute entiere;
Et te diray comment j'ay receu ce bonheur
Que de l'avoir pour mienne et d'en estre seigneur (a).
 L'autre jour, en gardant mes bœufs en ce bocage,
Je vy qu'un loup suivoit une biche sauvage,
Et la pressoit si fort que déja la tenoit,
Et d'haleine et de pouls moindre elle devenoit.
Elle battoit des flancs, sa langue estoit tirée,
Comme estant ja du loup la proye desirée.
 Quand, en prenant mon arc, je le banday soudain,
Je le courbe en croissant de la senestre main,
Je l'esloigne du front; puis, comme bien adextre,
De l'autre je l'approche à la mammelle dextre.
L'arc soudain se desbande et le trait fait un son,
Qui, passant comme vent de buisson en buisson,
Sifflant et fendant l'air, entama d'aventure
La biche sous le cœur de mortelle ouverture,
Un peu dessous l'espaule. Elle tombe à genoux,
Et le loup s'enfuit fremissant de courroux.
 J'approche, et la découpe, et comme je m'arreste
A vouloir décercler les tripes de la beste,
Je vy trembler un fan, lequel me sembla beau,
De taches marqueté : j'en escorchay la peau,
J'en fis ma panetiere, où quatre ou cinq cachettes
Se trouvent là dedans comme belles chambrettes,
L'une à mettre du pain, l'autre à mettre des noix,
L'autre à mettre la fronde et mon vaisseau de bois.
Or tienne elle sera si Pan te favorise,
Estant victorieux de si belle entreprise.

 a. Var. :

Et te diray comment le sort, qui les humains
Gouverne comme il veut, la mist entre mes mains.

ECLOGUE V.

THYRSIS.

Qui sera nostre juge, et voudra sans faveur
Donner au mieux disant la victoire et l'honneur ?
Appellon ce pasteur, qui est docte en musique,
Qui de tels differents entend bien la pratique.
C'est celui que mon chien abbaye ; vois-tu pas
Comme gaillard il vient devers nous le grand pas ?
A voir sa panetiere et sa grise jaquette,
Son chapeau fait de jonc, sa fronde et sa houlette,
C'est le pasteur Lansac, des Muses le souci,
Dont le renom s'honore en autre part qu'ici.
Le Tybre l'a cognu, et les eaux argentines
De la Touvre, qui court toute blanche de cygnes.

DAPHNIS.

Juge-nous sans faveur ; donne à celuy le prix
Qui sera de nous deux à chanter mieux appris.
Nostre combat ne vient pour noise ni querelle,
C'est pour voir qui aura maistresse la plus belle (*a*).
Tous deux ne sommes qu'un : bien souvent l'amitié
Par un joyeux combat renforce de moitié.

LANSAC.

Or-sus assisez-vous, icy l'herbe est fleurie,
Icy la vigne tendre aux ormeaux se marie,
Icy l'ombrage est frais, icy naissent les fleurs,
Icy le rossignol rechante ses douleurs,
Icy l'onde murmure, et le gentil Zephire
Au travers de ce bois par les feuilles souspire.
Daphnis, chante premier, et toy Thyrsis, aprés,
Fais en luy respondant retentir ces forests.

a. Var. :

Nos chants ne sont combats, riotes ne finesses,
C'est pour guarir l'amour de nos jeunes maistresses.

DAPHNIS.

Du puissant Jupiter les princes ont leur estre,
Les rois au temps passé servoient de pastoureaux ;
Appollon et Mercure autrefois ont fait paistre
(Fils des dieux comme nous) icy bas les troupeaux.

THYRSIS.

Pan preside aux pasteurs, du ciel il me regarde ;
Il entend ma priere, il escoute mes chants ;
Sur la France et sur moy de bon œil il prend garde,
Il nourrit mes troupeaux et augmente mes champs.

DAPHNIS.

Depuis le mortel coup qui (tout le cœur me serre
Las ! quand il m'en souvient, d'angoisses et de pleurs)
Envoya Pan au ciel, la plus fertile terre
N'a produit que halliers en lieu de belles fleurs.

THYRSIS.

En lieu de bon froment est sorty la nielle,
Chardons pour artichaux, chenarde pour safran ;
Toute chose est changée, et la rose nouvelle
Et les lis sont flestris aux plus beaux jours de l'an.

DAPHNIS.

Que vous estes heureux d'avoir pris accroissance,
Chesnes qui faites ombre à ces bois d'ici près !
Les petits buissonnets n'ont sève ny puissance :
Je voudrois estre grand comme ces grand's forests.

THYRSIS.

L'âge ne sert de rien, pourveu que le courage
Soit grand et genereux ; ces buissons que tu vois,
Qui ne font aujourd'huy sinon un peu d'ombrage,
Deviendront quelquefois aussi hauts que ces bois.

DAPHNIS.

Paissez, douces brebis, paissez en ceste plaine
Bonne herbe, et toy, mon chien, garde bien mon troupeau.
Quand j'auray le loisir, toutes en la fontaine
Je vous iray laver pour vous blanchir la peau.

THYRSIS.

Bouc, qui frappes du pied et de la corne pousses
Le front de mes chévreaux, sois desormais plus dous.
Il ne faut irriter mes chévres, qui sont douces,
Autrement tu serois la pasture des loups.

DAPHNIS.

Ne reviendra jamais ceste saison dorée
Où les pasteurs Charlots par les champs fleurissoient;
Quand la terre portoit, sans estre labourée,
Les bleds qui de leur gré par les champs jaunissoient?

THYRSIS.

Entre les hommes vifs tousjours vit l'esperance;
Pren courage, Daphnis, ce bon temps reviendra.
Les eaux courront de laict, le miel prendra naissance
Des chesnes, et l'hyver le printemps deviendra.

DAPHNIS.

Fleuves, enfans de l'air, et vous fleurs bien-aimées,
Si dessous mon flageol rajeunir je vous voy,
Paissez à mon souhait mes brebis affamées,
Et si Thyrsis y vient faites-luy comme à moy.

THYRSIS.

Herbes qui fleurissez, douces plantes sacrées,
Si au son de mes vers je vous vais esbatant (*a*),

---

a. Var. :

Herbes qui boutonnez, vertes ames sacrées,
Si sous mon larigot reverdir je vous voy,
Paissez à mon souhait mes troupeaux par ces prées,
Et si Carlin y vient faites luy comme à moi.

Paissez à mon souhait mes brebis par ces prées,
Et si Daphnis y vient qu'il en reçoive autant.

DAPHNIS.

Nymphes (1), mon cher soucy, permettez que je face
Des vers tels que François, ce grand pasteur divin;
Ou bien, s'il ne vous plaist me faire ceste grace,
En vœu je luy pendray mon flageol à ce pin.

THYRSIS.

Bergers, d'un verd laurier faites une couronne
Pour le chef de Thyrsis; car, si le ciel jaloux
De l'honneur des pasteurs beaucoup d'âge me donne,
J'espere quelque jour de vous surmonter tous (a).

DAPHNIS.

De mon flageol un jour puissé-je tant apprendre
Que je chante à l'envi les honneurs de Catin (2),
Qui douce m'a nourry, comme une mere tendre
Son enfant le plus cher nourrist de son tetin.

THYRSIS.

Je veux ainsi que toy chanter les honneurs d'elle,
J'espère de sa main les lauriers triomphans.
Douce, elle m'a nourry, comme autresfois Cybelle
Sur les monts Idéans nourrissoit ses enfans.

a. Var. :

Bergers, en ma faveur faites une couronne
De lierre à mon front; si le ciel n'est jalous
De mon âge nouveau, qui comme un pré fleuronne,
J'espere quelque jour me voir maistre de vous.

1. Il fait ce désir pour favoriser Henri III, qu'il entend sous le nom de Francin.
2. La reine-mère.

Eclogue V.

DAPHNIS.

Je veux de gazons verds, pour mieux luy faire hommage,
Luy dresser un autel couvert de poliot,
Où de cormier taillé je mettray son image,
Celle des deux Francins (1), celle de Henriot (2).

THYRSIS.

Je veux chanter deux vers sur mon tuyau d'avéne,
Le vent les portera le long de ces pastis.
Catin en se taisant souffrit beaucoup de peine,
Pour garder nos troupeaux, quand nous estions petits.

DAPHNIS.

Que ne tiens-je en mes bras la douce pastourelle (3),
Qui le cœur m'a ravy d'un regard gracieux !
Qui de corps et de taille et de face est si belle
Que je suis trop heureux de languir pour ses yeux !

THYRSIS.

Je ne voudrois avoir les troupeaux d'Arcadie,
Ny des plus riches roys les tresors plantureux :
Si je tenois un jour sur cette herbe m'amie
Assise auprès de moy, je serois trop heureux.

DAPHNIS.

Si tost que dans ces champs arrive Galatée,
Les herbes et les fleurs naissent par tout icy ;
Mais si tost qu'autre part sa veüe est escartée
Pour s'en aller de moy, les fleurs s'en vont aussi.

1. Il entend François Ier, et François son fils qui fut empoisonné, comme dit l'histoire, à l'âge de vingt ans, à Tournon, où il étoit chef de l'armée du roi. Ce fut par un Italien, comte de Montecuculo, qui fut tiré à quatre chevaux à Lyon. Il avoit été à l'empereur Charles-Quint.
2. Henri II.
3. Il parle de Mademoiselle d'Atrie, fille de la reine, et depuis comtesse de Château-Vilain.

ECLOGUE V.

THYRSIS.

Si tost que dans ces champs arrive Pasithée,
Par tout où elle va le beau printemps la suit ;
Mais si tost qu'autre part sa veue est escartée
Pour s'enfuïr de moy, le beau printemps s'enfuit.

DAPHNIS.

Je garde à Galatée un bel essein d'abeilles,
Qui, bruyant doucement, la belle endormiront ;
Je luy garde un chévreau qui déjà fait merveilles
De bondir dessus l'herbe et de cosser du front.

THYRSIS.

Je garde à Pasithée une linote en cage,
Que j'ay prise à la glus, et si bien l'autre jour
Je luy fis oublier son naturel ramage
Que maintenant son chant n'est sinon que d'amour.

DAPHNIS.

Bouc, le mary barbu (a) de mon troupeau champestre,
Va dire à Galatée, à fin de l'enflamer,
Que le divin Prothée a souvent mené paistre
Du grand prince Neptun' les troupeaux sous la mer.

THYRSIS.

Belier, fidele guide à mes brebis fertiles,
Va dire à Pasithée (elle chante icy près)
Que Pallas toute seule aille habiter les villes,
Je veux avec Phœbus habiter les forests.

DAPHNIS.

C'est une chose triste au bois que la froidure,
Aux merles l'esprevier, aux rivieres l'esté,

---

a. Var. (éd. posthumes) :

Bouc, colonel barbu.

Au pasteur amoureux une maistresse dure,
Qui ensemble est cruelle et pleine de beauté (a).

THYRSIS.

Seul je ne sens d'amour les fleches trop cruelles,
O pere Jupiter, ô deesses, ô dieux,
Vous avez tous aimé, et les beautez mortelles
Vous ont fait autrefois abandonner les cieux!

Thyrsis avoit finy, quand Daphnis, qui s'avance
D'enfler une autre flute, à chanter recommence.

DAPHNIS.

Loups, amis de ces bois, qui de jour et de nuict
Aguettez le troupeau qui par l'herbe me suit,
Pardonnez à mes bœufs, pardonnez à mes chévres
Et à mes boucs cornus qui portent barbe aux lévres.
Et quoy, mon chien Harpaut, te faut il sommeiller,
Estant prés d'un enfant quand tu deusses veiller ?
Brebis, ne vous feignez de brouter cet herbage ;
Tant plus il est brouté il revient d'avantage.
Paissez-vous de bonne herbe et vous enflez le pis ;
Le laict que vous aurez sera pour vos petits
Qui beslent à l'estable, et vous ne faites conte
De les allez penser. N'avez-vous point de honte
De vouloir tout le jour par les prez sejourner ?
Voicy la nuict qui vient, il s'en faut retourner.

Daphnis vouloit partir, quand Thyrsis, qui entonne
Un autre chalumeau, telle chanson resonne.

THYRSIS.

Tout ainsi qu'un beau fruit est l'honneur d'un verger,
Et le troupeau bien gras est l'honneur du berger ;
Ainsi, frere Daphnis, l'honneur de nostre enfance,

a. Var. (1578) :
Qui garde apres la mort à Pluton sa beauté.

C'est nostre Catherine, ainçois de toute France.
Le miel puisse couler dessus elle en tout temps,
Naisse dessous ses pieds à jamais un printemps,
Que jamais le malheur sa hautesse n'abaisse,
Qu'elle soit des François la nouvelle déesse,
Qu'elle écoute du ciel nos plaintes et nos vœux,
Et soit garde à jamais de nous et de nos bœufs (*a*).

LANSAC.

C'est plaisir qu'ouïr plaindre une belle genisse,
D'ouïr le rossignol, d'ouïr l'onde qui glisse
A val d'un haut rocher, d'ouïr contre les bords
Les flots de la grand' mer quand les vents ne sont forts.
Mais c'est plus grand plaisir d'entendre vos musettes,
Qui passent en douceur les douceurs des avettes.
Vos bouches à jamais se remplissent de miel,
Et tousjours sains et gais vous maintienne le ciel
En honneurs, en vertus, et en forces égales,
Puis que vos deux chansons surmontent les cigales.
Que l'un donne son gage à l'autre de bon cœur,
Car l'un n'a point esté dessus l'autre vainqueur;
Vivez par les forests sans haine et sans reproche.
Adieu, gentils pasteurs, adieu, la nuict s'approche.

(1564.)

a. Var. (1578) :

Et soit garde à jamais de France et de nous deux.

LE CYCLOPE AMOUREUX

A CHARLES D'ESPINAY.

Contre le mal d'amour, qui tous les maux
  excède,
On ne sçauroit trouver plus suffisant re-
  mède
Que celuy des Neuf Sœurs, qui sçavent enchanter
Venus et son enfant, quand on sçait bien chanter.
Et quand, sans desguiser son martel, on decelle
Par nouvelles chansons l'amoureuse étincelle,
Qui nous eschaufe l'ame, et qui dans sa prison
Des hommes plus rusez enferme la raison,
On ne guarit jamais par nulle medecine
L'ulcere que l'amour dans nos cueurs enracine,
Quand une fois son arc d'un bel œil décoché
Au fond de l'estomac le trait nous a caché,
Et luy, comme vainqueur, en signe de conqueste,
De ses pieds outrageux nous a foulé la teste.
Contre tout accident, tant soit mauvais ou fort
On trouve par finesse aisément un confort,
Non à celuy d'amour, qui est trés difficile,
Et ne se trouve point un seul entre cent mille
Qui le puisse garir, car Phœbus, de qui part
Le remède à tous maux, est chiche de son art,
Et des neuf chastes Sœurs les bandes inegales
De leurs dons à chacun ne sont pas liberales (1).

1. En 1578, le 3ᵉ vers et les suivants ont été ainsi modifiés et abrégés :

Que se plaindre en chantant et des sœurs emprunter

Je sçay bien, d'Espinay, que vous sçavez comment
On se peut alleger d'un si gentil tourment :
Apollon vous honore et ceste belle trope
Qui suit par les rochers les pas de Calliope ;
Puis vous estes gaillard, et je sçay bien aussi
Que rien ne vous plaist tant qu'un amoureux souci ;
Puis vous n'estes pas né d'une roche sauvage,
Vostre cueur est humain, humain vostre courage :
C'est la raison pourquoi je chante devant vous
Si hardiment le soing d'un martyre si doux (a).

La voix qui peut du cœur les soucis enchanter.
Mais il se trouve à peine un homme entre cent mille
Qui puisse se guarir, car Phœbus n'est facile
Et ne preste l'oreille à tous les importuns.
Puis des savantes Sœurs les arts en sont communs,
Et ballant sur Parnasse à bandes inégales, etc.

En 1584, même leçon, sauf deux vers :

Autrement on verroit leurs chansons triviales,
Si de leurs dons à tous se monstroient libérales.

Les éditions posthumes donnent ce début :

Contre le mal d'amour, qui tous les maux excede,
L'artifice n'invente un plus present remede,
Soit pillule ou breuvage, emplastres ou liqueurs,
Que la science apprise à l'eschole des Sœurs.
Un chacun en chantant veut soulager sa playe ;
Mais amour de chansons frivoles ne se paye,
Et ne preste l'aureille à tous les importuns ;
Puis des sçavantes Sœurs les arts ne sont communs,
Et suffit si nature, en ses œuvres sacrée,
Fait naistre un bon ouvrier en toute une contrée.

a. Var. :

Vous ne prinstes naissance en un desert rustique,

Pour vous monstrer icy que les rois ny les princes,
Ny les grands gouverneurs des royales provinces,
Qui ont le cœur hautain et le sang genereux,
Ne sont pas seulement en ce monde amoureux;
Mais ceux qui les troupeaux conduisent en pasture,
Les pauvres idiots, les monstres de nature,
Ont caché bien souvent au plus profond du cueur
La playe qui nourrist l'amoureuse langueur (a):
Comme un cyclope fit, qui l'ame avoit dontée
De l'amour qu'il portoit à une Galatée,
Naiade de la mer, dont il estoit espoint.
Et pour sa recompense elle ne l'aimoit point.

 Or, ce grand Polypheme, horreur de la Sicile,
Enfant Neptunien, aux hostes difficile,
Pour se faire plus beau, d'un rateau se peignoit,
Et d'une faux sa barbe et ses ongles rongnoit:
Son mirouer fut mer, sa main estoit velue,
Et de poil hérissé sa poitrine pelue (b);
Son corps estoit geant, et au milieu du front
Il avoit un grand œil comme un grand boucler rond.
Il tenoit en son poing, au lieu d'une houlette,

Germe d'un tigre fier, ou d'un lion d'Afrique:
C'est pourquoy de Sicile au rivage breton
J'envoy' ce Polypheme à qui tout le menton
Rude s'espaississoit d'une longue filace,
Qui luy couvroit le front, les tempes et la face.
Amour, qui rechatoüille en nous les appetits,
Donte aussi bien les grands comme il fait les petits.

 a. Var. :

Cachent en la poitrine un ulcere arresté,
D'esperance et d'ardeur jeunement allaicté:

 b. Var. :

Qui d'un taillis de poil herissoit sa poitrine,
Et qui n'avoit miroüer que l'eau de la marine;

Un sapin tout entier ; il avoit sa musette
Bruyante à cent tuyaux, et du haut du collet
Jusqu'au bas des genoux pendoit son flageolet,
Comme un baston de buis du quel il menoit paistre
Sur le bord de la mer son gras troupeau champestre.
 Sa maistresse il n'aimoit comme pour des bouquets,
Pour des petits anneaux, pour un tas d'affiquets
Que donnent les bergers aux champs à leur amie ;
Mais comme forcené et tout plein de manie
Apres elle enrageoit : si est-ce qu'à la fin
De son mal en chantant il fut le medecin.
 Un jour voyant du bord sa cruelle maistresse
Qui se peignoit sur l'onde ainsi qu'une déesse,
S'assist sur un rocher, et d'un larmoyant son
Tourné devers la mer luy dist ceste chanson :
 O belle Galatée ensemble fiere et belle,
Pourquoy, jeune beauté, m'estes-vous si cruelle ?
Pourquoy me tuez-vous ? Ne vaudroit-il pas mieux
Me tuer de cent morts qui viennent de vos yeux,
Assis aupres de vous, que languir en servage,
Banni de vostre grace au bord de ce rivage ?
Vos yeux dedans les miens ont versé tant d'amour
Que pour vous je souspire et de nuit et de jour,
Et tant je suis perdu d'une ardeur incurable
Que mon troupeau tout seul s'en retourne à l'estable
Sans le conduire au soir, et sans conduite aussi
Il retourne au matin seulet repaistre icy (a).
 Les grands vaisseaux de mer lesquels je soulois prendre
Dans mes bras, qu'au devant de bien loin j'allois tendre,
Font voile au gré du vent, sans plus ne craindre rien,
Qui suis emprisonné dedans vostre lien,
Puis qu'il vous plaist, maistresse, et si n'avez envie
Seulement d'un baiser de secourir ma vie,

 a. Var. :

Quand Vesper est venu, et dés l'aurore aussi,
Sans conduite revient tout seul repaistre icy.

A qui ja la vigueur et la force defaut ;
Et ce qui plus me deult, c'est qu'il ne vous en chaut !
   O montagne d'Etna que d'icy je regarde
Bruler incessament d'une flame qui garde
Sa nourriture en soy ! comme vous au dedans,
Amour m'a tout bruslé de ses flambeaux ardans,
Dont on peut la chaleur par mes souspirs comprendre.
Helas ! vostre brasier se couvre d'une cendre
Qui par fois se r'allume, et couvrir je ne puis
D'une cendre le feu dont embrasé je suis.
   O fontaine Arethuse, amoureuse ancienne
De ce dieu qui preside à l'onde alpheïenne,
Je suis émerveillé qu'en boivant de vostre eau,
Et me baignant dedans, je n'esteins le flambeau
Qu'Amour dedans le cœur si chaudement m'allume,
Et que vostre froideur ma chaleur ne consume !
   O rochers endurcis au bord de ceste mer,
Je voudrois me pouvoir en pierre transformer,
Pour ne sentir plus rien comme chose inutile,
Non plus que Niobée au rocher de Sipyle !
   O forests, que je porte envie à vostre bien !
Et d'autant, ô forests, que vous ne sentez rien,
Et d'autant que toujours vostre chef renouvelle,
De printemps en printemps sa perruque nouvelle.
Mais je ne puis changer mon amoureux esmoy
Qui toujours m'accompagne et vieillit avec moy.
   O mer, bien que soyez et cruelle et amere,
Je ne vous puis haïr, car vous estes la mere
De celle qui me tue : on chante que Venus
Nasquit d'escume blanche entre vos flots chenus ;
Toutefois elle est douce, et par nulle priere
Je ne puis adoucir ceste autre mariniere,
Ceste Venus seconde en qui la cruauté
De la mer apparoist avecques la beauté.
   J'aime pour mon confort de voir la pierre ponce,
Qui nage dessus l'eau et jamais ne s'enfonce,
Non plus que mon penser, qui dessus l'eau noüant,
Avecques mon desir toujours s'en va joüant.

J'aime bien des dauphins l'amoureuse nature,
Qui, mal gardés de l'onde, ont senti la pointure
D'aimer ainsi que moy; mais leur sort amoureux
Est trop plus que le mien en amour bien-heureux.
　　J'aime l'esponge aussi, d'autant qu'elle est utile
A m'essuyer le pleur qui de mes yeux distile.
　　J'aime aussi le courail, d'autant qu'il est pareil
Aux lévres de m'amie et à son teint vermeil.
Seulement je me hay, desesperé pour n'estre
Aimé de ce bel œil qui du mien se fait maistre.
O Nymphe qui m'avez tout le cœur embrasé,
Tendez-moy vostre bouche à fin d'estre baisé !
　　On dit qu'au ciel là haut un grand Jupiter tonne,
Qui de ses feux ardans tous les peuples estonne.
Vostre œil m'est Jupiter, lequel m'a foudroyé
D'un regard que m'avez dans le cœur envoyé,
Et si n'avez souci d'esteindre en nulle sorte,
Non d'un petit sou-ris, la flame que je porte.
　　Las ! vous venez icy pour joüer sur les bords,
Quand seule vous voyez que tout seul je m'endors;
Et pour me réveiller vous me tirez l'aureille,
Puis en l'eau vous fuyez si tost que je m'éveille;
Tant seulement les chiens, qui gardent mon troupeau,
Courent apres vostre ombre et la suivent dans l'eau.
　　Que maudit soit le jour que je vous vis premiere
Cueillir parmi ces prez des fleurs avec ma mere !
Je vous servois de guide, et je n'ay sceu depuis
Moy-mesme me guider, tant esgaré je suis.
　　De teste et d'estomach je devins tout malade,
Mon œil devint terni, ma couleur devint fade;
Ma mere sceut mon mal, qui jamais ne voulut
Tant seulement vous dire un mot pour mon salut:
Si elle vous eust dit ma passion nouvelle,
Peut-estre qu'eussiez fait quelque chose pour elle.
　　Ha ! que je suis marry qu'en naissant je ne pris
La forme d'un poisson, afin d'avoir appris
A bien nager, pour voir dessous les eaux profondes

Quel plaisir vous avez à joüer sous les ondes !
Tousjours à pleines mains je vous eusse porté
Des roses au printemps, des œillets en esté,
Du safran en automne, et non pas tout ensemble,
Mais comme la saison diverse les assemble.
Au moins j'eusse baisé vostre main et vos bras,
Car baiser vostre bouche il ne m'appartient pas.
Sortez de l'eau, maistresse, et sortant qu'on oublie
De plus s'en retourner, comme amour qui me lie
Me fait icy pour vous sur ce bord sejourner,
Oubliant vers le soir de plus m'en retourner;
Et souffrez desormais que sans vous le rivage
De ceste grande mer soit battu par l'orage.
   Mieux vaudroit en mon antre avec moy demeurer
Pour faire du fromage et le laict pressurer,
Tirer dever le soir le pis aux vaches pleines,
Conduire les aigneaux par les herbeuses plaines,
Voir sauter les chévreaux, cosser les bouvillons,
Qu'habiter de la mer les sterilles sillons.
   [Sortez doncques de l'eau, et venez en mon antre,
Où au plus chaud esté jamais la chaleur n'entre,
Ny le froid en hyver ; mais dessus, en tout temps,
De mille belles fleurs y verdoye un printemps.
Autour du tendre tuf se refrise la mousse,
Le poliot y croist, qui a la feuille douce ;
Et dehors les lauriers, les cèdres et les pins,
Les chesnes, les fousteaux, le til et les sapins,
Font ombrage à l'entrée, où le tortu l'hierre,
Avecques la lambrunche, en mille plis se serre,
Dans lesquels tous les jours, mieux que vos Alcyons,
Le gentil rossignol chante ses passions,
Et les miennes aussy. S'il vous plaist, à cette heure,
De venir habiter le lieu de ma demeure,
Vous me serez toujours plus blanche que le lys,
Plus vermeille qu'œillets nouvellement cueillis,
Plus droite que le jonc, plus belle et plus fleurie
Que n'est au mois d'avril une verde prairie,

Plus nette qu'une perle et plus souefve au toucher
Que n'est le fond poly d'une conque de mer,
Plus que plume de cygne à manier douillette,
Et plus que laict caillé gracieuse et tendrette,
Plus douce que l'ombrage au pasteur reposé,
Et plus plaisante à veoir que jardin arrosé.
 Sinon vous me serez plus dure, ô Galathée,
Que n'est une genisse au labeur indontée,
Plus superbe qu'un paon, plus volage que vent,
Plus fuyarde qu'un cerf que les chiens vont suivant,
Plus ireuse qu'un tygre ou qu'une ourse animée
A garder ses petits, plus vaine que fumée,
Plus fiere qu'un torrent qu'on ne peut estancher,
Plus sourde que la mer, plus dure qu'un rocher,
Plus aspre que le feu, plus fausse et plus menteuse
Que n'est de vostre mer l'apparence venteuse.
 Si vous m'aviez cognu, honteuse vous seriez
De tant me refuser, et seulette viendriez
Me veoir jusque chez moy pour avoir jouyssance
De tant de riches biens qui sont en ma puissance.
Je reçoy comme un dieu des Cyclopes honneur;
Je suis de ce pays le plus noble seigneur;
J'ay tousjours mes vergers plains de pommes vermeilles;
Les unes à l'argent de couleurs sont pareilles,
Et les autres à l'or, et de chascun costé
L'argent avecques l'or y est représenté.
Plus rouges que coural j'ay tous les ans des guignes
Qui ressemblent des cœurs; d'autre part, j'ay des vignes
Dont le joyeux raisin, en la saison choisy,
De pourprine couleur combat le cramoisy.
Je n'ay pas seulement de vulgaires prunelles
Qui croissent ès buissons, mais des prunes plus belles
Et plus jaunes que cire, et aux mois les plus doux
J'ay des fraises aussy que je garde pour vous.
 Si vous plaist demeurer chez moy pour ma compaigne,
Le fromaige, le laict, la poire et la chataigne,
Ne vous defaudront point. Tout arbre se plîra

Jusques à vostre main et vous obéira] (1).
   Je suis riche en troupeaux, soit à corne ou à laine ;
Les uns errent aux bois, les autres en la plaine,
Les autres plus legers grimpent sur le rocher,
Et les autres s'en vont sur les fleurs se coucher ;
L'un repose à l'estable, et l'autre dessous l'ombre.

   1. Dans l'éd. de 1578, les vers 19 à 22 du passage, qui commence à : « Sortez doncque de l'eau », sont retranchés, ainsi que les vers 29 à 32. La fin, à partir du 35ᵉ vers, est remplacée par ces deux vers :

Si vous me cognoissiez, vous viendriez de bon gré
Vous mesmes habiter en mon antre sacré.

La leçon de 1584 commence ainsi :

Sortez donc de votre antre et venez à cette heure,

et sauf les deux derniers vers, qui sont les mêmes qu'en 1578, elle ressemble à la variante des éditions posthumes, qui est celle-ci :

Sortez de vostre mer, venez à la bonne heure
Habiter le sejour de ma douce demeure.
Vous serez à mes yeux plus blanche que les lis,
Plus vermeille qu'œillets nouvellement cueillis,
Plus droite que le jonc, plus tendre et plus fleurie
Que n'est au mois d'avril une jeune prairie,
Qu'un jardin arrousé, qu'un pré tondu de frais,
Que l'ombrage en esté des espaisses forés.
Si non, vous me serez plus fiere, ô Galatée,
Qu'un aspic, qu'une mer, qu'une flame éventée,
Plus superbe qu'un paon, plus volage que vent,
Plus fuyarde qu'un cerf que les chiens vont suivant,
Plus sourde qu'un rocher, et plus fausse et menteuse
Que n'est de vostre mer l'apparence venteuse.
Si vous m'aviez pour vostre entre vos bras receu,
Vous viendriez heberger en mon antre moussu.

Bref j'ay tant de troupeaux que je n'en sçay le nombre,
Aussi sans les conter je sçay que tout est mien :
Pauvre est celuy qui sçait le nombre de son bien.
 [Venez veoir si je mens, vous verrez en présence
De mon heureux troupeau la fertile abondance :
Vous verrez comme au soir à grand peine il soutient
Son pis enflé de laict quand à l'estable il vient.
J'ay mille aigneaux de laict à part dans un herbage,
Mille petits chevreaux à part dans un bocage ;
J'ay mes jeunes taureaux et mes vaches à part,
Et mes bœufs sous le joug, qui paissent à l'escart.
En tout temps mes vaisseaux pleins de laict je regarde ;
J'en boys une partie et l'autre je la garde
Pour faire du fromage ou pour le caillotter
Dessus du jonc afin de vous le présenter.
Vous n'aurez seulement des présents bien faciles
A trouver par les champs, cerfs et biches agiles,
Lievres, conins, chevreuls, tourtrelles et ramiers,
Mais des presents qui sont es villes les premiers.]
J'ai trouvé l'autre jour sur un mont le repaire
D'une ourse bien pelue, et dedans une paire
De petits ourselets qui déja pourront bien
Se jouer avec vous sans avoir peur de rien.
Ils sont fort éveillez, peu farouches, et semblent
Estre freres bessons, tant bien ils se ressemblent.
Je les trouvay pour vous, je les vous garde aussi,
S'il vous plaist de venir sur ceste rive ici
Me serrer en vos bras, et pousser hors de l'onde
De vostre chef marin la belle tresse blonde.
Venez doncques à moy sans vouloir détourner
Vos yeux des beaux presents que je vous veux donner.
 Certes je me cognois, je ne suis si difforme
Qu'en beauté je ne trouve agréable ma forme ;
Ma face l'autre jour dans l'onde j'esprouvay,
Quand la mer estoit calme, et beau je me trouvay.
 Si mon chef hérissé de ses cheveux ombrage
Mon espaule et mon dos, comme un feuillu bocage,
Si de crins espaissis mon estomac est plein,

Ne pensez s'il vous plaist que cela soit vilain.
Un arbre n'est point beau sans espaisse feuillée,
Un cheval sans long crins; la laine entortillée
Fait belle la brebis, les plumes les oiseaux :
Longue barbe et long crin font les hommes plus beaux.
 Je n'ay qu'un œil au front; le soleil, qui nous darde
Le jour de ses rayons, d'un seul œil nous regarde ;
La lune n'a qu'un œil, et toutefois la nuict
Est claire comme jour quand son croissant reluict (*a*).
Adjoustez d'autre part que Neptune est mon pere,
Qui commande à vos eaux : vous l'aurez pour beau-pere
S'il vous plaist m'espouser, et si par amitié
De ce pauvre Cyclope avez quelque pitié,
Qui ne trouve allégeance au mal qui le tourmente,
Sinon quand il vous void, ou bien qu'il vous chante !
 Pauvre Cyclope hélas ! quelle fureur a pris
(Fureur de trop aimer) follement tes espris ?
Il faudroit mieux penser à ton petit affaire,
Allaiter tes aigneaux et tes genices traire,
Et lacer tes paniers sur ce bord tout le jour,
Que d'estre sans rien faire à chanter de l'amour,
Ou en aimer une autre, ou feindre dans toy-mesmes
Que tu es bien-aimé de celle que tu aimes.
Car feindre d'estre aimé (puis que mieux on ne peut)
Allege bien souvent l'amoureux qui se veut
Soy-mesmes se tromper, se guarissant la playe
Aussi bien par le faux que par la chose vraye.

(1560.)

 a. Var. :

La lune n'a qu'un œil, je n'ay qu'un œil aussi :
Compagnon du soleil j'allege mon souci.

Eclogue VI

Sur la mort

de Marguerite de France

Sœur du roy François Ier (1).

Bien heureuse et chaste cendre,
Que la mort a fait descendre
Dessous l'oubly du tombeau,
Tombeau qui vrayment enserre
Tout ce qu'avoit nostre terre
D'honneur, de grace et de beau ;
   Comme les herbes fleuries
Sont les honneurs des prairies,
Et des prez les ruisselets,
De l'orme la vigne aimée,
Des boccages la ramée,
Des champs les bleds nouvelets,
   Ainsi tu fus, ô Princesse
(Ainçois plustost, ô Déesse),
Tu fus la perle et l'honneur
Des Princesses de nostre âge,
Soit en force de courage
Ou soit en royal bon-heur.
   Il ne faut point qu'on te face
Un sepulchre qui embrasse
Mille termes en un rond
Pompeux d'ouvrages antiques,
Et brave en piliers doriques

---

1. Marguerite de France, reine de Navarre, grand-mère de Henri IV.

Elevez à double front.
   L'airain, le marbre et le cuivre
Font tant seulement revivre
Ceux qui meurent sans renom,
Et desquels la sepulture
Presse sous mesme closture
Le corps, la vie et le nom.
   Mais toy, dont la Renommée
Porte d'une aile animée
Par le monde tes valeurs,
Mieux que ces poinctes superbes
Te plaisent les douces herbes,
Les fontaines et les fleurs.
   Vous, Pasteurs, que la Garonne
D'un demy-tour environne,
Au milieu de vos prez verts,
Faites sa tumbe nouvelle,
Et gravez l'herbe sus elle
Du long cercle de ces vers :
   Icy la Royne sommeille
Des Roynes la nompareille
Qui si doucement chanta :
C'est la Royne Marguerite,
La plus belle fleur d'elite
Qu'onque l'Aurore enfanta.
   Puis sonnez vos cornemuses,
Et menez au bal les Muses
En un cerne tout-autour,
Soit aux jours de la froidure,
Ou quand la jeune verdure
Fera son nouveau retour.
   Aux rais connus de la Lune
Assemblez sous la nuict brune
Vos Naïades et vos Dieux
Et avecques vos Dryades :
Donnez-luy dix mille aubades
Du flageol mélodieux.
   Tous les ans soit recouverte

De gazons sa tumbe verte,
Et qu'un ruisseau murmurant,
Neuf fois recourbant ses ondes,
De neuf torses vagabondes
Aille sa tombe emmurant.

   Dittes à vos brebiettes :
Fuyez-vous-en, camusettes,
Gaignez l'ombre de ces bois ;
Ne broutez en ceste prée,
Toute l'herbe en est sacrée
A la Nymphe de Valois.

   Dites qu'à tout jamais tumbe
La manne dessus sa tumbe ;
Dites aux filles du ciel :
Venez, mousches mesnageres,
Pliez vos ailes legeres,
Faites icy vostre miel.

   Dites-leur : Troupes mignonnes,
Que vos liqueurs seroient bonnes
Si leur douceur égaloit
La douceur de sa parolle,
Lors que sa voix douce et molle
Plus douce que miel couloit !

   Dites que les mains avares
N'ont pillé des lieux barbares
Telle Marguerite encor,
Qui fut par son excellence
L'Orient de nostre France,
Ses Indes et son trésor.

   Ombragez d'herbes la terre,
Tapissez-la de lierre,
Plantez un cyprés aussi ;
Et notez dedans à force
Sur la noüailleuse escorce
Derechef ces vers icy :

   Pasteurs, si quelcun souhéte
D'estre fait nouveau Poëte,
Dorme au frais de ces rameaux ;

Il le fera sans qu'il ronge
Le Laurier, ou qu'il se plonge
Dans l'eau des tertres jumeaux.
   Semez aprés mille roses,
Mille fleurettes decloses,
Versez du miel et du laict;
Et pour annuel office,
Respandez en sacrifice
Le sang d'un blanc aignelet.
   Faites encor à sa gloire
(Pour allonger sa memoire)
Mille jeux et mille esbats :
Vostre Royne saincte et grande
Du haut Ciel vous le commande,
Pasteurs, n'y faillez donc pas.
   Iô, Iô, Marguerite,
Soit que ton esprit habite
Sur la nuë ou dans les champs
Que le long oubly couronne,
Oy ma Lyre qui te sonne,
Et favorise mes chants.

(1560.)

FIN DES ECLOGUES.

LES

MASCARADES

COMBATS ET CARTELS

SONNET

Mascarade et Cartels ont prins leur nourriture,
L'un des Italiens, l'autre des vieux François,
Qui erroient tous armez par deserts et par bois,
Accompagnez d'un Nain cerchant leur aventure.
L'honneur, des nobles cœurs genereuse poincture,
Les faisoit par Cartels desfier aux tournois
(Ou nuds en un duel, ou armez du pavois)
Ceux qui forçoient les loix, le peuple et la droicture.
L'accord italien, quand il ne veut bastir
Un Theatre pompeux, un cousteux repentir,
La longue Tragedie en Mascarade change.
Il en est l'inventeur : nous suyvons ses leçons,
Comme ses vestemens, ses mœurs et ses façons,
Tant l'ardeur des François aime la chose estrange.

(Ed. posthumes.)

SONNET

A MONSEIGNEUR DE VILLEROY

Secretaire d'Estat (1).

Comme la Mascarade ou le tournoy poudreux,
Belle feinte de Mars, le soing de l'esprit chasse,
Et les impressions des affaires efface
Qui font l'homme pensif, par leur objet joyeux ;
Ainsy ce petit livre offert devant vos yeux,
Image du plaisir qui trop leger nous passe,
Remettra devant vous des beaux tournois la grace,
Retirant vostre esprit du soing laborieux.
Il ne faut pas tousjours, l'un des Atlas de France,
Soustenir le grand faix des choses d'importance ;
Il faut, mon Villeroy, se donner du plaisir.
Les abeilles ne sont tousjours en leurs ruchettes
A faire le doux miel ; mais vont à leur desir
Ramasser quelquefois la douceur des fleurettes.

(1573).

1. Je n'ai trouvé ce sonnet de dédicace des Mascarades que dans a seule éd. de 1573.

A TRES-ILLUSTRE ET MAGNANIME
PRINCE HENRY DE LORRAINE

DUC DE GUISE ET PAIR DE FRANCE

Prince, dont le vieil sang des Roys de France part
(Puis que tu as esté la plus gaillarde part
De ces Tournois, Cartels et Mascarades, pleines
De jeunesse et d'amour et d'honorables peines,
Comme estant de Venus et de Mars bien chery,
Et entre les Lauriers dés le berceau nourry,
Que ton Pere t'acquist, te laissant en partage
Et à toute ta race une ardeur de courage
De vouloir imiter ses faicts victorieux,
Ou bien les égaler, ou bien de faire mieux),
Pren d'un bon œil ce Livre, et desormais endure
Qu'on invoque ton nom, ou soit par escriture
Appenduë à ton Temple aupres de ton Castor,
Soit par vœuz solennels escrits en lettres d'or,
Afin que par les ans ne soient point estouffées
Les vertus des Lorrains, illustres de trophées,
Dont l'honneur et le bruit ne trouvent leur pareil,
Non plus que sans pareil au monde est le Soleil.

(Ed. posthumes.)

LES

MASCARADES

COMBATS ET CARTELS

FAITS A PARIS ET AU CARNAVAL DE FONTAINE-BLEAU

*Dediez à tres-vertueux, tres-victorieux
et tres-magnanime*

PRINCE HENRY DE LORRAINE

Duc de Guise et Pair de France.

Cartel I

POUR LE CHEVALIER CONTANT

Apres avoir pour l'Amour combatu,
Suivant le train d'honneur et de vertu,
Et fait sçavoir d'une main valeureuse
Que peut l'ardeur d'une flame amoureuse;
Apres avoir les Dames sçeu vanger
Et traversé maint pays estranger,
Plein de constance et d'amitié loyale,
Je viens d'Irlande en ceste Cour Royale,
Où de tout temps on void de toutes pars

Des Chevalliers aussi vaillants que Mars.
 Amour, qui peut les plus vaillants contraindre,
Ne m'a conduit icy pour me complaindre,
Pour accuser ses traits ou sa rigueur :
Car son bel arc n'offense point mon cœur,
Ny le souci qui fait naistre les larmes
De larges pleurs ne baigne point mes armes.
 Vertu, qui est nourrice de mon feu,
M'a tellement d'une Dame pourveu
Qu'en la servant je ne veux autre attente :
De ses beaux yeux sans plus je me contente.
 En desirant je ne desire rien,
Ne jouyssant je jouys de mon bien,
Tout mon parfait habite en ma parfaite,
Ma volonté de son vouloir est faite.
 Je vis en elle, elle vit dedans moy,
Ce n'est qu'un cœur, qu'une ame et qu'une foy,
Et qu'un esprit qui tient liez ensemble
Un double corps, qui du tout se ressemble :
Elle est heureuse, et je suis bien-heureux,
Et bien-aimé je suis bien amoureux.
 En son penser vit tousjours ma pensée,
Son ame en moy, la mienne en soy passée
Fait que cherchant je me trouve en ses yeux,
Et m'y trouvant je ne cherche pas mieux.
 Ainsi Amour, qui a toute puissance,
Fait de nos cœurs et de nous une essance,
Car je ne veux pour mon contentement
Sinon l'aimer et la voir seulement
Et l'honorer comme chose tres-sainte.
 Et c'est pourquoy je n'ay point l'ame attainte
De triste ennuy comme un tas d'amoureux
Qui sans espoir sont tousjours langoureux.
 Donc, si quelqu'un de la troupe veut dire
Que la beauté dont la grace m'attire
Toutes beautez ne surpasse d'autant
Que dessus tous je m'estime contant,
Vienne au combat tenter ma hardiesse !

Avant partir il faudra qu'il confesse
Que rien n'approche au prix de sa beauté,
Ny nulle foy prés de ma loyauté.

(1567.)

Cartel II

POUR LE CHEVALIER MAL-CONTANT

Ayant l'œil triste et pesant le sourci,
J'ay mille fois, tout rempli de souci,
Entre les bois, les monts et les rivages
Conté ma plainte aux bestes plus sauvages,
Eschaufant l'air de souspirs amoureux,
Pensant au bien qui me fait malheureux.
  Il n'y a bois ny roche tant soit dure,
Antre, desert, ny ruisseau, ny verdure,
Las! qui ne soit tesmoin bien asseuré
Du mal que j'ay si long temps enduré.
  Mais, cognoissant que les roches desertes,
Antres et monts, et hautes forests vertes,
(Comme n'ayans ny cœur ny sentiment)
N'avoient pouvoir d'entendre mon tourment,
Je viens des bois aux hommes pour me faire
Entendre d'eux, qui seuls de mon affaire
Peuvent juger, blasmant la cruauté
D'une si rare et parfaite beauté.
  Quelle asseurance est seure entre les Dames,
Si, leur donnant le sang, le corps, les ames,
Si leur prestant et faveur et support,
Pour recompense on n'a rien que la mort?
  O sexe ingrat et remply de malice,
Indigne, helas, qu'on lui face service!
  O fier Destin! ô Ciel infortuné!

Pourquoy m'as-tu cruellement donné,
Pour me tuer, une Dame si belle?
Elle sçait bien que je languis pour elle,
Que je l'adore et que je l'aime mieux
Cent mille fois que je ne fais mes yeux,
Mon cœur, mon sang : car je n'aime ma vie
Sinon d'autant qu'elle en sera servie.
 Douce beauté qui fais honte au Soleil,
Regarde un peu mon travail nompareil,
Ne sois ensemble et si belle et si fiere!
Toute rigueur s'amollit par priere,
Tout gentil cœur s'eschauffe d'amitié;
Sois donc plus douce et prens de moi pitié.
 C'est aux serpents et aux bestes felonnes,
Aux tigres fiers, aux ours et aux lionnes,
D'estre cruels, et non pas à tes yeux,
Qui sont si beaux, si doux, si gratieux.
Garde-toy bien que Dieu ne te punisse :
L'ingratitude est un horrible vice,
Vice cruel, meschant et malheureux,
Et non logeable en un cœur genereux.
 Las! si ma foy, si ma douleur extrême,
Si t'aimer plus mille fois que moy-mesme,
Si mes souspirs, mes plaintes et mes pleurs,
Pour recompense ont cent mille douleurs,
Mauvaise chere, esperances trop vaines,
Refus, desdains, paroles incertaines,
Et un propos non jamais asseuré,
Et un espoir qui est desesperé;
Si j'ay senti les ruses dont les femmes
Sçavent tromper les plus gentilles ames,
Je veux mourir pour ne nourrir au cœur
Si longuement une telle langueur;
Car par la mort l'ennuy se peut desfaire.
 Et toutefois la mort ne sauroit faire
Que je n'honore et prise mon trespas,
Et qu'aux Esprits je ne conte là bas
Que la Beauté pour qui je meurs est telle

Qu'on n'en void point au monde de plus belle.
Donq, si quelqu'un veut soustenir ici
Que la douleur où je suis endurci
Ne vaille mieux que toute jouissance,
Vienne au combat esprouver ma puissance :
Je soustiendray que telle cruauté
Me rend heureux pour si grande beauté.

(1567.)

CARTEL III

Si le renom des chevaliers françois,
Et la vertu des magnanimes Rois
Dont vous tirez vostre race si belle,
N'eussent voulu de tout temps soustenir
Les affligez, vous ne voirriez venir
Vers vous ici ceste humble Damoiselle ;
Laquelle vient, Sire, vous requerir
De nous vouloir au besoin secourir,
Nous redonnant la liberté ravie,
Et pour avoir de nous compassion.
Vous plaise ouïr de quelle oppression
Un fier tyran tourmente notre vie.
De maison riche et de sang noble aussi
Nasquimes deux damoiselles icy (a),
En bonne grace et en vertus parfaites ;
Heureuses las ! si nous n'eussions porté
Dessur le front tant de jeune beauté,
Et si le ciel plus laides nous eust faites !

a. Var. :

D'illustre sang et d'antique maison
Fusmes deux sœurs qui vivons en prison.

Nostre beauté nous a fait un grand tort :
Car, pour avoir trop de beautez, trop fort
D'un grand tyran, hélas ! sommes aimées,
Qui, ne pouvant nos chastetez forcer,
Son trop d'amour en haine a fait passer,
Nous retenant en prison enfermées.
    Ce glorieux d'Arcalaüs (1) yssu
Par artifice édifier a sceu
Une grand tour inaccessible et forte,
Où il nous fait cent mille maux sentir,
Et pour n'avoir liberté de sortir,
Deux chevaliers a mis devant la porte.
    Or nous avons par Urgande (2) entendu
Que le malheur dessus nous descendu,
Et la misère où nostre vie abonde,
Ne se perdra sinon par les efforts
De deux guerriers jeunes, courtois et forts,
Enfants d'un roy le plus vaillant du monde.
    Et pour-autant, Sire, que la vigueur
Qui de prouesse allume vostre cœur,
Et celle aussi de Henry vostre frere,
Vous font ensemble et vaillans et courtois,
Nous esperons qu'en vestant le harnois
Tous deux pourrez l'entreprise parfaire.
    Et ne pourront ces deux grands chevaliers,
Bien qu'on les vante aux armes les premiers,
Vous résister que n'ayez la victoire,
Digne du lieu dont vous estes venus :
Ainsi serez par le monde cognus
Deux grands guerriers pleins de force et de gloire.

                              (1567.)

---

  1. C'étoit un roi géant qui fit beaucoup de maux aux chevaliers de la cour du roi Lisvard de la Grande-Bretagne, et à Lisvard même, comme vous pouvez remarquer dans le premier et second livre d'Amadis de Gaule.

  2. C'est la grande magicienne des Amadis, femme du sage Alquife.

Cartel IV (¹)

Demeure, Chevalier, et en la mesme place
Arreste ton cheval et retiens ton audace :
Car, soit que la fortune ou soit que le malheur,
Ou soit que le desir d'éprouver ta valeur
Te meine à ce chasteau, entens les aventures
Que tu dois achever, difficiles et dures.
　Encores que tu sois vaillant et martial,
Si tu n'es chevalier à ta dame loyal,
Tu ne pourras passer une arche qui se treuve
Où la fidèle amour des chevaliers s'espreuve.
　Donques de passer outre essayer il ne faut
Si la ferme amitié dans le cœur te défaut,
Et si parfaitement celle tu n'as servie
Que tu devois tenir plus chere que ta vie.
　Ce chasteau que tu vois n'a seulement le mur
Sauvage, solitaire, inaccessible et dur,
Mais il est par dedans encore plus terrible,
Plein de peur et d'effroi et d'une crainte horrible,
De fantômes d'esprits et de brasiers ardans ;
Toutefois agréable à ceux qui sont dedans
Autant que par dehors à tous il est estrange.
　Six vaillants Chevaliers d'éternelle loüange,

---

1. Dans l'île Vermeille étoit un château dans lequel on ne pouvoit entrer que premièrement on n'eût passé sous l'arc des loyaux amants, que ceux qui aimoient parfaitement pouvoient seuls passer ; les autres en étoient repoussés par les chevaliers et les esprits qui en gardoient l'entrée : Amadis et Oriane, de qui les amours étoient parfaites, y entrèrent. Ici un chevalier en arrête un autre qui veut éprouver cette aventure.

Favorisez de Mars, jeunes, avantureux,
Magnanimes et forts et loyaux amoureux,
Le gardent nuict et jour, et d'une estrange sorte
Contre tous assaillans en defendent la porte.
 Or, toi, quiconque sois animé de vertu,
Qui as en mille lieux pour l'amour combatu,
Regarde en quel danger follement tu te jettes,
Et au prix de ta vie un repentir n'achettes.
 Regarde, Chevalier, avant que t'esprouver,
Le moyen d'en sortir, si tu en peux trouver.
Voy le camp plein de sang de tant de forts gendarmes,
Bordé de tous costez de toutes sortes d'armes,
Piques, haches, poignards : de toutes tu prendras
Pour venir au combat celle que tu voudras,
A cheval et à pied esprouvant ta proüesse
Contre un des six, armé d'amour et de jeunesse.
 Or, si tu es vaincu, l'amant victorieux
Portera pour trophée, hautain et glorieux,
Ta despouille à sa Dame; et si ton bras surmonte,
Tu porteras la sienne à celle qui te donte;
Et son corps enchaîné prisonnier demourra,
Qui, sans pouvoir mourir, cent mille fois mourra.
 J'ai veu maints Chevaliers, dont la fiere asseurance,
Les gestes et le port donnoient quelque espérance
De forcer le chasteau, qui en fin s'en revont
Remportans pour l'honneur la honte sur le front,
Et en lieu de la gloire, ha récompense rude !
De libres Chevaliers sont mis en servitude,
Et, tousjours abaissant vers la terre les yeux,
N'osent plus regarder leur Dame ny les cieux.
 Ce chasteau que tu vois par arme n'est forçable;
Par fraude ou par surprise il est inviolable,
Il l'a tousjours été et le sera tousjours,
Comme estant le seul fort des fidelles amours.
 Pour ce, mon Chevalier, arreste ta furie,
Et par le sang d'autruy, sois sage, je te prie;
Ne combas point, afin que, n'estant le plus fort,
T'achetes une honte aux despens de la mort,

Ou pense bien devant qu'essayer l'entreprise :
Trop tard on se repent quand la faute est commise.

(1567.)

LE TROPHÉE D'AMOUR

A LA COMÉDIE DE FONTAINE-BLEAU

Je suis Amour, le grand maistre des Dieux,
Je suis celuy qui fait mouvoir les cieux,
Je suis celuy qui gouverne le monde,
Qui, le premier hors de la masse esclos,
Donnay lumière et fendi le chaos
Dont fut basti ceste machine ronde.
Rien ne sauroit à mon arc résister,
Rien ne pourroit mes flèches éviter,
Et enfant nu je fais tousjours la guerre ;
Tout m'obéit : les oiseaux esmaillez,
Et de la mer les poissons escaillez,
Et les mortels heritiers sur la terre.
   La paix, la trève et la guerre me plaist ;
Du sang humain mon appétit se paist,
Et volontiers je m'abreuve de larmes ;
Les plus hautains sont pris à mon lien,
Le corselet au soldat ne sert rien,
Et le harnois ne defend les gendarmes.
Je tourne et change et renverse et desfais
Ce que je veux, et puis je le refais,
Et de mon feu toute ame est eschaufée ;
Je suis de tout le Seigneur et le Roy :
Rois et Seigneurs vont captifs devant moi,
Et de leurs cœurs je bastis mon trofée.
   De Jupiter le sceptre j'ay donté.

Jusqu'aux enfers j'ay Pluton surmonté,
Et de Neptune ay blessé la poitrine.
De rien ne sert aux ondes la froideur,
Que les Tritons ne sentent mon ardeur,
Et que mon feu n'embrase la marine.
   La Volupté, la Jeunesse, me suit;
L'Oisiveté en pompe me conduit;
Je suis aveugle, et si ay bonne veue;
Je suis enfant, et suis pere des dieux,
Foible et puissant, superbe et gracieux,
Et sans viser je frappe à l'impourveue.
   L'homme est de plomb, de rocher et de bois,
Qui n'a senti les traits de mon carquois;
Seul je le fais et courtois et adestre;
Les cœurs sans moi languissent refroidis,
Je les rends chauds, animez et hardis,
Et bref je suis de toute chose maistre.
Qui ne me void au monde ne void rien;
Je suis du monde et le mal et le bien,
Je suis le doux et l'amer tout ensemble,
Je n'ay patron ny exemple que moy,
Je suis mon tout, ma puissance et ma loy,
Et seulement à moi seul je ressemble.

(1567.)

LE TROPHÉE DE LA CHASTETÉ

EN LA MESME COMEDIE

Pour mon trophée en ce char triomphant
  Pris et captif je meine cest enfant
Qui des mortels a surmonté la gloire;
Je vous diray comme je l'ay vaincu

Par la vertu d'un merveilleux escu
Qui de ce Dieu m'a donné la victoire.
　Amour, voyant que seule entre les dieux
J'avois un traict du sien victorieux,
Et que du tout je n'estois sa sujette,
Pour me domter prist l'arc en une main,
Le feu dans l'autre, et, m'assaillant en vain,
Perdit d'un coup sa flame et sa sagette.
Pour resister à ce prince animé,
D'un fort bouclier l'estomac je m'armé,
Fait de constance et de perseverance,
Où l'Amoureux au travers se miroit,
Et tellement jusqu'en l'ame esclairoit
Qu'il cognoissoit d'un regard son offense.
　Voulant son arc contre moy descocher,
Trouva l'escu aussi dur qu'un rocher
Tout à l'entour environné de glace,
Qui de son arc la puissance amortit,
Et son ardeur en froideur convertit,
Et tous ses traits brisa dessur la place.
　Lors, le voyant sans armes et tout nu,
Pour prisonnier je l'ay depuis tenu,
En le menant devant mon char en pompe;
Et par despit j'ay cassé son carquois,
Esteint son feu, rompu son arc turquois :
C'est bien raison que le trompeur on trompe.

(1567.)

MASCARADES
FAITES A BAR-LE-DUC

LES QUATRE ELEMENTS
PARLENT AU ROY.

La Terre.

Je t'ay donné, Charles (1), roy des François
Non pas un fleuve, une ville ou un bois,
Mais, en t'ouvrant ma richesse feconde
De tous les biens que j'avois espargné
Depuis mille ans, je t'ay accompagné
Pour estre fait le plus grand roy du monde.

La Mer.

Autant que j'ay d'escumes et de flos
Lors que les vents cheminent sur mon dos,
Et que le Ciel à Neptune fait guerre,
Autant de force et d'honneur j'ay donné
A ce grand prince heureusement bien-né,
Pour estre roy le plus grand de la terre.

L'Air.

Je nourris tout, toutes choses j'embrasse,
Et ma vertu par toute chose passe,
Je serre tout, je tiens tout en mes mains;

1. Charles IX.

Et tout ainsi que de tout je suis maistre,
Pour commander au monde j'ay fait naistre
Ce jeune roy, le plus grand des humains.

Le Feu.

Ce que j'avois de clair et de gentil,
  De prompt, de vif, de parfait, de subtil,
Je l'ay donné à Charles, roy de France,
Pour illustrer son sceptre, tout ainsi
Qu'on void le ciel de mes feux esclairci,
Et que Dieu mesme a de moy son essence.

LES QUATRE PLANETTES

RESPONDENT.

Le Soleil.

Ce n'est pas toy, Terre, qui ce grand roy
  As tant rempli de puissance, c'est moy
De qui l'aspect aux roys donne la vie (1)
Et peut leur sceptre en gloire maintenir :
Donc, si tu veux ton dire soustenir,
Vien au combat, icy je te desfie.

Mercure.

Je donne aux roys l'advis et la prudence,
  Et le conseil qui passe la puissance,
Comme j'ay fait à Charles ce grand roy,
Pour gouverner la terre universelle ;

---

1. Selon l'astronomie judiciaire, l'aspect du soleil avec un astre heureux préside à la vie et à la fortune des grands.

Et si la Mer veut dire que c'est elle,
Je dy que non, soustenant que c'est moy (1).

SATURNE (2).

Je fais long temps les royaumes durer,
Et les grands roys longuement prosperer,
Quand d'un bon œil j'esclaire à leur naissance,
Comme à ce roy que j'ay fait de ma main,
Et non pas l'Air, mol, variable et vain ;
S'il le soustient, qu'il se mette en défense !

MARS.

Je fais les roys valeureux et guerriers,
Et sur leur front je plante les lauriers,
Quand en naissant mon flambeau leur esclaire.
Le Feu n'a faict un prince si gentil,
Car le feu est de nature infertil,
Et s'il le dit, je soustiens le contraire.

LE JUGEMENT DE JUPITER

SONNET.

Appaisez-vous, ne jouez plus des mains,
Vous, Elemens, et vous quatre Planettes,
Qui sous mon sceptre aussi humbles vous estes
Que dessous vous sont humbles les humains.

1. Mercure en son aspect fortuné donne de l'invention, de l'esprit et du jugement.
2. Comme Saturne, avec la conjonction de quelque malheureux astre que ce soit, est lui-même grandement infortuné, ainsi il est grandement heureux secondé d'un autre aspect favorable.

J'ay, non pas vous, par mes propres desseins
Mis en ce roy tant de vertus parfaites
Pour gouverner les terres que j'ay faites,
Car du grand Dieu les œuvres ne sont vains.
   Et bien qu'il soit encore jeune d'âge,
Dés maintenant je veux faire un partage
Avecque luy de ce monde divers :
   J'auray pour moy les cieux et le tonnerre,
Et pour sa part ce prince aura la terre :
Ainsi tous deux partirons l'Univers (1).

(1567.)

STANCES

A CHANTER SUR LA LYRE

Pour l'avant-venue de la royne d'Espagne à Bayonne (2).

I

Soleil, la vie et la force du monde,
  Grand œil de Dieu, soleil pere du jour,
Monte à cheval et tire hors de l'onde
Ton char, qui fait pour nous trop de sejour ;
Haste ton cours, et en France accompagne
L'autre beau jour (3) qui reluit en Espagne.

---

1. *Divisum imperium cum Jove Cæsar habet.* (VIRGILE.)
2. Lors de l'entrevue, qui se fit à Bayonne, de Charles IX, la reine-mère et sa fille Elisabeth, reine d'Espagne.
3. Il entend la reine Elisabeth, qui venoit à Bayonne voir le roi Charles IX, son frere.

II

Lune, ornement et l'honneur du silence,
Qui par le ciel erres en cent travaux,
Retien la nuict et arreste la dance
Des astres clairs conduits par tes chevaux ;
Fay place au jour dont le bon-heur assemble
Fils (1), mere (2) et fille (3) et deux sceptres (4) ensemble

III

Il ne faut point qu'au jour de la venue
Le soleil luise, un autre jour viendra,
Qui de l'Europe esclaircira la nue,
Et tout le monde en lumiere tiendra,
Tant les vertus du fils et de la mere
Et de la fille espandront de lumiere.

IV

O siecle heureux et digne qu'on l'appelle
Le siecle d'or, si oncque en fut aucun,
Où l'Espagnol d'une amitié fidelle
Aime la France, et les deux ne sont qu'un ;
C'est un plaisir qu'en l'esprit il faut prendre,
Le corps n'est pas digne de le comprendre.

V

Le Ciel despit de si belle assemblée,
Comme jaloux s'en vouloit irriter ;
Ayant de l'air la fureur redoublée,
Faisoit gresler et pleuvoir et venter ;
Le mois de juin, qui desire la gloire
De telle veue, a gaigné la victoire.

1. Charles IX.
2. Catherine de Médicis.
3. Elisabeth.
4. Le sceptre du roi Charles IX et de sa sœur Elisabeth, reine d'Espagne.

VI

Parmi les champs croissent les fleurs décloses,
Car telle veue est digne du printemps;
Entre les lys, les œillets et les roses
Elle doit être, et non en autre temps :
Comme les fleurs croissent en nos provinces,
Ainsi croistra l'amitié de ces princes.

VII

L'autre printemps, la royne vit sa fille (1)
Et ce printemps son autre (2) elle verra :
Une est déja la mere de famille,
L'autre bien tost d'un beau fils le sera;
En-ce-pendant sa France elle visite,
Et par exemple à bien faire l'incite.

VIII

Un astre heureux, ô royne, te fist naistre :
Car seulement tu n'es mere d'un roy
Qui des François tient le sceptre en la destre,
Et d'un grand duc (3) qui promet tant de soy;
Mais tu es seule entre tant de princesses
Mere de roys, de roynes et duchesses.

IX

Par les chemins où passeront les dames,
Naistront les fleurs, et les ruisseaux prendront
Le goust de miel; les odeurs et les bâmes
Et les parfums par les champs s'espandront;
Dessous leurs pieds la campagne arrosée
S'éjouira de manne et de rosée.

1. Ce fut à Bar-le-Duc qu'elle vit Claude, sa fille, duchesse de Lorraine, mere du duc de Lorraine vivant.
2. A savoir la reine d'Espagne, qui mourut à vingt ans sans enfants.
3. C'étoit Henri III, pour lors duc d'Anjou.

X

Le vent tiendra son haleine endormie,
Vulcan és mains n'aura point de marteaux ;
Tant seulement avec Flore s'amie
Zephyre ira parmi les prez nouveaux ;
Tout sera plein de joye et d'allegresse
A l'arriver d'une telle princesse.

XI

La charité et l'amour maternelle
Se desfi'ront d'un combat genereux,
La mere ayant ses enfans autour d'elle,
Et les enfans leur mere à l'entour d'eux ;
C'est passion qui si fort nous enflame
Qu'on ne peut dire et qu'on sent dedans l'ame.

XII

Si le lion et le tigre effroyable
Par les rochers desirent voir leurs fans,
Hà, combien donc l'homme plus raisonnable
Doit desirer de revoir ses enfans !
Qui fuit les siens est digne qu'on le nomme
Un monstre fier sous la forme d'un homme.

XIII

Chasse la nuit et vistement, Aurore,
De l'Océan apporte dans ton sein (a)
Le jour heureux que par penser j'honore,
Comme propice à tout le genre humain ;
Puis vole au ciel, et d'une aile legere
De ce beau jour sois aux dieux messagere.

a. Var. :

Chasse la nuit et le monstres, Aurore,
Et de la mer apporte en ton sein

XIIII

Hà le voici! ja voici la barriere
Du jour déclose et le ciel s'espanir.
Sus, envieux, reculez-vous arriere,
Ce n'est pour vous que ce jour doit venir,
Qui d'un nœud ferme estreindra l'alliance
Plus que jamais de Castille et de France.

(1567.)

LES SEREINES

Représentées au canal du jardin de Monseigneur le Duc
d'Orléans, à Fontaine-bleau.

LA PREMIÈRE PARLE.

De l'immortel les roys sont les enfans,
Ils ont par luy les lauriers triomphans,
Ils sont par luy reverez en la terre,
Ils ont de Dieu le portrait sur le front,
Dieu les inspire, et tout cela qu'ils font
Vient du grand Dieu qui darde le tonnerre.
   Or ce grand prince, à l'exemple de soy,
Fit pour miracle en France naistre un roy
Dont la semence à nulle autre seconde
Estoit parfaite, et, comme le Soleil
Qui de clarté ne trouve son pareil,
Vesquit sans pair, tant qu'il vesquit au monde.
   Ce fut Henry [1], de tous biens accompli,
D'une ame vive ayant le corps rempli,
Semblable aux dieux de façons et de gestes;
Son esprit fut embelli de vertu,

---

1. Henri II.

Car, en naissant, du ciel il avoit eu
Tout le bon-heur des lumieres celestes.

Il fut en guerre un prince tres-vaillant,
Soigneux, actif, diligent et veillant;
Voire et sembloit que Mars luy fist service;
En temps de paix son peuple corrigeoit,
Chassoit le mal de sa terre et logeoit
Par les citez la crainte de justice.

Or tout ainsi, comme il estoit parfait,
Tel comme luy son peuple s'estoit fait:
Vertu regnoit par toute sa contrée,
Qui d'un chacun le rendoit honoré,
Et bref c'étoit le bel age doré
Où fleurissoit Saturne avec Astrée.

Pour faire honneur à un siecle si beau,
Qui ressembloit à ce monde nouveau,
Quand nos ayeuls n'estoient tels que nous sommes,
Apparoissoient les nymphes et les dieux,
Et, sans avoir un voile sur les yeux,
Ne desdaignoient la presence des hommes.

Par les forests les Sylvains habitoient,
Faunes et Pans aux boccages chantoient,
Et sur les monts dansoient les Oreades;
La mer avoit son Glauque et son Neptun,
Dessur les bords venoit jouer Portun,
Et les ruisseaux abondoient de Naiades.

Mais quand le Ciel, qui ne se peut flechir
Par nos souspirs, se voulut enrichir,
O Ciel cruel! de la mort d'un tel prince,
Le monde fut despouillé de bon-heur,
Fut dévestu d'ornement et d'honneur,
Et la vertu laissa nostre province.

En lieu de paix, d'amour et de bonté,
Vint la malice au visage éhonté,
Haines, discords et factions de villes;
Desir de sang les hommes fit armer,
L'ambition après vint allumer
Le grand brazier des querelles civiles.

Le peuple adonc, transporté d'appetit,
Tout insensé d'armes se revestit;
Lors la raison dessous les pieds fut mise;
Bref, le François par sa desloyauté
De son pays arracha la beauté,
Comme un jardin saccagé de la bise.

Alors les Dieux, d'un tel fait desplaisans,
Voyans la royne (1) et ses fils en bas ans
De tous costez tourmentez de la guerre,
Pour ne souiller leurs yeux en regardant
Le sang versé dessous le fer ardant,
Par grand despit se cacherent sous terre.

L'un s'enferma dans le creux d'un rocher,
L'autre s'alla dans un arbre cacher,
L'autre en un antre, et l'autre sous les ondes,
Ainsi que nous, qui depuis ce temps-là,
Que le malheur d'icy nous exila,
N'avions au Ciel monstré nos tresses blondes,

Sinon ce jour de longtemps attendu,
Où Charles (2), roy, de Henry descendu,
Vray heritier des vertus de son pere,
Dessur son peuple a maintenant pouvoir;
Et c'est pourquoy nous venons icy voir
Ce jeune prince en qui la France espere.

Nous venons donc, ô roy, selon raison,
Te saluer en la belle maison,
Que ta largesse à ton frere a donnée,
Où, s'il te plaist, pour te rendre plus seur
De l'avenir, oy les vers de ma Sœur,
Qui va chanter toute ta destinée.

1. Catherine de Médicis.
2. Charles IX.

PROPHETIE

DE LA SECONDE SEREINE

O prince heureusement bien-né,
Qui fus beny dés ta naissance
Par l'Eternel, qui t'a donné
Toutes vertus en abondance;
[C'est toy qui nous estois promis
Pour avoir tout seul la victoire;
C'est toy par qui sera remis
Ton sceptre au plus haut de sa gloire.

C'est toy, Charles, de qui l'honneur,
Remparé d'une vertu sainte,
Emplira France de bonheur
Et les rois estrangers de crainte.]

Crois, crois, et d'une majesté
Monstre-toy le fils de ton pere,
Et porte au front la chasteté
Qui reluit aux yeux de ta mere.

Car, en estant comme tu es
Aux vertus nourri dés jeunesse,
Tu passeras tous les mortels
De bon esprit et de prouesse.

La France se peut asseurer
De se voir soudain estrenée
Des honneurs qu'on doit esperer
D'une royauté si bien née.

Et bien qu'on puisse appercevoir
Par les rayons de ta lumiere
L'heureuse fin que doit avoir
Un fils nourri de telle mere,

Si veux-je encor' pour l'avenir

(Des destins prophetes nous sommes)
T'ouvrir ce qui ne peut venir
En la cognoissance des hommes.
 Non seulement pacifi'ras
De tout la France discordante,
Mais plus que jamais la feras
De biens et d'honneurs abondante.
 Et menant en guerre avec toy
Ton frere appuy de tes louanges,
Vainqueur des roys, le feras roy
De maintes nations estranges.
 [Et après avoir achevé
De conqueter la terre toute
Tu le rendras si eslevé
Et si grand qu'on sera en doute.
 Lequel sera le plus tenu
A l'autre d'amour fraternelle,
Ou lui pour estre parvenu
Par son service si fidelle,
 Ou toy monarque sans pareil
D'avoir vaincu ton adversaire,
De toutes parts par le conseil
Et par la lance de ton frere.
 Ainsi te nourrissant parmy
Les vertus de ta mere sage,
Tu auras le ciel pour amy
Et la terre pour heritage.]
 Sous toy la malice mourra,
L'erreur, la fraude et l'impudence,
Et le mensonge ne pourra
Résister devant ta prudence.
 Puis, ayant vescu comme il faut,
Despouilleras le mortel voile,
Et pres de ton pere là haut
Tu feras une belle estoile.
 Et toy, mere, réjouy-toy,
Mere sur toutes vertueuse,
Qui as nourri ce jeune roy

D'une prudence si soigneuse.
Bien tost auras de tes travaux
Le loyer que le ciel te donne,
Quand tu verras tous ses vassaux
S'humilier sous sa couronne.
Et toy son frere en qui respand
L'astre son heureuse influence,
Ta force et grandeur ne dépend
Qu'à luy porter obéissance.
Ton avantage vient du sien,
Ta gloire sans la sienne est vaine,
Ton bien procede de son bien,
Comme un ruisseau de sa fontaine.
Vivez donc amiablement
Faisans vos noms par tout espandre,
Vivez tous trois heureusement
Charles, Catherine, Alexandre (1).

(1567.)

CHANSON

Récitée par les Chantres qui étoient dans le chariot de Sa Majesté

EN LAQUELLE SONT BREVEMENT COMPRISES LES LOUANGES DU ROY

A Dieu ressemblent les Rois,
Qui sous l'ordre de ses lois
Le cours des Astres enserre,
Parfait, sans fin, sans milieu;
A l'exemple du grand Dieu
Les Rois gouvernent la terre.

1. Ainsi se nommoit en sa jeunesse le roi Henri III.

Ils ne sont égaux d'honneurs,
Les uns sont pauvres seigneurs
Ou d'une Isle infructueuse,
Ou d'un lieu chaud et mal-sain ;
Mais le nostre est Souverain
D'une terre bien-heureuse.

Sous luy sont mille citez,
Peuples, guerriers indomptez,
Forests, campagnes, vallées,
Et fleuves au large front,
Qui bruyant Charles, s'en vont
Fendre les plaines salées.

Luy, chassant les estrangers,
Sauvant les siens des dangers,
A rendu sa France vive,
A tué Mars son meurdrier,
Faisant naistre d'un Laurier
Les beaux rameaux de l'Olive.

Charles des Roys est le grand,
C'est le grand Roy qui respand
Sur la France sa lumiere,
Qui croist jeune, fort, et beau
Comme un clair Soleil nouveau
Qui va prendre sa carriere.

Quand Jupiter maria
Sa Thétis, il convia
Les plus grands Dieux à la feste,
Pallas, Mercure, Apollon,
Neptune et Mars tout felon
Que mur ny ville n'arreste.

Tout ce que les cieux pouvoient,
Tout ce que les Dieux avoient
De richesse et d'excellence,
Fut ce jour en appareil :
Mais rien ne se veid pareil
Au grand monarque de France.

Iô, la Paix nous chantons,
Et de Charles nous vantons

Le Sceptre invincible et riche :
Nous rechantons sa douceur,
Sa mere, freres, et sœur,
Et son Isabel d'Austriche.

(1573.)

COMPARAISON

DU SOLEIL ET DU ROY

Récitée par deux joüeurs de Lyre

I.

Le Soleil et nostre Roy
Sont semblables de puissance,
L'un gouverne dessous soy
Le Ciel, et l'autre la France.

II.

L'un du Ciel tient le milieu,
Des astres clairté premiere ;
Et l'autre comme un grand Dieu
Aux terres donne lumiere.

I.

L'un n'est jamais offensé
D'orages ny de tempeste ;
L'obscur est tousjours percé
Des beaux rayons de sa teste.

II.

L'autre a tousjours combatu
Les guerres et les envies,

Et fait sentir sa vertu
Aux puissances ennemies.

I.

L'un est autheur de la paix
Chassant le discord du Monde,
Illustrant de ses beaux rais
La terre, le Ciel et l'onde.

II.

Et l'autre ayant du discord
La puissance rencontrée,
A mis les guerres à mort,
Et la paix en sa contrée.

I.

Tout astre prend du Soleil
Sa lumiere tant soit haute,
Car c'est l'astre nompareil
Liberal sans avoir faute.

II.

Du Roy vient force et vigueur,
Honneur et grandeur Royale,
Et tout homme de bon cœur
Cognoist sa main liberale.

I.

Le Soleil est couronné
De feux qu'en terre il nous darde :
Et tout astre bien-tourné
Pour son guide le regarde.

II.

De nostre Roy la bonté
Mille grands seigneurs assemble,

Qui jettent plus de clarté
Que les estoiles ensemble.(a).

I.

Bref le Soleil esclairant
Par tout, qui point ne repose,
De Charles n'est differant
Seulement que d'une chose.

II.

C'est que le Soleil mourra,
Après quelque temps d'espace,
Et Charles au Ciel ira
Du Soleil prendre la place.

(1573.)

CARTEL

POUR LE ROY CHARLES IX

Habillé en forme de Soleil, defiant ceux qui voudroient au combat esprouver sa vertu.

Comme le feu surmonte toute chose
Qui devant luy pour resister s'oppose,
Ainsi du fer de mon glaive pointu
Tout chevalier à terre est abatu;
Les plus vaillans redoutent ma puissance,
Et la mort pend sur le bout de ma lance.

a. Var. :

*De nostre Roy la Grandeur
Pareil au Soleil ressemble,
Qui jette plus de splendeur
Que les estoilles ensemble.*

Amour m'a fait errer de toutes pars,
Pour essayer les fortunes de Mars,
Et de mon nom remplir la terre et l'onde,
Pour avoir place en ceste Table-ronde,
Où les vieux preux autrefois avoient eu
Un lieu d'honneur, loyer de leur vertu.
Or desdaignant les hazards de la guerre
Comme donteur des Monstres de la terre,
Par haut desir au Ciel je suis monté,
Où du soleil j'ay l'habit emprunté,
Afin de faire aux estoilles celestes
Comme aux mortels mes vertus manifestes.
  Donc si quelqu'un, soit d'enhaut ou d'embas,
Veut esprouver ma puissance aux combas,
S'adresse à moy, ie luy feray cognoistre
A coups ferrez combien poise ma destre,
Se repentant bien tard de son conseil
Eh! qui pourroit resister au soleil (a)?

(1573.)

CARTEL

FAIT POUR UN COMBAT

Que fist le Roy en l'Isle du Palais.

Le fort Soleil ne s'offense des nues,
Ny mes vertus par la terre cognues
N'ont jamais peur des combats outrageux.
C'est mon desir, mes esbats et mes jeux

a. Var. :

En l'Univers ne trouvant mon pareil.
Qui passeroit de vertu le Soleil?

Que de porter sur le dos la cuirace,
Mon ennemy renverser sur la place,
Et bien brosser le destrier aux tournois,
En cent façons esclater (1) le long bois,
Et de gaigner le prix à la carriere,
Et d'estre seul vainqueur en la barriere.
    Et si quelqu'un par un combat nouveau
Veut essayer ma puissance sur l'eau,
Il sentira qu'autant j'ai de puissance
Dessus les eaux qu'en terre en a ma lance.
    Je suis errant, vagabond, estranger,
Qui vais cherchant en tous lieux le danger,
Afin qu'au monde en armes on me voye
Suivre Vertu par toute honneste voye.
Mon ennemy (autant que le Soleil
Tombe en la mer) de son sang tout vermeil,
A son malheur me pourra bien cognoistre,
Portant au dos les marques de ma destre.
    Il ne verra mon courage faillir,
Et l'assaudray en lieu de m'assaillir,
Pour retrancher par le fer son audace.
    Tel a grand peur qui bien souvent menace.

CARTEL FAIT PROMPTEMENT

contre

L'AMOUR MONDAIN

De deux Amours on voit la terre pleine,
L'un est sans mal, sans travail et sans peine,
Prompt et soudain, qui loin de ce bas lieu

---

1. Mot inventé par notre auteur pour dire mettre en éclats, ou rompre, en terme de lice.

Nos cœurs esleve aux mysteres de Dieu ;
Si que laissant les terres et les nues,
Cherche du Ciel les traces incognues,
Et par un vol à l'esprit coustumier
Reloge l'ame en son logis premier ;
Et la joignant à sa première essence,
De ce grand Tout luy donne cognoissance,
Si bien que l'homme en contemplant se fait
Non-plus terrestre, ains demy-Dieu parfait.
Or, telle amour est honorable et belle,
Qui d'autant plus toutes amours excelle,
Que l'esprit est de son bien jouissant,
Et que le Ciel la terre va passant.
 De telle ardeur comme chainons dépendent
Cent mille ardeurs qui çà bas se respandent
Dedans nos cœurs, et nous servent de loy,
Comme de craindre et reverer son Roy,
Jusqu'à la mort defendre sa patrie,
Et pour les siens abandonner la vie,
Son compagnon en armes secourir,
Et pour l'honneur les lauriers acquerir,
Et mespriser toute fortune extréme,
Et le publiq aimer mieux que soy-mesme.
 Or, je n'appelle Amour, sinon celuy
Qui nous maintient et nous tire d'ennuy,
Nous pousse au Ciel, nous faict aimer nos Princes,
Et d'un grand cœur secourir nos provinces ;
Pour les amis se monstrer hazardeux,
Afin d'avoir le mesme secours d'eux
Quand quelque mal outrageux nous offence :
Pour tel effect l'amitié se commence.
 Or, l'autre amour qui maistrise les cœurs,
Est l'artisan de toutes nos douleurs.
Enfant aveugle, inconstant et volage,
Dieu Cupidon qui les hommes outrage !
Et corrompant leurs sens et leur raison
Pauvres captifs les détient en prison,
Leur derobant l'esprit et la mémoire,

Pour faire d'eux une tragique histoire.
Tous les malheurs au monde sont venus.
Par Cupidon et sa mere Venus (a).
Thebes et Troye en furent saccagées ;
Car de l'Amour les fureurs enragées
Par un despit s'attizans peu à peu,
D'un petit bois allument un grand feu.
L'homme ne peut avoir plus grand diffame,
Qu'idolatrer les beautez d'une femme,
Jeune aujourd'hui, demain vieille et qui n'est
Belle, sinon d'autant qu'elle nous plaist,
Et par un teint qui pippe nostre veue :
Au reste elle est de bon sens despourveue,
Prompte, legere, inconstante, et suivant
Le naturel des vagues et du vent.
Malheureux est et digne de misere,
Qui fait appuy de chose si legere,
Qui comme fleur en rien s'évanouit,
Et de son bien à grand peine jouit.
Sans la beauté la femme est miserable ;
Car la beauté la rend seule admirable (b),
Beauté qui perd sa force en un printemps.
Doncques ceux là seroient bien inconstans
Qui appuieroient le bonheur de leur vie.
Sur une chose en peu de jours ravie.
 L'homme grossier les femmes aimera,
L'homme gaillard ne les estimera,
Et ne sera valet d'une Maistresse,

 a. Var. :

Aveugle enfant, que l'humaine malice
A mis au Ciel pour fauteur de son vice.
Mille combats au Monde sont venus
Par le moyen de la folle Venus :

 b. Var. :

Toute beauté n'est que chose fardée,
Haïe autant comme elle est demandée.

Sinon d'autant que l'affaire le presse.
Par la contrainte il aura d'elle soin,
Comme cherchant le remede au besoin,
Se souciant de soy-mesme et non d'elle;
Laisser la vieille et prendre une nouvelle
Sans passion; car c'est un grand plaisir
En n'aimant rien de changer et choisir.
 Donc, Chevalier, pour chose malheureuse
Nous detestons une flame amoureuse,
Et soustiendrons contre tous assaillans
(Quant ce seroient de ces fameux Rolans)
Que Cupidon est un Dieu d'injustice,
Qui la jeunesse appaste de tout vice,
Et qu'on le doit comme pernicieux,
Bannir bien loin de la terre et des Cieux.

(1573.)

AUTRE CARTEL FAIT PROMPTEMENT

pour

L'AMOUR

L'homme qui n'aime est un Scythe sauvage,
Vivant sans cœur, sans ame et sans courage;
Car on ne peut se passer de l'Amour
Non plus qu'on fait du Soleil et du jour.
 Ainsi que l'ame en nostre corps entrée
Esmeut le corps, ainsi l'Amour sacrée
Entrée en l'ame esmeut l'ame par soy,
Pour lui servir de patron et de loy,
Et la pousser aux plus parfaites choses
Qui soient en terre et dans le ciel encloses.
 Or, cet amour qui gouverne les Cieux,
Comme esloigné de l'homme et de ses yeux,

Visiblement ne se donne à cognoistre
Au sens humain ; car il est trop grand maistre :
De sa grandeur on ne sçauroit parler ;
Si haut que luy l'homme ne peut voler,
Pour concevoir ses divines puissances.
Mais de l'Amour, auteur de nos naissances,
Terrestre et bas, qui nostre humanité
Rend presque égale à la Divinité,
De pere en fils concevant nos semblables,
Pour réparer les siecles perdurables,
De cet amour pere de volupté,
Par qui le peuple est doucement dompté,
Qui nous chatouille et se mesle en nos veines,
Maistre et seigneur des affaires humaines,
Je veux parler et dire que sans luy
L'homme mourroit plein de soin et d'ennuy.

 Un plus grand bien ne se trouve en la vie,
De soy fascheuse et bouillante d'envie,
D'ambition et d'honneur importun,
Que de trouver entre mille quelqu'un
Auquel on puisse avecques confiance
Dire sans fard tout cela que l'on pense.
Amour nous fait tel plaisir esprouver,
Car sans amour on ne le peut trouver (a).

 Comme pourroit un homme sociable
Avoir party qui luy fust agreable
Pour vivre ensemble en toute loyauté,
Sans s'allier à la douce beauté
D'une tres sage et vertueuse Dame ?
Pour n'estre plus que deux corps en une ame,
Un seul esprit, qui se laisse enflamer
Tant seulement du seul honneur d'aimer,
Ne cherchant point de son ardeur extrême
Autre loyer sinon que l'amour mesme,
Qu'en bien aimant de se voir bien aimé ?

 a. Var. :

L'amitié fait le bon amy trouver.

Qui d'autre sorte a le cœur allumé
Ou d'avarice, ardeur ou convoitise,
Indigne il est qu'Amour le favorise.
Telle Amour est pleine de passion,
Qui ne cognoist que la perfection.
D'Amour n'est rien qu'une ardeur mutuelle,
Qui se commence et se finit en elle.
  Pource, Seigneurs, qui les armes suivez,
Et aux Palais des grands Princes vivez,
Si m'en croyez, apprenez dés jeunesse
A bien choisir une belle Maistresse ;
N'en prenez point de laides : la laideur
Cache toujours dessous elle une horreur,
Qui hors du cœur la chaleur nous arrache :
Un corps difforme une ame laide cache.
  Or, tout ainsi qu'un visage sans fard,
Courtois et beau, tout gentil et gaillard
Est le mirouer d'une ame bien parfaite.
Ainsi la face horrible et contrefaite
Est le mirouer où l'on voit par dehors
Estre un esprit aussi laid que le corps.
  Pource autrefois les Muses immortelles
Ont les Vertus peintes en Damoiselles,
Pour faire voir clairement à chacun
Que les Vertus et les Dames n'est qu'un.
  Les Dames sont des hommes les escolles ;
Les chastians de leur jeunesses folles,
Les font courtois, vertueux et vaillants.
  Tels ont vescu ces superbes Rolands,
Renauds, Tristans, pleins d'une ame amoureuse,
Qui, desireux de gloire avantureuse,
Comme les Dieux s'acquirent des autels,
Faisant partout des gestes immortels.
  Ce fut Amour autheur de telle affaire,
Car sans ce Dieu ils n'eussent sceu rien faire.
Qui voudra donc soy-mesme se donter,
Et jusqu'au Ciel par louange monter,
Et qui voudra son cœur faire paroistre

Grand par-sur tous, et de soy-mesme maistre,
Soit amoureux d'une Dame qui sçait
Rendre l'Amant vertueux et parfait.

 L'homme mal-né qui les amours mesprise,
N'achevera jamais belle entreprise,
Ains tout perclus de sens et de raison
Ne bougera, poltron, de sa maison.

 Aux temps passez et Jason et Thesée
De mainte affaire estrange et mal-aisée
Sont retournez environnez d'honneur,
Ayant amour pour guide et gouverneur.

 Les dames ont haute la fantaisie,
Les dames sont pleines de courtoisie,
[Pleines d'honneur, de grace et de vertu
De qui l'esprit n'est jamais combattu
Ni esbranlé de passion commune
Car leur bon cœur surmonte la fortune].

 On voit tousjours la femme de moitié
Surpasser l'homme en parfaite amitié :
Tesmoin en est la vertueuse Alceste,
Qui se tua pour son espoux Admete,
Où nul Amant ne se sçauroit trouver
Mort de sa main pour sa dame sauver.

 Tout cœur de femme est armé de fiance ;
Celuy de l'homme est plein d'impatience,
Menteur, parjure, incertain et leger,
Double, fardé, trompeur et mensonger,
[Et bref la dame honore trop un homme
Quand serviteur de ses beautés le nomme.
Les Dieux sans plus et non les mortels sont
Dignes des biens que les Dames nous font.]

 Or, s'il se trouve une amitié bien-faite,
D'âge, de mœurs, de loyauté parfaite,
C'est un thresor qui bien-heureux se doit
Garder, d'autant que bien rare on le voit,
Et que chacun contemple en sa partie
La saincte amour dont la leur est sortie,
Qu'on ne voit plus comme on souloit icy,

Depuis le temps que le peuple obscurcy
D'erreur, de fraude et de vices infames,
Ainsi qu'il doit n'honore plus les Dames;
Car tousjours regne au Monde le malheur,
Quand plus n'y sont les Dames en honneur.
Donc si quelqu'un, ennemy de sa vie,
Ou trop superbe, ou trop enflé d'envie,
Veut soustenir comme presomptueux,
Qu'aimer n'est point un acte vertueux,
Et qu'on ne doit servir les Damoiselles,
Ou les servant en prendre de nouvelles,
Vienne au combat : je lui ferai sentir
Que le mesdire apporte un repentir,
Et vergongneux confesser par contrainte
Que bien aimer est une chose saincte.
[Favorisez, Madame, s'il vous plaist
De vos beaux yeux le chevalier qui est
Tout blanc pour vous de cœur et de courage;
Peignez dedans un amoureux ouvrage
Telle couleur que mettre il vous plaira;
Vostre faveur pour jamais il aura
Au fond du cœur peinte toute sa vie
Avec le blanc qui la foy signifie.]

(1573.)

POUR LE ROY

HABILLÉ EN HERCULE

et Pluton trainé devant luy (1).

Ce Chevalier d'invincible puissance
Est Hercules, qui, venant aux Enfers,

1. Ce cartel fait allusion aux victoires remportées par Charles IX sur les Huguenots.

A mis ma porte et mon Sceptre à l'envers,
Et moi Pluton sous son obéissance.
 Luy, tout ardent de triomphe et de gloire,
Le triple chef de Cerbere enchainé
Met sous le joug, par lequel est trainé
Son chariot en signe de victoire.
 Il a tiré de l'abysme profonde
Ces Chevaliers que voyez à l'entour,
Et du Tartare, où ne luit point de jour,
En me forçant les rameine en ce Monde.
 Lesquels pour rendre espoinçonnez d'envie,
Graces au Dieu qui les a rendus francs,
Tous chevaliers qui seront sur les rancs
Veulent combatre aux despens de leur vie.
 Et si leur force au combat ne surmonte
Tous assaillans, luy-mesme sa vertu
Veut employer pour mettre au combattu
Dessus le front la vergongne et la honte.

(1573.)

CARTEL POUR MONSIEUR(1)

Cest habit blanc que je porte, Madame,
Est pour monstrer la blancheur de mon ame,
Et ceste foy parfaite en loyauté
Qu'au cœur je porte aimant vostre beauté.
 Toute vertu, tant soit-elle admirable,
Ne fut jamais à la mienne semblable,
D'autant qu'on voit assez d'autres vertus,
L'homme loyal icy ne se voit plus.
[Si ce n'est moy qui dans le cœur rencontre
Telle vertu que par dedans je montre

1. Depuis Henri III.

A la couleur qui ressemble à la foy
Que pour sujet en l'âme je reçoy.]
 Que l'incarnat tant qu'il voudra se vante,
Le jaune aussi, qui l'amoureux contante,
Et le verd-gay que Venus aime tant :
Telles couleurs ne me plaisent, d'autant
Qu'un teint fardé leurs beautez a souillées
L'une dans l'autre estrangement meslées.
 Comme le simple en tout est plus parfait
Que le meslé qui de plusieurs se fait :
Ainsi le blanc comme simple surpasse
Toute couleur où la mesleure passe.
Simple est le blanc, le reste est composé,
Où l'artifice a le fard apposé ;
Car en tombant de sa simple nature
S'est corrompu par diverse teinture,
Et n'est plus beau par la mutation,
Comme eslongné de sa perfection.
 Donc qui voudra, pour accoustrement porte
Un habit peint de mainte estrange sorte,
Soit bigarré du corps comme du cœur,
Toute couleur sans la blanche couleur
N'est à bon droit parfaite ny louable ;
Le blanc naïf seulement est capable
De recevoir toutes couleurs, et peut
Changer sa forme en tout cela qu'il veut,
Où l'accident des autres n'a puissance
De retourner en une blanche essence.
 Le ciel est blanc, la lune, et le flambeau
Du grand soleil pour estre blanc est beau ;
Pour estre blanche est belle la lumière ;
La couleur blanche est tousjours la première.

     (1573.)

DIALOGUE POUR UNE MASCARADE

AMOUR ET MERCURE

AMOUR.

Heraut des Dieux, qu'une fille d'Atlas
Conceut leger, pren tes ailes cognues,
Et, traversant le long chemin des nues,
Laisse le ciel, et t'en-vole là bas.

MERCURE.

Fils de Venus, qui portes en tes mains
L'arc qui aux Dieux et aux hommes commande,
Pourquoy veux-tu que du ciel je descende
Pour aller voir la terre des humains ?

AMOUR.

Jupiter veut par le conseil des Dieux
Qu'ailles trouver le plus grand de la race
Des trois commis à conquerir la place
Et tous les forts du Chasteau perilleux.

MERCURE.

Quelle contrée a produit ce bon-heur ?
Qui mettra fin à si haute entreprise ?
Qui est celuy que le Ciel favorise
Sur tous les trois de prouesse et d'honneur ?

AMOUR.

Je te diray le pays et le nom
De ce guerrier qui a tant de puissance :

Charle est son nom, son pays est la France,
Dont les vertus surpassent le renom.

MERCURE.

C'est assez dit : tu me donnes la loy,
Je vay partir, il faut que j'obeysse ;
Il faut, Amour, qu'on te face service,
Les plus grands Dieux obeyssent à toy.

(1573.)

MONOLOGUE

DE

MERCURE AUX DAMES

Dames, je suis le courrier Atlantide,
Qui, traversant le grand espace humide
Comme un oiseau de son vol soustenu,
Porté du vent, suis en France venu
Par le conseil de ce Dieu qui tempere
Hommes et Dieux, de toute chose Pere,
Pour envoyer un chevalier François,
Aspre à la guerre et le plus fort de trois,
A qui le Ciel sous bonne Destinée
A dés long temps la conqueste ordonnée
Du fort Chasteau perilleux que l'Amour
Tient remparé de perils à l'entour.
 Il ne faut point qu'un chevalier s'appreste
Au long labeur d'une telle conqueste,
S'il n'est aimé des Dieux et du Destin ;
Quiconque soit qui la doit mettre à fin,
Sera chery des Cieux et de Nature,
Et reservé pour si haute avanture.

Premierement d'un courage indonté
Verra l'Enfer qui flamboye à costé,
Et baignera ses armes homicides
Au tiede sang des fieres Eumenides,
Et des fureurs des Gorgonnes, qui ont
Un œil farouche enfoncé sous le front.
 Rien de Pluton ne vaudra la prouesse,
Soulphre, fumée et grosse flame espesse
Contre celuy dont le puissant bouclair
Ne craint ny feu, ny flame, ny esclair.
 Victorieux du peril de la destre,
L'autre peril l'attend à la senestre ;
Ce sont travaux et labeurs vehemens,
Gennes, horreurs, la maison des tourmens,
Où mainte voix en souspirs estendue
Horriblement de loin est entendue
Des malheureux qui autrefois n'avoient
Gardé la foy qu'aux Dames ils devoient.
 Pource, Amoureux, gardez l'Amour fidelle
De peur d'entrer en peine si cruelle.
Ayant forcé ce danger par vertu,
Et par l'effort de son glaive pointu,
Se couronnant de louange et de gloire,
D'un tel Chasteau gaignera la victoire :
Puis il doit voir un beau jardin, ainçois
Un Paradis, des delices le chois,
Où fleurs et fruicts en abondance naissent,
Et à l'envy l'une sur l'autre croissent :
Où les plaisirs et les Amours jumeaux
Vont voletant de rameaux en rameaux.
 Là le troupeau de Nymphes et des Fées,
D'œillets, de liz et de roses coiffées,
Le feront digne, au regard de leurs yeux,
Et de la table et du Nectar des Dieux,
En luy donnant entiere jouissance
De tous les biens qui sont en leur puissance :
Voire de ceux que ce grand Univers
Fait naistré au jour pour ses tourmens souffers :

Tant une fin de tout plaisir est pleine,
Quand la vertu s'achette par la peine.

(1573.)

POUR UNE MASCARADE

JUPITER.

Je suis des Dieux le Seigneur et le Pere,
Tout Element à mon Sceptre obtempere,
Le cours du Ciel ma reigle va suivant ;
Dedans la nue armé de mon tonnerre,
Je fay trembler les ondes et la terre,
Haut-eslevé sur les ailes du vent.
  Bas à mes pieds les peuples je regarde ;
Roys, Empereurs sont en ma sauvegarde,
Et par sur tous Charles que j'aime mieux.
Entre nous deux, pour supreme avantage,
Du Monde entier avons fait un partage,
A luy la Terre et à moy tous les Cieux.
  De ma maison, sans me le faire entendre,
Mars et Amour ont bien osé descendre,
Accompaignant trois Chevaliers de nom,
Qui estrangers sont abordez en France,
Pour le cognoistre et voir si sa puissance
Estoit pareille au bruit de son renom.
  Or je cognoy ce Prince magnanime,
Qui les combats plus que la vie estime ;
Il leur voudra son bras faire sentir,
D'un brave cœur assaillant ces Gendarmes,
Et par l'effort de toutes sortes d'armes
Leur attacher au front le repentir.
  Pource je vien, le soustien de ce Prince,
Sans endurer qu'en sa mesme Province,
Des estrangers puisse estre combatu ;

Pour son secours Pallas je luy ameine,
Qui punira de vengeance soudaine
Mars par la lance, Amour par la vertu.

(1573).

PALLAS

Du haut du Ciel je suis icy venue
Dessus le dos d'une legere nue,
Traçant en l'air un voyage nouveau,
Par la priere en courroux animée
De ce grand Dieu qui me fit toute armée,
Malgré Junon, naistre de son cerveau.
 Moy, sœur des Roys, en armes je proteste
Donner secours à ma race Celeste,
Et d'enfermer mon corps de toutes pars
De deux harnois : l'un est fait de sagesse,
L'autre trempé d'ardeur et de prouesse;
L'un contre Amour et l'autre contre Mars.
 Mars furieux tout allumé de rage,
A mille fois provoqué mon courage,
Et mesprisé ma force en se bravant;
Mais quand ma lance au combat le menace,
Il perd le cœur et s'enfuit de la place
Loin de mes bras comme une poudre au vent.
 Quand Cupidon par blandice ou cautelle
Me veut blesser de sa fleche cruelle,
Ou de mon corps finement approcher,
Devant ses yeux je monstre ma Gorgonne,
Qui d'un regard telle crainte luy donne,
Que froid, sans ame, il devient un rocher.
 Ces jeunes Dieux contre Charles mon frere
Ont fait armer une force contraire;
Seule je puis empescher leur moyen,

En luy donnant et secours et remede,
Comme je fis au vaillant Diomede,
Qui combatoit devant le mur Troyen.
  Je veux ruer, ainsi que d'une foudre,
Ce gentil Mars terrassé sur la poudre,
Et en despit de ses trois combatans
Le desarmer au milieu de la guerre,
Ou l'envoyer là bas dessous la terre
Bien loin du Ciel avecques les Titans.
  Et si Amour approche de ma lance,
A ses despens cognoistra ma vaillance,
Bien qu'autre part mon bras il ait cognu;
Je briseray son carquois et ses fleches,
Fendray son arc, esteindray ses flameches,
Rompray son aile et l'envoiray tout nu.

CARTEL

FAIT PROMPTEMENT

Envoyé à leurs Majestés par le Nain des huict Chevaliers Estrangers.

Huict Chevaliers de nation estrange,
Autant vaillans qu'amoureux de louange,
Ravis du nom qui par le Monde court
De vos vertus, Sire, et de vostre Court,
Estoient partis espoinçonnez de gloire
De remporter des combats la victoire;
Mais le chemin et le trop long sejour
Les a trompez; car ne venant au jour
De vos tournois ont perdu l'esperance
De plus monstrer en armes leur vaillance,
S'il ne vous plaist leur faire ouvrir le Pas,

Et commander autres nouveaux combas.
    Donques, grand Roy, que tout le peuple estime
Enfant de Mars, si l'honneur vous anime,
Si la vertu vous eschauffe le cœur,
Ne permettez que leur jeune vigueur
Se refroidisse, et leur chaude prouesse
Sans l'employer se rouille de paresse :
Ils sont tous prests aux combats de montrer
Que plus vaillans on ne peut rencontrer.
    Ils combatront, comme hardis gendarmes,
Jusqu'à la mort, de toutes sortes d'armes,
Et à cheval ou à pied : car ils ont
La force en main. l'audace sur le front.
    Ils sont vestus d'une diverse sorte :
L'un du haut Ciel la riche couleur porte,
Le bleu, qui est signe certain aux yeux
Que son esprit est favory des Cieux.
    L'un la couleur d'une Colombe a prise,
Pour tesmoigner qu'Amour le favorise.
    L'autre accoustré d'un habillement blanc,
Apparoist juste et magnanime et franc.
    L'autre qui prend la noire couverture,
Se monstre ferme et constant de nature.
    Le Chevalier paré d'un habit verd,
Est d'esperance et d'amitié couvert.
    L'autre accoustré de couleur grise monstre
Qu'en bien aimant toute peine on rencontre:
    Celuy qui a l'incarnat dessus soy,
Monstre du cœur la constance et la foy.
    Et le dernier qui l'habit jaune porte,
D'un bon espoir son amour reconforte.
    Voyla les huict qui veulent batailler,
S'il vous plaist, Sire, en armes leur bailler
Lieu de Tournoy, et ne vouloir defendre
Que dessous vous la guerre on puisse apprendre.
    Or pour-autant que les jeunes soudars
Sans Cupidon ne sont cheris de Mars,
Je suppliray les Dames favorables

A ce besoin leur estre secourables ;
Car bien souvent le plus fort est donté,
Si l'art d'Amour ne defend son costé.

(1573.)

AUTRE CARTEL

Trois Guerriers incognus, de nation estrange,
Ont laissé leur pays, desireux de louange,
Pour venir esprouver avecque le harnois
La force et la vertu des Chevaliers François ;
Afin qu'en acquerant honneur par leurs prouesses
Soient dignes d'estre aimez de leurs belles maistresses.
   Chacun courra trois coups en masque, et qui mettra
Plus de fois en la bague, Amour luy permettra
De gaigner seul le prix, n'estant pour rien contées
Les attaintes qui sont sans effect emportées ;
Et quand les assaillans et les tenans seront
Egaux et non vaincus, derechef ils pourront
Recommencer la course et retenter la gloire,
Tant que l'un dessus l'autre emporte la victoire.
   Premier que de courir, ces guerriers bien appris
Iront autour du camp, et toucheront les pris
Tels qu'ils voudront choisir sans respect de personne,
Qui seront attachez au haut d'une Colonne.
La main victorieuse aura le prix touché,
Que le vaincu pay'ra, honteux de son peché.
Suppliant humblement que le Roy nous ordonne
Des Juges pour garder nostre droict, et qu'il donne
Faveur à la valeur du Chevalier vainqueur.
La faveur d'un grand Prince est l'ame d'un bon cœur.

(1578.)

MASCARADE POUR LES NOPCES DE MONSEIGNEUR
ANNE DUC DE JOYEUSE

Admiral de France

Aux Dames

Je verrois à regret la lumiere du jour,
J'aurois ingrat soldat combatu sous Amour,
Porté ses estendars, et suivi ses armées,
Si voyant maintenant ses armes diffamées,
Et luy fait prisonnier, lié contre un rocher,
Je ne venois icy ses liens détacher,
Et luy rendre aujourd'huy sa liberté passée,
Comme Andromede l'eut par les mains de Persée.
   C'est bien fait de domter ces cruels animaux,
Et ces monstres qui font aux hommes tant de maux,
Qui de sang et de meurtre ont sanglante la face;
Mais d'outrager Amour pere de nostre race,
Le mener en trophée, et luy serrer les mains,
C'est ensemble offenser les Dieux et les humains.
   Celuy suça le laict d'une fiere lionne,
Qui Venus injurie, et son fils emprisonne,
Sans respecter ce Dieu, qui vengeur doit venir
Bien tost l'arc en la main à fin de le punir.
   Dés le premier regard, sans autre tesmoignage,
Voyant son poil, son front, ses yeux et son visage,
Il devoit bien penser qu'une divinité
Estoit en cest enfant; mais trop de vanité
Aveugla sa raison pour ses fautes accroistre,
Comme aux Tyrrheneans qui ne peurent cognoistre
Bacchus en leur navire, et depuis en la mer
Se virent par leur faute en Dauphins transformer;

Ainsi Niobé apprit par son orgueil funeste
Qu'on ne doit offenser la puissance Celeste.
 Est-ce pas faire au Ciel injure et deshonneur
De dire que l'Amour du monde gouverneur
Soit meschant et cruel et autheur de tout vice,
Et luy attribuer nostre propre malice?
Contre sa Deité Geans nous bataillons;
Amour ne faut jamais, nous sommes qui faillons;
C'est luy qui de grossiers nous a rendus honnestes,
Qui nous apprivoisant nous separa des bestes,
Et de ses beaux desseins remplissant nos raisons,
Nous apprist à bastir bourgades et maisons.
 C'est luy qui des Vertus nous enseigne la voye,
C'est luy qui par esprit aux Démons nous envoye,
Qui nous ravist de nous, et qui nous loge aux Cieux,
Et nous repaist de manne à la table des Dieux.
Porté dessus son aile, esclairé de ses flames,
Couvert de vos faveurs, je viens icy, mes Dames,
Pour venger son injure, et l'oster hors d'esmoy.
Le devoir d'un sujet c'est aider à son Roy.

(1584.)

CARTEL

POUR LE COMBAT A CHEVAL

en forme de Balet

Ces nouveaux Chevaliers par moy vous font entendre
Que leurs premiers ayeuls furent fils de Meandre,
A qui le fleuve apprit à tourner leurs chevaux
Comme il tourne et se vire et se plie en ses eaux.
 Pyrrhe en celle façon sur le tombeau d'Achille
Fit une danse armée; et aux bords de Sicile

Enée, en decorant son pere de tournois,
Fit sauter les Troyens au branle du harnois,
Où les jeunes enfants en cent mille manieres
Meslerent les replis de leurs courses guerrieres.
 Pallas, qui les conduit, a de sa propre main
Façonné leurs chevaux, et leur donna le frein,
Mais plustost un esprit, qui sagement les guide
Par art obéissant à la loy de la bride.
 Tantost vous les verrez à courbettes danser,
Tantot se reculer, s'approcher, s'avancer,
S'escarter, s'esloigner, se serrer, se rejoindre,
D'une poincte allongée, et tantost d'une moindre,
Contrefaisant la guerre au semblant d'une paix,
Croisez, entrelassez de droict et de biais,
Tantost en forme ronde, et tantost en carrée;
Ainsi qu'un Labyrinth, dont la trace égarée
Nous abuse les pas en ses divers chemins;
Ainsi qu'on voit danser en la mer les Dauphins;
Ainsi qu'on voit voler par le travers des nues
En diverses façons une troupe de Grues.
Or pour voir nostre siecle où preside Henry,
En toute discipline honnestement nourry,
Où la perfection de tous mestiers abonde,
Autant qu'il est parfaict et le plus grand du monde,
Ces Centaures armez à nostre âge incognus,
Au bruit d'un si haut prince en France sont venus
Pour les peuples instruire, et les rendre faciles
Autant que sous le frein leurs chevaux sont dociles,
Et faire de son nom tout le monde ravir,
Afin que toute chose apprenne à le servir.

          (1584.)

CARTEL

POUR LES CHEVALIERS CELESTES
ou Dioscoures

Nous sommes ces Gemeaux dont la valeur extresme
Nous fit estimer fils du grand Jupiter mesme,
Qui fendismes premiers, compagnons de Jason,
Neptune d'avirons allant à la Toison;
Qui par terre et par mer vainquismes les bravades
Des Colchiens en terre, en mer des Symplegades,
Et qui, fuyans le peuple et son chemin battu,
Fusmes astres du Ciel conduits par la Vertu,
Dont les rayons pour marque encore sur nos testes
Reluisent, redoutez des vents et des tempestes.
 Tous deux memoratifs de nos premiers mestiers,
Le Ciel pour ceste nuict nous quittons volontiers,
Et desirons encore, Immortels que nous sommes,
R'essayer les combats et les travaux des hommes.
Donc si quelqu'un vouloit en armes maintenir
Que les jeunes guerriers que le temps fait venir,
Passassent de valeur ceux à qui l'âge antique
Imprimoit dedans l'ame une ardeur heroïque,
Et vueille les mortels sur les Dieux eslever,
Qu'il vienne sur les rangs; nous voulons luy prouver
A combat de cheval, par lance et par espée,
Que son opinion faussement est trompée,
Et que les demi-Dieux, par la vertu nourris,
Sur tous les Chevaliers doivent gaigner le pris,
Leur faisant confesser par preuve manifeste
Que l'homme doit ceder à la race celeste.

(1584.)

CARTEL

POUR LES CHEVALIERS DE LA RENOMMÉE

Et ce char triomphant, et la Dame habillée
D'azur, qui de cent yeux est tousjours éveillée,
Et ce courrier ailé qui seul marche devant,
Qui enfle la trompette et la fait bruire au vent,
De langues ceste robbe et d'aureilles semée,
Vous enseignent assez que c'est la Renommée,
Et que ces Chevaliers qui d'elle ont pris le nom,
Ont par toute l'Europe espandu leur renom.
  Voyez comme du chef elle frappe la nue,
Voyez comme son pied presse la terre nue;
Cela dit que l'honneur des cœurs victorieux
Se commence en la terre et se finit aux Cieux.
  La gloire mendiée à l'aide de Fortune
Ne dure pas long temps, comme chose commune ;
Mais celle qui s'acquiert par la seule vertu
Ne vit jamais son bruit par le temps abbatu :
L'une a pour fondement la force du courage,
Et l'autre une esperance incertaine et volage.
  Ces vaillans Chevaliers, des combats desireux,
Et de la Renommée immortels amoureux,
Ont, suivant la Vertu la mere des louanges,
Fait sentir leur prouesse aux nations estranges,
Sectateurs de Thesé', d'Hercule et de Jason,
Et de ces premiers Preux de l'antique Saison.
Aussi ceste Déesse à sa suite les meine,
D'honneurs et de faveurs recompensant leur peine,
Et de l'amour du peuple, ayant bien merité
Que leur nom soit escrit avec l'Eternité.
Desirans consumer aux faits d'armes leur vie,

Poussez d'une fervente et genereuse envie,
Ils viennent sur les rangs pour la bague courir,
Et le prix et l'honneur par labeur acquerir,
Et faire en ce tournoy de leur jeunesse preuve.
Jamais sans la sueur la Vertu ne se treuve.

(1584.)

CARTEL

POUR LES CHEVALIERS DES FLAMES

Si les yeux penetroient au profond de nos ames,
Nous n'aurions point besoin d'habits chargez de flames ;
Dés le premier regard ils voirroient qu'au dedans
Nous ne sommes que feux et que braziers ardans.
Mais puis que l'œil ne peut nostre accident cognoistre,
Il faut par le dehors le vous faire apparoistre.
 Nos pensers, qui tousjours tournent tout à l'entour
De la personne aimée et se meuvent d'Amour,
Comme tout mouvement est chaud de sa nature,
Nous enflament le cœur d'une flame si pure
Et si belle, qu'en lieu de nous faire mourir
Nous sentons son ardeur doucement nous nourrir.
 Il ne faut s'esbahir si nostre char se pare
D'artifices de feu, si Vesuve et Lipare
Semblent bruler dedans ; chacun suit son desir,
Et nous suivons le feu comme nostre plaisir.
 On dit qu'en Cypre estoit jadis une fournaise,
En qui la Pyralide, au milieu de la braise,
Entretenoit sa vie, et se mouroit alors
Que la flame, sa mere, abandonnoit son corps.
 Nous en sommes de même ; ainsi vit et s'engendre
Aux fourneaux les plus chauds la froide Salamandre.

Ainsi se passent d'air maintes sortes d'oiseaux,
De terre la Couleuvre et les poissons des eaux.
    Animaux qui prenez du feu vos origines,
Venez vivre en nos cœurs, venez en nos poictrines,
Paissez-vous des ardeurs que l'Amour verse en nous.
Et vivez comme nous d'un aliment si dous,
D'un si doux aliment, que mesme l'Ambrosie
Si doucement au Ciel les Dieux ne rassasie,
Vivans dans nostre feu, dont nous sommes contens,
Comme mousches à miel des moissons du Printemps.
    Celuy qui fist d'Amour la premiere peinture,
Luy donnant des brandons, ne fit à l'avanture,
Mais par raison, voyant que ce Dieu de sa main
Bruloit et mer et terre et tout le genre humain.
Escoute, grand Amour, grand Démon chargé d'ailes.
Quand la mort ravira nos despouilles mortelles,
Par ta saincte faveur devenus transformez,
Nous voulons luire au Ciel deux flambeaux allumez.
    Tu n'auras pas grand peine à nous changer en flames,
Puis que les yeux ardans de nos cruelles Dames,
Et ton traict embrazé, qu'au cœur avons receu,
Avoient nos corps vivans déja tournez en feu.

(1584.)

LA CHARITE[1]

A L'UNIQUE PERLE

MARGUERITE DE FRANCE
Royne de Navarre [2]

Luy presentant la Charite

Comme de cent beautez la vostre se varie,
Ce livre qui vous est humblement dédié,
De differents sujets est ici varié,
Telle qu'est en Avril une jeune prairie.
  J'ay vostre Royauté pour défense choisie,
Afin que mon labeur ne soit point oublié,
Tant Vostre Majesté lui donnera de vie.
  Madame, si le don de ce petit tableau,
Que je sacre à vos pieds, n'est ny riche ny beau,
Vous seule en estes cause, et cela me console;
  Car voulant à mes vers vos vertus égaler,
Tant s'en faut que je puisse ou escrire ou parler,
Que je devien muet, sans plume ny parole.

                        (*Ed.* 1578.)

1. La Charite, la grâce, du grec χάρις.
2. La reine Margot, femme de Henri le Grand.

LA CHARITE

Ce jeune Dieu qui aux plus vieux commande (*a*)
Qui par le Ciel, qui par la terre court,
Voyant un jour les Dames de la Court,
Remonte aux Cieux, et Venus luy demande :
  Dy-moy, mon fils, volant de place en place
Comme tu fais, sans foy, sans loyauté,
As-tu point veu là-bas quelque beauté
(Ton œil voit tout) qui la mienne surpasse?
  Amour respond : Pren, ma mere, asseurance,
Rien ne sçauroit surpasser ton honneur,
Fors une royne, en qui tout le bon-heur
Du plus beau Ciel se versa dés enfance.
  Elle rougit : les Dames sont despites
Quand leur renom en beauté n'est parfait;
Et pour sçavoir la verité du fait,
Elle choisit l'une de ses Charites (1).
  Mon cœur, mes yeux, mon ame et ma pensée,
Si j'ai de toi quelque bien merité,
Descen en France et me di vérité,
Si ma beauté d'une autre est surpassée.
  Pour obeïr, la jeune Pasithée (2)
Toute divine abandonna les Cieux;
L'air luy fait place, et les vents et les Dieux,

  a. Var. :

Le jeune enfant qui sans raison commande.

1. Mot grec, χάριτες, qui signifie Grâces.
2. C'est une des Grâces.

En quelque part que la belle est portée (a).
   D'un vol soudain elle fit sa descente,
Fendant le Ciel, ainsi qu'on voit la nuit
Couler de loin une estoile qui luit
Entre deux airs d'une trace glissante.
   Beauté, vigueur, jeunesse et courtoisie,
Le jeu, l'attraict, les délices, l'Amour
Ainsi qu'oiseaux voloient tout à l'entour
De ce beau corps, leur demeure choisie.
   Son chief divin, miracle de nature,
Estoit couvert de cheveux ondelez,
Nouez, retors, recrespez, annelez,
Un peu plus noirs que de blonde teinture.
   Son front estoit une table garnie
De marbre blanc, siege de Majesté,
Net et poly, comme aux beaux jours d'Esté
On voit la mer sans ondes toute unie.
   Ses sourcis noirs faits en arche d'Ebene,
De l'arc d'Amour la forme et le pourtrait,
D'un beau croissant contre-imitoient le trait,
Quand au tiers jour le mois il nous rameine.
   Ses yeux estoient d'une force contraire
L'un gracieux et l'autre furieux,
Deux yeux (je faux, mais deux astres des Cieux)
L'un pour chasser et l'autre pour attraire.
   En ses yeux bruns toute delicatesse,
Traicts, hameçons, servages et prison,
Qui des plus fins affinent la raison,
Servoient d'escorte à si belle Déesse.
   Toutes beautez en ses yeux sont coulées :
Amour n'avoit d'autre logis trouvé :
Son nez sembloit, hautement relevé,
Un petit tertre enclos en deux vallées.

   a. Var. (1584) :

L'air luy fait place, et les vents gracieux
La soustenoient par le vague emportée.

Sa tendre, ronde et delicate aureille,
Blanche, polie, au bout s'enrichissoit
D'un beau Ruby, qui clair embellissoit
De ses rayons son visage à merveille.

De vif Cinabre estoit faite sa joue,
Pareille au teint d'un rougissant Oeillet,
Ou d'une Fraize, alors que dans du laict
Tout au plus haut de la cresme se jouë.

Toutes les fleurs du sang des Princes nées (1),
Narcisse, Aiax, n'eurent le teint pareil
Au sien meslé de brun et de vermeil,
Qui rend d'Amour les armes estonnées.

Telle couleur à la nuict est commune,
D'un peu de noir sa face embellissant,
Quand peu à peu le jour est finissant,
Et jà le soir tire devers la brune.

Sa bouche estoit de mille roses pleine,
De lys, d'œillets, où blanchissoient dedans
A doubles rangs des perles pour les dents,
Qui embasmoient le Ciel de leur halaine.

De là sortoient les ris, et les parolles
Fortes assez pour les hommes charmer,
Et qui pouvoient les roches de la mer,
En les oyant, rendre douces et molles.

Vn rond menton finissoit son visage,
Vn peu fendu, d'assez bonne grosseur,
Gras, en bon point, dont la blanche espesseur
De l'autre enfleure est certain tesmoignage.

Son col estoit un pilier de Porphire,
En longs rameaux de veines separé,
D'œillets, de neige et de roses paré,
Soutien du chef que la Nature admire.

Deux monts de laict qu'un vent presse et represse,
Qui sur le sein sans bouger s'esbranloient,
Comme deux Coings enflez se pommeloient
En deux tetins messagers de jeunesse.

---

1. Comme le narcisse et l'hyacinthe.

LA CHARITE.

Du reste, hélas! de parler je n'ay garde,
Dont le regard aux hommes est osté,
Sacré sejour, qu'Honneur et Chasteté
Ainsi qu'archers ont en soigneuse garde.

  Ses mains estoient blanches, longues, douillettes,
Qui tressailloient en veines et rameaux,
Puis se fendoient en cinq freres jumeaux,
Environnés de cinq (a) bords de perlettes.

  De marbre exquis taillé par artifice
Sa jambe estoit, ses pieds estoient petits,
Tels qu'on les feint à la belle Thetis,
Seur fondement d'un si bel édifice.

  Comme un esclair la Nymphe qui s'eslance
Dans le palais de Charles arriva :
Puis tout d'un coup invisible s'en-va
Dedans la salle où se faisoit la dance.

  Il estoit nuict, et les humides voiles
L'air espoissi de toutes parts avoient,
Quand pour baller les Dames arrivoient,
Qui de clairté paroissoient des estoiles.

  Robes d'argent et d'or laborieuses
Comme à l'envy flambantes esclattoient :
Vives en l'air les lumières montoient,
A trains brillans, des pierres precieuses.

  Là mon grand Prince et nos seigneurs ses Freres
Estoient venus ornez de Majesté,
Pour compagnie ayant à leur costé
Les loix, qui sont plus douces que severes.

  Là Marguerite, ornement de nostre âge ;
Apparoissoit en sa double valeur,
Et tantost perle et tantost une fleur,
Un beau Printemps naissant de son visage (b).

a. Var. :

Aboutissant en cinq bords de perlettes.

b. Var. :

D'un beau Printemps honoroit son visage.

Si tost qu'au bal la Nymphe bien-aimée
Se presenta, ses deux astres jumeaux
Firent au double esclairer les flambeaux,
Et d'un beau jour la nuict fut allumée.

Devant la salle une odoreuse nue
Pleine de musc et d'ambre s'espandit :
Par tel miracle un chacun entendit
Qu'une Déesse au bal estoit venue.

Comme un Soleil sans rompre la verriere
Passe en la chambre ondoyant et pointu,
Sans que l'object empesche la vertu
De sa divine et perçante lumière :

Ainsi la belle invisible Charite
Comme un esclair la salle penetra,
Et toute entiere en se cachant entra
Dedans le corps de nostre Marguerite.

Si bien son ame en son ame est enclose,
Si bien sa vie en l'autre elle logea,
Si bien son sang au sang d'elle changea,
Que les deux corps n'estoient plus qu'une chose.

Si que mon roi (1) d'un jugement extresme
Bien clair-voyant, germe des Dieux conceu,
Y fut premier en la voyant deceu,
Pensant au vray que ce fust sa Sœur mesme.

Serrant sa main la conduit à la dance :
Comme une femme elle ne marchoit pas,
Mais en roulant divinement le pas,
D'un pied glissant couloit à la cadance.

L'homme pesant marche dessus la place,
Mais un Dieu vole et ne sçauroit aller :
Aux Dieux legers appartient le voler,
Comme engendrez d'une eternelle race.

Le Roy dansant la volte Provençalle
Faisoit sauter la Charite sa Sœur ;
Elle, suivant d'une grave douceur,
A bonds legers voloit parmy la salle :

1. Henri III.

Ainsi qu'on voit aux grasses nuits d'Automne
Un prompt Ardant sur les eaux esclairer,
Tantost deçà, tantost delà virer,
Et nul repos à sa flame ne donne.

Elle changeoit en cent metamorphoses
Le cœur de ceux qui son front regardoient :
Maints traicts de feu de ses yeux descendoient,
Et sous ses pieds faisoient naistre des roses.

Au devant d'elle alloient pour seures guides
Avecq l'Honneur la grave Majesté,
Et la Vertu, qui gardoient sa beauté,
Comme un Dragon le fruict des Hesperides.

Incontinent que la douce harmonie
Des violons en l'air plus ne s'ouït,
Ceste Charite au Ciel s'évanouït,
Abandonnant l'humaine compagnie.

Ainsi de nuict la paupiere fermée
D'un doux sommeil, en songeant recognoist
Quelque Démon qui soudain apparoist,
Puis tout soudain se perd comme fumée.

Adieu Charite, adieu Nymphe bien-née,
Ou monte au Ciel, ou vole où tu voudras,
En ceste cour bientost tu reviendras
Dessous le joug du nopcier Hymenée.

Lors moy remply d'un plus ardent courage,
Je doubleray la force de ma vois,
Pour faire aller jusqu'aux champs Navarrois
L'accord heureux du sacré mariage.

(1578.)

VERS

Recitez sur le Theatre par le Seigneur Mauvissier

SUR LA FIN DE LA COMÉDIE

Representée à Fontaine-Bleau

Icy la Comedie apparoist un exemple
Où chacun de son fait les actions contemple,
Le Monde est le theatre, et les hommes acteurs;
La Fortune, qui est maistresse de la Sceine,
Appreste les habits, et de la vie humaine
Les Cieux et les Destins en sont les spectateurs.
   En gestes differens, en differens langages,
Roys, Princes et Bergers jouent leurs personnages
Devant les yeux de tous, sur l'eschafaut commun;
Et quoy que l'homme essaye à vouloir contrefaire
Sa nature et sa vie, il ne sçauroit tant faire
Qu'il ne soit ce qu'il est remarqué d'un chacun.
   L'un vit comme un Pasteur; l'un est Roy des provinces,
L'autre fait le marchand, l'autre s'égale aux Princes,
L'autre se feint content, l'autre poursuit du bien;
Ce-pendant le souci de sa lime nous ronge,
Qui fait que nostre vie est seulement un songe,
Et que tous nos desseins se finissent en rien.
   Jamais l'esprit de l'homme ici ne se contente,
Tousjours l'ambition l'espoint et le tourmente;
Tantost il veut forcer le temps et la saison,
Tantost il est joyeux, tantost plein de tristesse,
Tantost il est domté d'Amour et de jeunesse,
Contre qui ne peut rien ny conseil ny raison.
   La Beauté regne au Ciel, la Vertu, la Justice;
En terre on ne voit rien que fraude, que malice;

Et bref tout ce monde est un publique marché :
L'un y vend, l'un desrobe, et l'autre achette et change,
Un mesme fait produit le blasme et la louange,
Et ce qui est vertu semble à l'autre peché.
 Le ciel ne devoit point mettre la fantaisie
Si prés de la raison ; de là la jalousie,
De là se fait l'amour dont l'esprit est vaincu.
Tandis que nous aurons des muscles et des veines,
Et du sang, nous aurons des passions humaines :
Car jamais autrement les hommes n'ont vescu.
 Il ne faut esperer estre parfait au Monde,
Ce n'est que vent, fumée, une onde qui suit l'onde :
Ce qui estoit hier ne se voit aujourd'huy.
Heureux, trois fois heureux qui au temps ne s'oblige,
Qui suit son naturel, et qui, sage, corrige
Ses fautes en vivant par les fautes d'autruy.

(1567.)

LE RECUEIL
DES
MASCARADES

Retranchées par Ronsard aux dernières éditions
de ses œuvres.

Ce diamant, Maistresse, je vous donne,
Du tout semblable à la mesme personne
Du Chevalier, qui bien-heureux se sent
De vous en faire un gracieux present.
 Il est bien clair, mon ame est toute claire,
Où de vos yeux la belle flame esclaire ;
Il est durable, et durable est mon cœur,
Opiniastre à souffrir sa langueur
Pour vous servir comme chose divine,
Car la vertu en est seule origine.
La bague est ronde, et mon cœur est tout rond ;
D'or espuré le plus riche qu'on fond
Est fait l'anneau, qui tous metaux surpasse
Comme ma foy toutes autres efface ;
Il est gravé, mon cœur porte le trait
Bien engravé de vostre beau portrait.
 Et bref, Madame, en nous voyant ensemble,

Vous jugerez qu'au present je resemble ;
Mais je vous pri' que par vostre bonté
Au Diamant vous laissiez la durté
Sans la loger en vostre ame si belle ;
Ou bien suivez la douceur naturelle
De ce joyau, qui plus tendre est rendu
Par sang de Bouc chaudement espandu ;
Ainsi n'ayant contre amour autres armes
Ny contre vous sinon mes chaudes larmes,
Mollissez-vous, voyant que mes douleurs
Me font verser mon sang en lieu de pleurs.

(1567.)

CARTEL

POUR PRESENTER AU ROY

Six chevaliers aux armes valeureux,
Autant vaillans que parfaits amoureux,
Ayant senti les gracieuses flames
Des yeux vainqueurs de si honestes Dames,
Dont tous les six vivement sont espris,
Ont pour l'Amour ce voyage entrepris,
Par le congé de leurs belles maistresses,
Pour esprouver au combat leurs prouesses,
Et faire voir par le glaive pointu
Que peut un cœur animé de vertu.
  Ces chevaliers yssus de bonne race,
Et courageux d'une amoureuse audace,
Ont pris pour guide un Prince du haut sang,
Dont les ayeux conduits d'un Cygne blanc,
Par longs combats et par guerres sans treves,
Ont mis au Ciel l'illustre nom de Cleves.

Or, pour autant qu'on oyt de toutes pars
Qu'en ceste Cour habite le Dieu Mars
Qui a vestu de Charles le visage,
Dont les vertus sont plus grandes que l'âge :
Puis cognoissant que tant de Chevaliers
Pres d'un tel roy se trouvent à milliers,
Qui comme nous reçoivent dedans l'ame
Le doux soucy d'une gentille Dame :
Sommes venus, Sire, pour leur prouver
Que plus vaillans ne se peuvent trouver.
Par les chemins nous avons ouy dire,
Qu'un Prince vit subject de vostre Empire,
Brave et courtois, qu'on dit estre conceu
Du mesme sang dont vous estes yssu,
Qui pour tromper la paresse et le vice
Fait volontiers des armes exercice.
Sire, son nom est le Comte Dauphin,
Contre celuy nous voulons mettre à fin
(Le desfiant) nostre jeune entreprise,
Qu'Amour anime, et que Mars favorise.
Ce Comte doncq' six Chevaliers prendra
Les choisissant les meilleurs qu'il voudra,
Pour six à six combattre à la barriere
A coups de pique ou de lance guerriere :
Afin de faire à nos Maistresses voir
Combien leurs yeux ont sur nous de pouvoir.
De nos combats vous donnerez la gloire
A qui voudrez, Sire : car la victoire
De ce tournoy qui vous est appresté,
Seule dépend de vostre Majesté.

(1567.)

ENVOY A UNE DAMOISELLE

POUR UNE MASCARADE

Quand le loisir me seroit présenté
    Autant parfait que j'ai la volonté,
Et quand celui qui au combat m'appelle,
M'eust adverty d'une entreprise telle,
    J'eusse monstré par un cœur liberal,
Que peut un Prince amoureux et loyal;
J'eusse monstré que peut la courtoisie
D'un cœur remply d'une amoureuse envie.
    Mais me voyant tout sur l'heure pressé,
Le bon vouloir par contrainte est forcé,
Voire si bien, qu'en telle affaire extresme
Je ne sçaurois presenter que moy-mesme;
Offrant ici pour gage suffisant
Mon cœur en lieu de tout autre present.
    Pour ce, Maistresse, heureux feu de ma flame,
Dont la vertu si vivement m'enflame,
Faites sçavoir aux Dames mon vouloir,
Et que le temps a vaincu mon devoir.
    Vous leur direz que mon gentil courage,
Comme hautain, donne bien d'avantage
Que des presens, tant soient-ils de grands prix,
Offrant le cœur que vos yeux tiennent pris.
    Recevez doncq', gracieuse Thenie,
Le cœur offert, le service et la vie,
Et ceste troupe ardente de monstrer
Qu'une plus brave on ne peut rencontrer,
Pour honorer vos vertus, et de celles
Qui, comme vous, sont honnestes et belles.

(1567.)

CARTEL

POUR MONSIEUR LE DUC D'ANJOU

Frère du Roy

Tout Amant chevaleureux
  Qui cherche à faire conqueste,
Ne se doit dire amoureux,
S'il n'ayme d'amour honneste.
  Si par crainte, ou par effort,
Forçant sa Dame, il la presse,
Il hait sa Dame bien fort,
Et n'est digne de Maistresse.
  Ce chevalier sainctement,
Pres d'honneur, loin de diffame,
Ayme si honnestement
La chasteté de sa Dame,
  Qu'il ne cede en telle amour
A nulle autre creature
Qu'à celuy qui doit ce jour
Gagner du lieu l'avanture.
  Et si quelqu'un pour blasmer
L'honneste amour, veut debattre,
Il ne doit point presumer
De s'en-aller pour combattre.

(1573.)

MASCARADE

Las! pour avoir aymé trop haut,
  Et n'avoir servi comme il faut,
Amour ce tourment nous accorde

De nous battre le sein de coups,
Et vous crier à deux genoux
Mercy, pardon, misericorde.

(1578.)

CARTEL

POUR LE ROY HENRY III

J'ay par actes laborieux
Rendu mon nom si glorieux,
Si riche de mainte victoire,
Que je veux aujourd'hui monstrer
Que je suis bien digne d'entrer
Dedans le beau Temple de gloire.

Je suis seur qu'on n'en doute pas,
Tant les honneurs de mes combas
M'appellent à telle entreprise :
Sans plus il faut ce mesme jour
Joindre mon Mars avec Amour,
Et que son arc me favorise.

Mars rend un Prince genereux,
Amour le fait avantureux :
Heureux qui tous deux les assemble.
Mes Dames, soyez mon support,
Le cœur d'un guerrier est plus fort
Quand Mars et Amour sont ensemble.

(1578.)

CARTEL POUR LE ROY

Si le Soleil, qui void tant de choses le jour,
Vit jamais Chevalier tres-content en amour,
Il void en ceste place un Prince qui se vante
D'avoir sur tous Amans sa fortune contente,
D'autant que le bon-heur de son contentement
Est divin et parfait; car le Ciel autrement
N'eust peu de ce guerrier rendre l'ame amoureuse,
Sans luy donner Maistresse en tous poincts bienheureuse.
Or, si quelqu'un en doute, et ne veut confesser
Qu'il est sur tous content, n'espere de passer
Ce chemin sans combattre : ainsi le lieu le porte,
Afin que son audace une honte r'emporte.
   Les Dames, sans faveur, seront juges du fait,
Qui verront au combat combien sera parfait
Ce Chevalier, d'autant que sa Maistresse passe
Les autres de beautez, de vertus et de grace.

(1773.)

SONNET

POUR CHANTER A UNE MASCARADE

Si les Guerriers s'esmeuvent pour les Dames,
Ayez pitié de douze que voicy,
Qui sur le front ont pourtrait le soucy,
Le deuil aux yeux, et l'ennuy dans les ames.
   C'est grand' horreur de voir ces pauvres femmes

En noir habit qui se plaignent ainsi
De ces Guerriers, dont le cœur endurci
Passe en rigueur les rochers et les flammes.
   Celuy qui peut des Dames offencer,
Fait honte au Ciel, et s'il ne veut penser
Qu'un Dieu vangeur des pechez se courrouce,
   Dessur son front son vice est apparent ;
Car quel peché peut-on faire plus grand,
Que d'offencer une chose si douce ?

(1567.)

SONNET

POUR UNE MOMMERIE

Le jour de Caresme-prenant

L'an et le mois, le jour et le moment,
Ne font au Ciel leurs cours de mesme sorte,
Car en fuyant ils sont portez, de sorte
Que tout n'est rien que divers changement.
   Apres la guerre on void soudainement
Naistre la Paix qui tous bien nous apporte :
Par l'appetit la raison se transporte,
Et chacun vit sous divers jugement.
   Comme le Ciel nostre plaisir varie :
N'esperez doncq' que nostre Mommerie,
Tournois, festins, puissent tousjours durer,
   Demain viendra la penitence extresme.
Dames, prenez ces poissons de Caresme,
Où si long-temps il vous faudra pleurer.

(1567.)

CARTEL POUR LE ROY

CELEBRANT LE JOUR DE SA NAISSANCE

En imitant des grands Roys l'excellence,
Qui celebroient le jour de leur naissance,
Un jeune Roy (à qui les Cieux amis
Ont le bon-heur de tant de Rois promis)
Avec son Frere (autre honneur qui égale
De ses ayeux la Majesté Royale)
A ce jourd'huy, comme Prince bien né,
A tous venans le combat a donné,
Pour émouvoir la Françoise jeunesse
Par son exemple à suivre la prouesse,
Et la vertu dont il est amoureux,
Car elle habite en un cœur genereux.
 Ces Chevaliers issus de grande race
Tiendront le pas et garderont la place
Contre un chacun, et comme tres-vaillans,
Se défendront contre tous bataillans
Et si feront juges de leurs querelles
Vieux Chevaliers et jeunes Demoiselles ;
Pour ordonner la victoire et le prix
A ceux qui sont aux armes mieux appris.
 Or si quelqu'un se sent eschauffer l'ame
Des beaux rayons d'une gentille Dame,
Si par l'espée il veut icy montrer
Qu'un plus loyal ne se peut rencontrer,
Vienne au combat apres avoir mis gage ;
Et si vainqueur il obtient l'avantage,
Le gage sien, et celuy du Tenant
Seront à luy ; mais s'il est maintenant
Pris et vaincu, il faudra qu'il delaisse

L'amour qu'il porte à sa belle Maistresse,
Et qu'il s'en aille en un autre quartier
Apprendre mieux des armes le mestier.

(1564.)

POUR LES ROIS TRES-CHRESTIEN ET CATHOLIQUE.

Grand Jupiter! habite si tu veux
Tout seul l'Olympe, et garde ton tonnerre;
Ces deux grands Rois, les plus grands de la terre,
Departiront tout ce monde pour eux.

POUR LE ROY TRES-CHRESTIEN HENRY II, SUR SA DEVISE.

Pour un Croissant il te faut un Soleil:
Plus ta vertu n'a besoin d'accroissance,
Qui toute ronde et pleine de puissance
Te fait reluire en terre sans pareil.

POUR LE ROY CATHOLIQUE, SUR SA DEVISE.

Espoir et crainte est la seule misere
Qui nous tourmente; et qui, en ce bas lieu,
Ainsi que toy ne craint plus ny espere,
Se doit nommer non pas homme, mais Dieu.

POUR LUY-MESME.

O l'heritier des vertus de Jason:
O de Junon race recommandée;

Tu as au col la Colchide toison,
Mais en ton lict tu n'as point de Medée.

Pour la Royne de France, maintenant Royne Mere du Roy.

Plus que Rhea nostre Royne est feconde
De beaux enfans, lesquels en divers lieux
Ayant regi la plus grand' part du monde,
Iront au Ciel pour estre nouveaux Dieux.

Royne Catholique.

Comme un beau Lys, est en fleur la jeunesse
D'Elizabeth, et si en corps mortel
Vouloit çà bas descendre une Déesse,
Pour estre belle elle en prendroit un tel.

Roy Dauphin, maintenant Roy Tres-Chrestien (1).

On ne voit point qu'un fort lion ne face
Ses lionneaux hardis et furieux.
Ce jeune Roy sorty de bonne race
Aura le cœur pareil à ses ayeux.

Pour luy-mesme.

[Tel fut Achille apres que l'Itaquois
Luy eus osté l'habit de damoiselle,
Pour le mener dans le camp des Gregeois
Tuer Hector de sa lance nouvelle.]

1. François II.

ROYNE DAUPHINE, MAINTENANT ROYNE (¹).

Ainsi qu'on voit demi blanche et vermeille
Naistre l'Aurore et Venus sur la nuit,
Ainsi sur toute en beauté nompareille
Des Escossois la Princesse reluit.

POUR ELLE-MESME.

Moins belle fut ceste Venus divine
Quand à Cythere en sa Conche aborda,
Lors que le flot qui neuf mois la garda
La feit sortir de l'escume marine.

DUC DE SAVOYE.

Alcide acquit louange non petite
D'avoir gaigné les riches pommes d'or;
Ayant acquis la belle Marguerite,
Tu as tout seul du monde le thresor.

DUCHESSE DE SAVOYE.

Ceste vertu des yeux de la Gorgonne
Est dans les tiens, unique sœur du Roy,
Qui en rocher endurcis la personne
Qui vicieuse apparoist devant toy.

POUR ELLE-MESME.

La Marguerite est la Pallas nouvelle
Qui hors du chef de son pere sortit,
Le corselet dont elle se vestit,
Est la vertu qui la rend immortelle.

1. Marie Stuart.

POUR ELLE-MESME.

La grand' Minerve et la Pallas de France
Loin des mortels ont chassé le discord :
A l'Olivier l'une donne naissance,
L'autre le fait revivre après sa mort.

DUC DE LORRAINE.

Achille estoit ainsi que toy formé ;
Dedans tes yeux est Venus et Bellonne ;
Tu sembles Mars, quand tu es tout armé,
Et desarmé, une belle Amazonne.

DUCHESSE DE LORRAINE.

Ainsi qu'on voit dedans la Poussinière
Sur tous un Astre apparoistre plus beau ;
Ainsi paroist sur toutes la lumiere
De ton esprit qui luit comme un flambeau.

DUCHESSE DOUAIRIERE.

La belle Paix abandonna les Cieux
Pour accorder l'Europe qui t'honore,
Et se venant loger dedans tes yeux
Elle pensoit dans le Ciel estre encore.

DUCHESSE DE GUISE.

Venus la saincte en ses graces habite,
Tous les Amours logent en ses regards,
Pour ce à bon droit telle Dame merite
D'avoir esté femme de nostre Mars.

POUR MADAME DE GUISE DOUAIRIERE.

Pareil plaisir le mere Phrygienne
Reçoit, voyant ses fils auprès de soy,
Que tu reçois, ô mere de Guysienne,
Voyant tes fils tout à l'entour du Roy.

POUR LA ROYNE D'ECOSSE DOUAIRIERE.

Je suis en doute, ô guerriere Camille,
Duquel des deux plus d'honneur tu auras,
Ou pour avoir une si belle fille,
Ou pour avoir les freres que tu as.

POUR MONSEIGNEUR LE CARDINAL DE LORRAINE ET DUC DE GUISE SON FRERE.

Allez Lauriers, environner les testes
De deux Lorrains, à l'un pour son sçavoir
Comme à Mercure, à l'autre pour avoir
Ainsi que Mars tant gaigné de conquestes.

POUR EUX-MESMES.

L'un des Jumeaux au Ciel bien souvent erre,
L'autre aux Enfers d'une nue est vestu;
Mais des Lorrains la jumelle vertu
Tousjours illustre apparoist sur la terre.

POUR LA PAIX.

Des morions l'abeille soit compaigne;

Pendent rouïllez les coutelas guerriers ;
Dans les harnois tousjours file l'araigne,
Et les lauriers deviennent oliviers !

POUR LES NOPCES.

Vien, Hymenée, et d'un estroit lien
Comme un lierre estroittement assemble
Le sang d'Austriche au sang Valesien
Pour à jamais vivre en repos ensemble.

(1560.)

ENTRÉE DE CHARLES IX A PARIS

Simon Bouquet, échevin et bourgeois de Paris, est auteur d'un livre intitulé :

Bref et sommaire recueil de ce qui a été faict et de l'ordre tenue a la joyeuse et triomphante entrée de tres-puissant, tres-magnanime et tres-chrestien Prince Charles IX de ce nom, Roy de France, en sa bonne ville et cité de Paris, capitale de son Royaume, le mardi sixiesme jour de mars 1571, etc. Paris, de l'imprimerie de Du Pré, 1572, in-4º, fig. sur bois.

De ce livre sont extraits le sonnet à Simon Bouquet, les vers sur la statue de Francion, les cinq inscriptions et les trois sonnets qui suivent.

SONNET

A Simon Bouquet

Comme une fille, en toute diligence,
Voyant un pré esmaillé de couleurs,

Entre dedans et, choisissant les fleurs,
Un beau bouquet pour son sein elle agence;

Ainsy, Bouquet, cueillant en abondance
Fleurs dessus fleurs dans le jardin des Sœurs,
Fais (choisissant les plus douces odeurs)
Un beau bouquet de ton livre à la France.

L'honneur des Roys, de Paris la grandeur,
L'heur des François, emplissent la rondeur
De ton bouquet qui fleurist davantage

Contre le temps qui les autres deffaict;
Car ton bouquet, que les Muses ont faict,
Ne craint l'hyver n'y l'injure de l'aage.

VERS

POUR LA STATUE DE FRANCION

Qui ornoit un arc de triomphe eslevé
à la porte Sainct-Denis.

Ce prince armé, qu'à la dextre tu vois,
Est Francion, le tige des François,
Enfant d'Hector qui vint sans compagnie,
Comme banny, habiter Chaonie;
De là, poussé par l'oracle, amassa
Peu de vaisseaux et la mer traversa
Et vint bastir, près la mer Istrienne,
Une cité dite Sicambrienne,
Fist alliance à la fille d'un roy
Qu'il laissa grosse et enceinte de soy,
Puis, se rendant la frayeur d'Allemagne,
Comme un esclair foudroya la campagne,
Passa le Rhin, et sur Seine Paris
Fonda du nom de son oncle Pâris,
Luy, faict vainqueur par une prompte guerre

Des plus grands roys de la Gauloise terre,
Finalement mourut entre les siens
Non gueres loin des champs parisiens.
Longtemps apres, de ceste Royne enceinte,
Vint une race au faict des armes crainte,
Un Marcomir et ce grand Pharamond
De qui l'audace est peinte sur le front.
Ce Pharamond qui avoit pris naissance
De la Troyenne et Germaine alliance,
Et du destin et d'ardeur animé
Suivy de gloire et d'un grand peuple armé,
Traçant les pas de Francus son ancestre,
Reconquit Gaule et soubs luy feist renaistre
Les murs tombez de Paris, et des lors
Les renforcea de rempars et de forts,
Et se bravant d'une telle conqueste
Jusques au ciel luy feit lever la teste,
Honneur fameux des cités du jourd'huy.
Les Roys François sont descendus de luy
De pere en filz, d'une immortelle suitte.
Telle ordonnance au ciel estoit predicte,
Que tous nos Roys, tant païens que chrestiens,
Seroient ensemble Allemans et Troyens,
Et de rechef la race est retournée
Par le bienfaict d'un heureux hymenée,
Pour conquérir, comme il est destiné,
Le monde entier soubs leurs loix gouverné.

POUR LA STATUE

DE L'ABONDANCE

France heureuse, en mainte mamelle,
   Ceinte d'espis et de raisins,
Nourrit des biens qui sont en elle
Les siens et ses proches voisins.

POUR UN EMBLESME

PEPRESENTANT DES SAULES ESBRANCHEZ

Malgré la guerre, nostre Gaule
Riche de son dommage croist;
Plus on la coupe, comme un saule,
Et plus fertile elle apparoist.

POUR UN HERCULE

QUI ESTOUFFE ANTHÉE

Bien que tout ennemy de France
Peut faire issir en abondance
Un peuple aux armes redouté,
Il sera tousjours surmonté.
Car la France, qui ne recule,
Pleine d'un courage indompté,
Ressemble au magnanime Hercule
Plus forte en son adversité.

POUR LA STATUE

DE MONSEIGNEUR LE DUC D'ANJOU

Portant deux couronnes de laurier.

Ces couronnes ne sont que l'erre
D'une grande qu'il doibt avoir
Quand un royaume en autre terre
Aura soubmis à son pouvoir.

POUR LA STATUE

DE MONSEIGNEUR LE DUC D'ALENÇON

Du grand François ornement des grands Roys
La bonne indole et l'ancien génie
Qui au tombeau luy firent compagnie
Sont retournez en ce nouveau François.

SONNET

POUR LA ROYNE MERE

Representée en Junon nopciere.

Catherine a regi la navire de France,
Quand les vents forcenez la tourmentoient de flots;
Mille et mille travaux a porté sur son dos,
Qu'elle a tous surmontez par longue patience.

Ceste Royne qui n'eust sa pareille en prudence,
Veillant pour ses enfants, nos princes, sans repos,
Au temps qu'un chaste amour vint allumer leurs os
Les faict Roynes et Roys par nopcière alliance.

C'est elle qui l'olive en la France rameine,
Alliant nostre Roy à la race germaine,
D'ou vient à ce royaume un bonheur renaissant.

Et Paris, qui la veoit si sage et si prudente,
Luy donne de Junon la figure présente,
Ensemble corps et biens, d'un cœur obéissant

SONNET

POUR LA SATUE DE L'HYMENÉE

Heureux le siècle, heureuse la journée
Où des Germains le sang tres ancien
S'est remeslé avec le sang Troyen
Par le bienfaict d'un heureux hymenée.

Telle race est de rechef retournée,
Qui vint jadis du filz Hectorien,
Que Pharamond, prince Franconien,
Fait regermer sous bonne destinée.

O bon Hymen, bon pere des humains,
Qui tiens l'estat de ce monde en tes mains,
Sois favorable à ce sainct mariage;

Qu'un bon accord ne fasse qu'un de deux
Et que les filz des filz qui viendront d'eux
Tiennent la France eternel héritage.

SONNET

SUR LA NAVIRE DE LA VILLE DE PARIS

Protégée par Castor et Pollux, ressemblants de visage
au Roy et à Monseigneur le Duc d'Anjou.

Quand la Navire enseigne de Paris
(France et Paris n'est qu'une mesme chose)
Estoit de vents et de vagues enclose,
Comme un vaisseau de l'orage surpris,

Le Roy, Monsieur, Dioscures esprits,
Freres et filz du ciel qui tout dispose,
Sont apparus à la mer qui repose
Et la Navire ont sauvé de perilz.

De Jupiter ces deux enfants jumeaux
Ne sont là haut ny si clairs ny si beaux ;
Jamais Argon ne fust si bien guidée.

Autres Typhis, autres Jasons encor
Ameneront la riche toison d'or
En nostre France et non point de Médée.

ENVOY

DES CHEVALIERS AUX DAMES

Au tournoy de monseigneur le Duc de Lorraine (1).

Bien que les traits d'amour qui blessent la jeunesse
Soyent dedans son carquois languissans de paresse,
Et que tous les brandons qui rendent allumés
Les jeunes amoureux soyent presque consumés
Par l'injure de Mars qui dedans la campaigne
Du sang des chevaliers cruellement se baigne,
Ne voulant point souffrir qu'Amour dompte le cœur
Des hommes valeureux dont il est le vainqueur ;
Si est-ce toutefois que Mars n'a sceu tant faire
Que douze chevaliers et douze, pour complaire
Aux Dames, ne se soyent à ces joustes trouvés
Où tous les combattans aux armes esprouvés
Des quatre parts du monde, où toutes demoiselles

---

1. Imprimé pour la première fois à Paris, chez A. Wechel, 1559, in-4°, à la suite de : La Paix, au Roy.

Qu'on estime en beauté surpasser les plus belles
Se devoient convier, afin de faire honneur
Au jour qui aux François promet tant de bonheur.
    Ces combattans, qui sont en nombre vingt et quatre,
Ont juré douze à douze ensemble de combattre
A la lance, à l'espée, et pour juges ont pris
Les chevaliers qui sont aux armes mieux appris.
Un si brave desir leurs courages allume
Qu'ils mesprisent les dons que l'on a de coustume
De donner aux vainqueurs, comme les rameaux verts
Dont les jousteurs d'Olympe avoient les fronts couverts,
Ou vivre dans un marbre, ou se rendre admirable
Par une pyramide aux siècles memorable,
Ou vendre leur vertu pour les presents d'un Roy
Attachez au perron au devant du Tournoy;
Ains se sont contentez en monstrant leurs prouesses
De faire par espreuve entendre à leurs maistresses
Que non tant seulement se voudroient hazarder,
S'il en estoit besoin, pour leurs honneurs garder;
Mais qu'ils sont suffisans, soit en guerre ou en lice,
De forcer les plus forts à leur faire service,
Et de contraindre ceux lesquels ne voudroient pas
A soustenir la loy des joustes de ce Pas.
Et pour ceste raison un chacun de la bande
A choisy sa maistresse à laquelle il demande
Quelque honneste faveur, nous suppliant aussy
De prendre de leur part ces petits dons icy.
S'ils obtiennent de vous une faveur si belle,
Ils ont gagé leur foy par promesse fidelle
Que ceux qui gaigneront la victoire, pourront
Faire service après de tout ce qu'ils voudront
(Avecques tout honneur et toutes courtoisies)
Des autres chevaliers les maistresses choisies.
Pource ils vous ont transmis cet escript pour avoir
De vous quelque faveur, vous priant de vouloir
Leur faire cet honneur de voir rompre leur lance;
Car, se fiant en vous, ils ont bonne esperance
De monstrer aujourd'huy que celles qui auront

De si bons chevaliers contentes se tiendront;
Et que celles aussy qui tel bien ne reçoivent,
Pour telle occasion courroucer ne se doivent,
Mais tenir leurs faveurs pour tres bien employées
Que par affection elles ont envoyées
Aux autres chevaliers, qui ont perdu l'honneur
Du prix, par la fortune et non faute de cœur.

LES ELEGIES

DE

P. DE RONSARD

Gentilhomme vendomois

A TRES-VERTUEUX SEIGNEUR
ANNE DUC DE JOYEUSE, PAIR ET ADMIRAL
DE FRANCE

Gouverneur de Normandie

Les Commentaires de MARCASSUS sur les Elegies sont dediés par lui à M. DE LITOLFY MARONY, Seigneur de Gauville et de Feuguerole, etc., Abbé de Saint-Nicolas-au-Bois.

Versibus impariter junctis Querimonia primum,
Post etiam inclusa est voti sententia compos.

HOR.

Les vers de l'Elegie au premier furent faicts
  Pour y chanter des morts les gestes et les faicts,
  Joincts au son du cornet; maintenant on compose
Divers sujets en elle, et reçoit toute chose.
  Amour pour y regner en a chassé la mort :
Les vieux Grammairiens entr'-eux sont en discord
Qui premier l'inventa; mais la cause plaidée
Pend au croq sous le juge, et n'est encor vuidée.

Encores au Lecteur

Soit courte l'Elegie en trente vers comprise.
  Ou en quarante au plus : Le fin Lecteur mesprise
  Ces discours, ces narrez aussi grands que la mer.
Il faut de maint rempart ta langue r'enfermer,
Qui veut tousjours causer, tousjours parler et dire,
Et resserrer ta main qui bouillonne d'escrire.
  Il faut du premier vers conter sa passion,
Et la suivre tousjours, si quelque fiction
Rare ne survenoit pour orner ton ouvrage,
En deux lignes acheve et non en davantage.
Ton sujet soit pressé sans trancher l'autre vers,
Autant que tu pourras sans courir de travers.
Sois tousjours simple et un, et que ta fin pregnante
Tire sur l'Epigramme, un peu douce et poignante.

    Si j'eusse composé la meilleure partie de ces Elegies à ma volonté, et non par exprés commandement des Roys et des Princes, j'eusse esté curieux de la briefveté; mais il a fallu satisfaire au desir de ceux qui avoient puissance sur moy, lesquels ne trouvent jamais rien de bon, ny de bien fait, s'il n'est de large estendue, et comme on dit en proverbe, aussi grand que la Mer.

EPITHALAME

DE MONSEIGNEUR LE DUC DE JOYEUSE PAIR ET ADMIRAL DE FRANCE

Et Gouverneur de Normandie

Joyeuse, suy ton nom, qui joyeux te convie
A jouir doucement d'une joyeuse vie,
Puis que ta destinée a surmonté le sort
De Fortune, et conduit ta navire à bon port,
Qui maintenant des fleurs au havre est couronnée,
Portant dessus le mast le flambeau d'Hymenée (1).
Le jour que tu nasquis, d'artifice subtil
La Parque te trama les replis d'un beau fil,
Et t'en fit un present de ton bien desireuse,
Pour voir passer ta vie en toute chose heureuse.
   Car à peine la barbe a crespé ton menton
De la douce toison de son premier cotton,
Qu'armé de la vertu non vulgaire et commune,
Tu presses sous tes pieds l'Envie et la Fortune;
Des peuples bien-aimé, de ton prince cheri,
Des Muses et de Mars à l'égal favori;

---

1. Henri III donna au duc de Joyeuse sa belle-sœur Marguerite de Lorraine. Les noces eurent lieu le 24 septembre 1581.

Les Muses te chantant, et Mars dés ta jeunesse
Signalant ta valeur d'honneur et de prouesse.
 Je te voy, ce me semble, au milieu des tournois
Un Astre sur la teste, et au dos le harnois,
Accompagné d'Amour, envoyer jusqu'aux nues
Les tronçons esclatez de tes lances rompues.
 Je voy dessous l'acier de ton fort coutelas
Tomber et morions et pennaches à bas;
Je te voy foudroyant combatre à la barriere,
Et poudroyant le camp d'une viste carriere,
 Comme ces vieux guerriers aux armes bien appris
Donner dedans la bague, et t'honorer du pris;
Et sur tout en valeur paroistre sur la place.
 Puis le soir ensuivant, quand Vesper de sa face
Aura bruni le Ciel au poinct que le jour faut,
Je te voy preparer pour un plus doux assaut,
Non moins aspre au mestier de Cyprine la belle,
Que vaillant aux combats quand la guerre t'appelle.
 Je voy déja le soir des Amans attendu,
Je voy déjà le lict par les Graces tendu
Qui dansent à l'entour, et versent à mains pleines
Myrtes, Roses et Lis, Oeillets et Marjolaines.
Venus pour honorer ce soir tant desiré,
Dedans son char portée à deux Cygnes tiré
Fendra l'air pour venir, et sur la couverture
De ta couche nopcière estendra sa ceinture,
Afin que son Ceston d'union composé
Serre à jamais l'espouse avecques l'espousé.
 Les Amours t'éventant à petits branles d'ailes
T'allumeront le cœur de cent flames nouvelles;
Je les voy, ce me semble, un déja destacher
Ta robe, et doucement dans le lict te coucher,
Te parfumer d'odeurs, et de la mariée
L'autre qui la ceinture a déja desliée,
Luy verser dans les yeux mille Graces, à fin
Qu'une si sainte amour ne prenne jamais fin;
Mais d'âge en âge croisse, autant ferme enlacée
Que la Vigne tient l'Orme en ses plis embrassée.

La parole et le Jeu qui les Amans conjoint,
Les baisers colombins ne vous defaillent point ;
Que chaque membre face en si doux exercice,
Comme poussez d'amour, tout amoureux office ;
Et de votre bon-heur heureusement contens,
Cueillez sein contre sein les fleurs de vos Printemps.
Car l'âge le meilleur s'enfuit dés la jeunesse,
Et en sa place vient la mort et la vieillesse.
Je voy, ce semble, Hymen protecteur des humains,
Le brodequin és pieds, le flambeau dans les mains,
Hymen conservateur des noms et des familles,
Separer en deux rangs les garçons et les filles,
Et les faire chanter à l'entour de ton lit,
Esclairez de son feu qui ta nopce embellit.
  J'oy déja de leurs pas la cadence ordonnée,
J'oy toute la maison ne sonner qu'Hymenée,
Et le cornet à l'huis faire un bruit, pour n'ouir
Les cris, qui en pleurant la feront réjouir.
  La concorde à jamais en ta maison sejourne ;
Y sejourne la Foy, et que l'an ne retourne
Sans un petit Joyeux, qui ressemble à tous deux,
Pour faire pere et mere ensemble bien joyeux ;
Afin que ta vertu d'un tel Prince appuyée,
Et au sang des Lorrains d'un nœud ferme alliée,
Luise un nouveau Soleil, privant de sa clarté
Ceux qui seront jaloux de ta felicité.
                                  (1584.)

LES ELEGIES

ELEGIE I.

AU ROY HENRY III

Je ressemble, mon prince, au Prestre d'Appollon
Qui n'est jamais atteint du poignant aiguillon
Ou soit de Prophetie, ou soit de Poësie,
S'il ne sent de son Dieu son ame estre saisie.
Mais alors que Phebus, qui fait à son costé
Sonner l'arc et le luth, quitte le Ciel voûté,
Et vient voir ses autels, ses festes et son Temple,
Son Ministre soudain qui le voit et contemple
Et le reçoit en soy, effarouché d'horreur
Se trouble tout le sang d'une ardente fureur,
Et Prophete devient sous le Dieu qui le presse;
Puis son Dieu le laissant, sa fureur le delaisse,
Monstrant par tel accez que nostre humanité
N'est sinon le jouet de la Divinité,
Tantost plein, tantost vuide, autant que veut la grace
Du Ciel, qui courte en nous ou large en nous s'amasse.
Pour ce trois fois heureux ceux ausquels est permis
De voir les Dieux de près et se les rendre amis.
  Ainsi quand par fortune, ou quand par maladie
Je m'absente de vous, ma Muse est refroidie,
Parnasse et ses deux fronts me semblent des deserts

Et pour moy se tarit la fontaine des vers ;
Je me sens transformé, comme si le breuvage
De Circe avoit charmé ma voix et mon courage ;
Tant ma langue s'arreste à mon palais tout court.
   Mais lorsque je retourne au temple de la Court,
Et que je voy Henry, l'Apollon qui m'inspire,
Soudain je me descharme et ma langue veut dire
Les honneurs d'un tel Prince, et me sens r'enchanter
D'un nouvel enthousiasme, afin de mieux chanter
Vostre vertu qui regne au Monde sans égale,
Et tousjours vous chantant mourir vostre Cigale.
   C'est pourquoy je retourne à baiser vos genoux,
Pour réchaufer mon sang en m'approchant de vous,
Et aussi, mon grand Roy, pour oser satisfaire
A vos commandemens, s'il vous plaist de m'en faire.
Ne vous arrestez point à la vieille prison
Qui enferme mon corps, ny à mon poil grison,
A mon menton fleuri ; mon corps n'est que l'escorce,
Servez-vous de l'esprit, mon esprit est ma force.
Le corps doit bien tost rendre en un tombeau poudreux
Aux premiers elemens cela qu'il a pris d'eux ;
L'esprit vivra toujours qui vous doit faire vivre,
Au moins tant que vivront les plumes et le livre.
   Quand j'auray cet honneur soit de vous rencontrer
Sortant de vostre chambre, ou soit pour y entrer,
Je vous suppli de dire (et aussi je l'espere) :
« Celuy fut élevé par les mains de mon pere,
Par mes freres nourri, et de moy bien aimé ;
Il fut l'un des premiers qui de gloire allumé
Fit passer mon langage aux nations estranges,
Ornant ma race et moy d'honneurs et de louanges,
Et monstra le chemin encores non battu
A mes nobles François de suivre la vertu. »
   Ne faites point vers moy ainsi qu'un mauvais maistre
Fait envers son cheval, ne luy donnant que paistre,
Encor qu'il ait gaigné des batailles sous luy,
Lors que la maladie, ou le commun ennuy
D'un chacun, la vieillesse, accident sans ressource,

Refroidit ses jarrets et empesche sa course.
 Mais suivez Scipion qui bastit son Tombeau
Sur Carthage, et qui onq' ne fit rien de si beau
Qu'enterrer prés de soy pour honorer sa gloire,
Le bon pere Ennius chantre de sa victoire ;
Afin que vif et mort il eust à son costé
La Muse qui avoit à sa race apporté
Plus de Lauriers sacrez, que n'avoit son espée,
Au sang des ennemis tant de fois retrempée.
Car de vaincre Hannibal et pouvoir par ses mains
Destourner le bon-heur de Carthage aux Romains,
C'estoit un œuvre grand depandant de Fortune,
Qui se monstre à chacun également commune ;
Mais allonger son nom, et le rendre aimantin
Contre la faulx du Temps, dependoit du Destin,
Comme le vostre, Sire, ayant ce privilege,
D'estre aimé d'Apollon et de tout son college.

(1584.)

ELEGIE II

A PHILIPPE DES-PORTES

Chartrain

Nous devons à la Mort et nous et nos ouvrages ;
 Nous mourons les premiers, le long reply des âges
En roulant engloutit nos œuvres à la fin :
Ainsi le veut Nature et le puissant Destin.
 Dieu seul est eternel : de l'homme elementaire
Ne reste apres la mort ny veine ny artere ;
Qui pis est, il ne sent, il ne raisonne plus,
Locatif descharné d'un viel tombeau reclus.

C'est un extreme abus, une extreme folie
De croire que la Mort soit cause de la vie (1);
Ce sont poincts opposez autant que l'Occident
S'oppose à l'Orient, l'Ourse au Midy ardent.
    L'une est sans mouvement, et l'autre nous remue,
Qui la forme de l'ame en vigueur continue,
Nous fait ouïr et voir, juger, imaginer,
Discourir du présent, du futur deviner.
    Les morts ne sont heureux (2), d'autant que l'ame vive
Du mouvement principe en eux n'est plus active.
L'heur vient de la vertu, la vertu d'action ;
Le mort privé de faire est sans perfection.
L'heur de l'ame est de Dieu contempler la lumière :
La contemplation de la cause premiere
Est sa seule action : contemplant elle agist :
Mais au contemplement l'heur de l'homme ne gist.
    Il gist à l'œuvre seul, impossible à la cendre
De ceux que la Mort fait sous les ombres descendre,
C'est pourquoy de Pluton les champs deshabitez
N'ont polices ny loix ny villes ny citez.
Or l'ouvrage et l'ouvrier font un mesme voyage;
Leur chemin est la Mort. Athenes et Carthage,
Et Rome qui tenoit la hauteur des hauteurs,
Sont poudre maintenant comme leurs fondateurs.
Pour-ce les Grecs ont dit que glout de faim extreme,
Saturne devoroit ses propres enfans mesme.
Le general est ferme, et ne fait place au Temps,
Le particulier meurt presque au bout de cent ans.
    Chacun de son labeur doit en ce Monde attendre
L'usufruit seulement, que present il doit prendre
Sans se paistre d'attente (3) et d'une eternité,

    1. Contre les Pythagoriques, qui pensoient qu'après la mort nos âmes revenoient en autres corps, et mêmes ès-bêtes. (Ronsard.)
    2. C'est l'opinion d'Aristote, qui est fausse : car les morts qui meurent en Dieu sont heureux parfaitement. (R.)
    3. Contre les poetes qui ne promettent autre chose à eux-mesmes et aux autres par leurs vers, que l'éternité. (R.)

ELEGIE II.

Qui n'est rien que fumée et pure vanité.
  Homere, qui servit aux neuf Muses de guide,
S'il voyoit aujourd'huy son vaillant Eacide,
Ne le cognoistroit plus, ny le docte Maron
Son Phrygien Enee. Ainsi le froid giron
De la tombe assoupit tous les sens de nature
Qui sont deubs à la terre et à la pourriture.
  Nous semblons aux Taureaux, qui de coutres trenchans
A col morne et fumeux vont labourant les champs,
Sillonnant par rayons une germeuse plaine,
Et toutesfois pour eux inutile est leur peine :
Ils ne mangent le bled qu'ils ont ensemencé,
Mais quelque vieille paille, ou du foin enroncé.
  Le Belier, Colonnel de sa laineuse troupe,
L'eschine de toison pour les autres se houpe,
Car le drap, bien que sien, ne l'habille pourtant :
L'homme ingrat envers luy au dos le va portant
Sans luy en sçavoir gré. Ainsi nostre escriture
Ne nous profite rien : c'est la race future
Qui seule en joüit toute, et qui juge à loisir,
Les ouvrages d'autruy, et s'en donne plaisir,
Rendant comme il luy plaist nostre peine estimée.
Quant à moy, j'aime mieux trente ans de renommée,
Jouissant du Soleil, que mille ans de renom
Lors que la fosse creuse enfoüira mon nom
Et lors que nostre forme en une autre se change.
L'homme qui ne sent plus, n'a besoin de loüange.
  Il est vrai que l'honneur est le plus grand de tous
Les biens exterieurs qui sont propres à nous,
Qui vivons et sentons : les morts n'en ont que faire.
Toutes fois le bien faire est chose necessaire,
Qui profite aux vivans, et plaist aux heritiers.
  Les fils, de leurs ayeux racontent volontiers
Les magnanimes faits : la loüange illustrée
D'un acte vertueux ne fut jamais frustrée
De son digne loyer, soit futur ou present.
  Le Ciel ne donne à l'homme un plus riche present
Que l'ardeur des vertus, les aimer et les suivre,

Un renom excellent, bien mourir et bien vivre.
 Des-Portes, qu'Aristote amuse tout le jour,
Qui honores ta Dure, et les champs qu'a l'entour
Chartres voit de son mont, et panché les regarde,
Je te donne ces vers, à fin de prendre garde
De ne tuer ton corps, desireux d'acquerir
Un renom journalier qui doit bientost mourir :
Mais happe le present d'un cœur plein d'allegresse,
Ce-pendant que le Prince, Amour, et la jeunesse
T'en donnent le loisir, sans croire au lendemain.
Le futur est douteux, le present est certain.

ELEGIE III

L'autre jour que j'etois assis auprés de vous
Prisonnier de vos yeux si cruels et si dous,
Dont Amour fit le trait qui me rend fantastique ;
Vous demandiez pourquoy j'estois melancolique,
Et que toutes les fois que me verriez ainsi,
Vouliez sçavoir le mal qui causoit mon souci.
 Or afin qu'une fois pour toutes je vous die
La seule occasion de telle maladie,
Lisez ces vers, Madame, et vous verrez comment,
Et pourquoy je me deuls d'Amour incessamment.
 Quand je suis prés de vous, en vous voyant si belle,
Et vos cheveux frisez d'une crespe cautelle,
Qui vous servent d'un reth, où vous pourriez lier
Seulement d'un filet un Scythe le plus fier,
Et voyant vostre front et vostre œil qui ressemble
Un Ciel bien allumé des estoiles ensemble,
Et voyant vostre teint où les plus belles fleurs
Perdroient le plus naïf de leurs vives couleurs,
Et voyant vostre ris, et vostre belle bouche
Qu'amour tant seulement de ses deux levres touche,

ELEGIE III.

Bref, voyant vostre port, vostre grace et beauté,
Vostre fiere douceur, vostre humble cruauté,
Et voyant d'autre part que je ne puis attaindre
A vos perfections, j'ay cause de me plaindre,
D'estre melancolique, et porter sur le front
Les maux que vos beaux yeux si doucement me font.

   J'ay peur que vostre amour par le temps ne s'efface,
Je doute qu'un plus grand ne gaigne vostre grace,
J'ay peur que quelque Dieu ne vous emporte aux Cieux;
Je suis jaloux de moy, de mon cœur, de mes yeux,
De mes pas, de mon ombre, et mon ame est esprise
De frayeur si quelqu'un avecques vous devise.

   Je ressemble aux serpens qui gardent les vergers
Où sont les Pommes d'or; si quelques passagers
Approchent du jardin, ces serpens les bannissent,
Bien que d'un si beau fruit eux-mesmes ne joüissent.

   Puis quand je suis contraint d'avecq vous me partir,
Je sens hors de vos yeux une vapeur sortir
Qui entre dans les miens, dont soudain est saisie
Ma raison qui se laisse aller par fantaisie.

   Alors sans nulle tréve, à toute heure, en tous lieux
Vostre belle effigie erre devant mes yeux,
Qui le sang et le cœur et l'ame me tourmente
Du desir de revoir vostre personne absente.
Mon esprit qui se fait du meilleur de mon sang,
Se desrobe de moy, me laisse froid et blanc,
Et quittant sa maison dedans vos yeux sejourne.

   Quelquefois au logis desloyal il retourne,
Pour emmener mon cœur avecq' luy pour vous voir.
Mon ame court aprés à fin de le r'avoir,
Mais elle pour-neant dresse son entreprise;
Car ainsi que le cœur à la fin elle est prise
En un lieu si plaisant, qu'elle perd souvenir,
Ainsy que fait le cœur, de plus s'en revenir.
Que je hay mon penser, qui fol prend hardiesse
De s'en aller tout seul parler à ma Maistresse!
Je l'aime et si le hay; je l'aime pour-autant

Qu'il va fidelement mes peines racontant :
Je le hay pour raison que jamais ne m'appelle
Quand il s'en fuit de moy et va parler à elle.
Las ! que n'est tout mon corps en pensers transformé ?
La voyant nuict et jour je seroy mieux aimé.
 Je ressemble à celuy qui trop avare enserre
Son plus riche thresor au plus creux de la terre ;
Il a beau s'en aller en pays estranger,
De terres et de mers et de villes changer,
L'avarice jamais de son col ne détache :
Car son cœur est tousjours où son thresor se cache.
Ainsy je pense en vous, mon thresor, et ne puis
Vivre si par penser dedans vous je ne suis.
 Quand Phebus au matin vient esclairer au Monde,
Tirant dehors la mer sa belle tresse blonde,
Deux hostes differents, l'esperance et la peur,
Comme mes ennemis se logent dans mon cœur :
L'une me veut mener au lieu de mon martyre,
Me presse de la suivre, et l'autre m'en retire.
Je sens par leur discord deux effets dedans moy,
Maintenant le plaisir, et maintenant l'esmoy.
En si divers combats tous les jours je travaille,
Et si ne puis gaigner ni perdre la bataille.
 Puis quand la Lune au soir avecq' ses noirs chevaux
Va r'appellant la nuit, elle appelle mes maux ;
Le sommeil fuit mes yeux, et la nuict, qui appaise
Le soucy des humains, ne vient point pour mon aise.
Je ne fay dans le lict que virer et tourner,
Je ne puis un moment d'un costé sejourner
Sans me tourner sur l'autre, et d'une ardante espince
Amour toute la nuict m'égratigne et me pince.
 Si ce Dieu me permet un moment sommeiller,
Incontinent en songe il me vient travailler,
Et frayeur sur frayeur dedans mon cœur assemble.
 Tantost je vous tiens prise, et tantost il me semble
Que vous fuyez ainsy qu'en mer fuit un vaisseau

ELEGIE III.

Et qu'en courant après je m'abysme sous l'eau (a),
Ou comme fait un Cerf au travers d'un bocage
Quand il traine à ses flancs une beste sauvage (b).
Tantost il vous transforme en tigre ou en lion,
Ou fait dedans mes yeux voler un million
De figures, hélas ! qui me tiennent en crainte,
Et qui font toute nuict la cause de ma plainte.
  Or comme le Printemps porte tousjours les fleurs,
L'Esté de sa nature ameine les chaleurs,
Autonne les raisins, et l'Hyver la froidure,
Ainsi Amour cruel apporte de nature
Dans le cœur de l'amant le soin et la douleur,
La tristesse, l'ennuy, les pleurs et le malheur,
La crainte, le soupçon, les soucis et la peine,
Passions dont mon ame est pour vous toute pleine.
  Puis donc vous demandez, me voyant amoureux,
La cause qui me fait si triste et langoureux !
  Si de vostre costé vous aviez apperceue
La moindre affection que pour vous j'ai receue,
Et si vous, qui m'avez de flammes tout esmeu,
Aviez senti l'ardeur qui vient de vostre feu,
Me jugeant par vous mesme, auriez la cognoissance
De mon propre malheur par vostre experience ;
Seriez melancolique, et cognoistriez combien
Amour donne de maux pour l'attente d'un rien.

(1564.)

a. Var. :

Que vous fuyez de moy, ainsi que bien souvent
S'enfuit une fumée à l'arriver du vent.

b. Var. :

Ainsi loin de mes bras s'escarte vostre image.

ELEGIE IV

DISCOURS AMOUREUX DE GENEVRE (¹)

Genèvre, je te prie, escouste par pitié
Comment je fus surpris de ta douce amitié.
Ainsi le cours des ans ta beauté ne fanisse
Ains maistresse du temps contre l'age fleurisse (a).
 Sur la fin de Juillet que le chaud violant
Rendoit de toutes parts le Ciel estincelant,
Un soir à mon malheur je me baignoy dans Seine,
Où je te vy danser sur la rive prochaine
Foulant du pied le sable, et remplissant d'amour
Et de ta douce voix les rives d'alentour.
 Tout nud je me vins mettre avec ta compagnie,
Où dansant je bruslai d'une ardeur infinie,
Voyant sous la clarté brunette du Croissant,
Ton œil brun à l'envi de l'autre apparoissant.
 Là je baisay ta main pour premiere accointance,
Autrement de ton nom je n'avois cognoissance ;

---

1 Cette charmante élégie avoit, dit-on, pour objet la femme de Blaise Vigenere ; en effet on retrouve dans le nom de Genèvre l'anagramme de Vigenere.

a. Dès 1567 le 3ᵉ et le 4ᵉ vers avoient été ainsi modifiés :

Ainsi le cours des ans ta grâce ne fanisse,
Ains tousjours en beauté contre l'age fleurisse.

En 1578 les 4 vers furent changés :

Genevre, je te prie, escoute ce discours
Qui commence et finit nos premieres amours :
Souvent le souvenir de la chose passée,
Quand on la renouvelle, est doux à la pensée.

ELEGIE IV.

Puis d'un agile bond je m'eslançai dans l'eau,
Pensant qu'elle esteindroit mon premier feu nouveau.
Il advint autrement ; car au milieu des ondes
Je me sentis lié de tes deux tresses blondes,
Et le feu de tes yeux qui les eaux penetra,
Maugré la froide humeur dedans mon cœur entra.
Dés le premier assaut je perdi l'asseurance ;
Je m'en allay coucher sans aucune esperance
De jamais te revoir pour te donner ma foy,
Car si ne cognoissant ny ta maison ny toy,
Je ne te cognoissois pour la belle Genevre
Qui m'a bruslé le cœur d'une amoureuse fiévre ;
Aussi de ton costé tu ne me cognoissois
Pour Ronsard l'ornement du langage François (*a*).

 Si tost que j'eu pressé les plumes ocieuses
De mon lict paresseux, les peines curieuses
Qu'Amour dessus sa lime aiguise sourdement,
Vindrent dedans mon cœur loger soudainement (*b*).
Avecques le desir de te pouvoir cognoistre,
Et de faire à tes yeux ma douleur apparoistre.

 Aussi tost que l'Aurore eut appelé des eaux
Le beau Soleil tiré de ses quatre chevaux (*c*)
Je saute hors du lict, et seul je me promeine
Loin des gens sur le bord, devisant de ma peine.
Quelle fureur me tient ? et quel nouveau penser
Me fait douteusement ma raison balancer ?
Où est la fermeté de mon premier courage ?
Et quoy, veux-je r'entrer en un nouveau servage ?

 a. Var. .

Pour Ronsard dont le nom a cours par les François.

 b. Var. :

Qu'Amour pour me livrer aiguise sur sa queux
Vindrent dedans mon cœur allumer mille feux.

 c. Var. :

Le Soleil souffle-jour du nez de ses chevaux.

Veux-je que tout mon âge aille au plaisir d'Amour?
Que me sert d'être franc des liens qu'à l'entour
De mon col je portois, quand Marie et Cassandre
Dedans leurs beaux filets me sceurent si bien prendre (*a*),
Si maintenant plus meur, plus froid et plus grison,
Je ne me puis aider de ma sotte raison ?
Et s'il faut qu'à tous coups, comme insensé, je soye
De ce petit Amour et la butte et la proye ?

   Non, il faut resister ce-pendant que l'erreur
Ne fait que commencer, de peur que la fureur
Par le temps ne me gagne, et dedans ma poitrine
Pour eternel séjour le mal ne s'enracine.

   Ainsi tout Philosophe et de raison tout plein,
Comme si Amour fut quelque chose de sain,
Ferme je m'asseurois que jamais autre femme
N'allumeroit mon cœur d'une nouvelle flame.

   Avecq tels beaux discours au logis je revins,
Où plus fort que jamais amoureux je devins.

   Car si tost que Vesper la brunette courrière
De la lune eut poussé dans les eaux sa lumière,
Prenant avecques moy pour compaignon Belleau,
Comme le soir passé je retournay sur l'eau.

   Ce Belleau, qui se sied des premiers sur Parnasse,
Desjà sentait le trait de ta gentille face ;
Ton œil l'avoit blessé, et me celoit ton nom,
Car Amour ne veut point avoir de compaignon.

   Ainsi que je passois, je t'avise à ta porte (*b*),
Et là le petit Dieu qui pour ses armes porte
La fleche et le carquois, si grand coup me donna,
Que ma pauvre raison soudain m'abandonna ;
Puis me navrant le cœur, en signe de conqueste
De ses pieds outrageux me vint fouler la teste,

   a. Var. :

Aux rets de leurs cheveux captif me sçeurent prendre.

   b. Var. :

Repassant vers le soir, je t'avise à ta porte.

ELEGIE IV. 227

Il me lia les mains, et ma voix deslia,
Qui pour avoir merci de tels mots te pria :
  Madame, si l'œil peut juger par le visage
L'affection cachée au dedans du courage,
Certes je puis juger en voyant ta beauté,
Que ton cœur n'est en rien taché de cruauté.
  Aussi Dieu ne fait point une femme si belle,
Pour estre contre Amour de nature rebelle.
Cela me fait hardi de m'adresser à toy,
Puis que tant de douceur en ta face je voy.
  Or ainsi que Telephe alla devant la ville
De Troye, pour prier le valeureux Achille
De luy guarir sa plaie ; à toy je viens ici
Las ! pour guarir la mienne, et pour trouver merci.
  Harsoir en se joüant l'enfant de Cytherée
Faisant de tes beaux yeux une fleche acerée
Et m'ouvrant l'estomac, tout le cœur m'a percé,
Et tu ne sçais, helas! m'avoir ainsi blessé.
  Ceste fleche mortelle est au cœur arrestée,
Elle tient aux poumons d'une poincte dentée,
Je ne la puis avoir, tant mon sang espandu
M'a laissé de raison et de sens esperdu.
Tout ainsi qu'un veneur desireux de la chasse,
Qui de maints coups de traits mainte biche pourchasse,
De cent il en blesse une et si ne le sçait pas,
Elle emporte la fleche, et hastant son trespas
S'enfuit par les rochers vagabonde et blessée,
Pour sa playe guarir chercher la Panacée.
  Tu es ma Panacée, à toy je viens ici
Pour guarir de ma playe, et pour avoir merci.
  Ce n'est le naturel d'une Dame bien-née
De vivre contre Amour fierement obstinée :
Aux lions, aux serpens qui sont pleins de venin
Convient la cruauté, non au cœur feminin,
Qui tant plus est benin, et tant plus, ce me semble,
Aux Dieux qui sont benins de nature ressemble.
Tu n'auras grand honneur de me laisser mourir ;
Il vaut mieux doucement ma langueur secourir

Et me prendre chez-toi pour serviteur fidelle,
Que me tuer ainsi d'une playe cruelle.
　　A peine avoy-je dit, quand d'un soupir profond
(Enfant de l'estomac où les desirs se font)
Brévement tu respons que je perdois ma peine,
Que j'escrivois sur l'eau, et semois dans l'areine,
Et qu'une mort avoit enterré ton flambeau,
Et que tous tes desirs estoient sous le tombeau.
T'oyant ainsi parler, confus je m'en retourne,
Où, pleurant, quatre jours au logis je sejourne.
Le cinquiesme d'après, de fureur transporté,
Je retourne pour voir l'appast de ta beauté.
　　Il ne faut, ce disoy-je, ainsi vaincu se rendre :
Tant plus un chasteaufort est difficile à prendre,
Plus apporte d'honneur à celui qui le prend ;
Car jamais la vertu sans combat ne se rend.
　　Or, en parlant à toy de cent choses diverses,
Nous esgarant tous deux d'amoureuses traverses,
A la fin privément tu t'enquis de mon nom,
Et si j'avois aimé d'autres femmes ou non.
　　Je suis, dis-je, Ronsard, et cela te suffise ;
Ce Ronsard que la France honore, chante et prise,
Des Muses le mignon, et de qui les escrits
N'ont crainte de se veoir par les ages surpris ! (*a*)
　　Alors que tout le sang me bouilloit de jeunesse,
Je fis aux bords de Loire une jeune Maitresse,
Cassandre étoit son nom, dont ce grand univers
A conneu la beauté fameuse par mes vers. (*b*)

　　a. Var. :

Qui ma belle science ay des Muses apprise,
Bien cognu d'Helicon, dont l'ardant aiguillon
Me fit danser au bal que conduit Apollon.

　　b. Var. :

Que ma muse en fureur sa Cassandre appeloit,
A qui mesme Venus sa beauté n'égaloit.

ELEGIE IV.

Je m'espris en Anjou d'une belle Marie
Que j'aimay plus que moy, que mon cœur, que ma vie.
Son pays le sçait bien, où cent mille chansons
Je composay pour elle en cent mille façons.
    Mais (ô cruel Destin !) pour ma trop longue absence
D'un autre serviteur elle a fait accointance,
Et je suis resté veuf sans prendre autre parti
Dès l'heure que mon cœur du sien s'est départi.
    Maintenant je poursuis toute amour vagabonde,
Ores j'aime la noire, ores j'aime la blonde,
Et sans amour certaine en mon cœur esprouver,
Je cherche ma fortune où je la puis trouver
S'il te plaisoit m'aimer, par tes yeux je te jure
Que d'une autre amitié jamais je n'aurois cure.
    Mais dy-moy, je te pri', si l'Archerot vainqueur
Des hommes et des Dieux, t'a point blessé le cœur?
Et si le traict poignant qu'en notre sang il moüille
Se vid jamais sanglant de ta belle despoüille?
    Lors tu fis un souspir, et tes beaux yeux souillant
De larmes, et ton sein goute à goute mouillant,
Tu me respons ainsi : Il n'y a que les marbres,
Les piliers, les cailloux, les rochers et les arbres
Privez de sentiment, qui se puissent garder
D'aimer quand un bel œil les daigne regarder.
    Nous qui sommes vestus d'affections humaines,
De muscles et de nerfs, de tendons et de veines,
Qui avons jugement, et qui point ne portons
Un roc en lieu d'un cœur, qui vivons et sentons,
Il est bien mal-aisé de ne sentir la flame
Que le gentil Amour nous verse dedans l'ame.
Quant à moy, je confesse avoir senti combien
Ce petit Archerot fait de mal et de bien.
S'il te plaist de l'oüir, je m'en vay te le dire,
Et ne faut s'esbahir si mon cœur en souspire :
Il me plaist bien encor mon deuil te descouvrir,
Bien que d'un si beau mal je ne vueille guarir.
    Six ans sont ja passés qu'Amour conceut envie
Dessus la liberté nourrice de ma vie,

Et pour me rendre serve à luy, qui peut oster
Le feu le plus ardant des mains de Jupiter,
Me desroba le cœur et me fit amoureuse
D'un amant dont j'estois contente et bien-heureuse,
Lequel j'avois choisi si sage et si parfait,
Qu'à la belle Cyprine il eust bien satisfait.
Il aimoit la vertu, il abhorroit le vice,
Il aimoit tout honneste et gentil exercice;
Il joüoit à la paume, il balloit, il chantoit,
Et le luth doucement de ses doigts retentoit;
Il sçavoit la vertu des herbes et des plantes,
Il cognoissoit du Ciel les sept flames errantes,
Leurs tours et leurs retours, leur soir et leur matin,
Et de là predisoit aux hommes le destin.
Il étoit jeune et beau, d'un parler accointable,
De taille belle et droite et d'un œil amiable (*a*);
Et quand en lui le Ciel n'eust poussé mon desir,
Encor pour sa vertu le devois-je choisir.
Durant cinq ans entiers nous avons prins ensemble
Les plaisirs que jeunesse en deux amans assemble,
Et ne se peut trouver ny jeu ny passetemps,
Dont amour n'ait rendu nos jeunes ans contents.

 Venus ne garde point tant de douces blandices,
Tant de baisers mignards, tant d'amoureux delices,
En ses vergers de Cypre à Mars son cher amy,
Soit veillant en ses bras, soit au lict endormy,
Que mon amant et moy, esbatant nos jeunesses,
Avons pris de plaisirs, d'esbats et de liesses.
Seul il estoit mon cœur, seule j'estois le sien;
Seul il estoit mon tout, seule j'estois son bien.
Seul mon ame il estoit, seule j'estois la sienne,
Et d'autre volonté il n'avoit que la mienne.

 Or, sans avoir debat en esbats si plaisans,
Nous avions ja passé l'espace de six ans,

---

 a. Var. :

De Nature la grace en tout il avoit eue,
L'eloquence en la bouche et l'amour en la veue.

ELEGIE IV.

Quand la cruelle Mort ingrate et odieuse
Fut (malice du Ciel) sur nostre aise envieuse.
 Ceste cruelle Mort franche d'affection,
Qui jamais ne logea pitié ny passion,
Qui n'a ny sang, ny cœur, ny aureille, ny veue,
Dure comme un rocher que la marine esmeue
Bat au bord Caspien, me blessa de sa faulx
Plus que le trait d'Amour qui commença mes maux,
Me rendant, comme fiere, execrable et inique,
(Je meurs en y pensant!) mon amant hydropique.
De jour en jour coulant sa force s'escouloit;
Sa premiere beauté sans grace s'en-alloit
Comme une jeune fleur sur la branche seichée,
Ou la neige d'hyver du premier chaud touchée,
Que le chaud incertain distile peu à peu,
Ou comme fait la cire à la chaleur du feu.
 Helas qu'eussé-je fait! si ceste Parque fiere,
Qui ne se peut fléchir par humaine priere
M'eust voulu pour victime, et si en m'assommant,
Elle eust voulu sauver la vie a mon amant,
Je me fusse estimée une vraye amoureuse
D'acheter par ma mort une ame si heureuse!
Mais ceste vieille sourde, ingrate à mon desir,
Ne le voulut jamais, ainçois tout à loisir,
Pour plus me martyrer et me rendre abusée,
De jour en jour tirer le fil de sa fusée.
Je n'eusse pas souffert qu'on se fust approché
Du misérable lict où il estoit couché,
Ou que sa propre sœur d'un naturel office
Luy eust touché la main ou luy eust faict service;
Seule je le pansois sans secours d'estranger,
Car sans plus de ma main vouloit boire et manger.
 Ainsi de tristes pleurs la face ayant mouillée
(Ny de nuict ny de jour sans estre despouillée)
J'estois prés de son lict pour lui donner confort,
Et pour voir si l'Amour pourroit vaincre la Mort.
Or, le jour qu'Atropos, qui nos toiles entame,
Avoit tout devidé les filets de sa trame,

Me voyant souspirer, gemir et tourmenter,
Me tordre les cheveux, crier et lamenter,
Debile renforça sa voix à demy morte,
Et me tournant les yeux me dit en telle sorte :
   Mon cœur, ma chere vie, appaise tes douleurs,
Je me deuls de ton mal, et non de quoy je meurs,
Car je meurs bien contant, puis que mourant je laisse
Mon ame entre les bras de si chere Maistresse.
Je m'en-vois bien-heureux aux rives d'Acheron,
Heureux, puis qu'en mourant je meurs en ton giron,
Ma lévre sur la tienne, et tenant embrassée
La dame que la mort n'oste de ma pensée.
Seulement je me plains et lamente de quoy
Mourant entre tes bras tu lamentes pour moy.
   Appaise ta douleur, Maistresse, je te prie ;
Appaise-toy, mon cœur, appaise-toy, ma vie.
Si en mourant on doit sa Dame supplier,
Par tes cheveux dorez qui me peurent lier,
Je te prie et supplie, et par ta belle bouche,
Et par ta belle main qui jusqu'au cœur me touche,
Qu'encore apres ma mort tu me vueilles aimer,
Et dedans mon tombeau ton amour enfermer.
   Ou bien, si ta jeunesse encore fraische et tendre
Veut après mon trespas nouveau serviteur prendre,
Au moins je te suppli' de vouloir bien choisir,
Et jamais en un sot ne mettre ton desir,
Afin qu'un jeune fat à mon bien ne succede,
Ains un amy gaillard en mon lieu te possede.
Que je serois marri si aux Enfers là bas
Quelqu'un me venoit dire apres ce mien trépas,
Celle qui fut là haut ton cœur et ta pensée,
Qu'avec si grand travail tu as si bien dressée,
Aime un sot maintenant ! ce despit me seroit
Plus grief que tous les maux que Pluton me feroit.
   Or, Adieu, je m'en-vois aux rives amoureuses,
Compagnon du troupeau des ames bien-heureuses,
Dessous la grand' forest des myrtes ombrageux,
Que l'orage cruel ny les vents outrageux

ELEGIE IV.

N'effueillerent jamais, où sans cesse souspire,
Par les vermeilles fleurs le gracieux Zephyre.
Là portant sur le chef des roses en tout temps,
Et dedans mon giron les moissons du Printemps,
Couché sous le bocage à la fraicheur de l'ombre,
J'iray pour augmenter des Amoureux le nombre ;
Comme bien asseuré que les gentils esprits
Qui jadis ont aimé ne m'auront à mespris ;
Pres d'eux me feront place, et si pense, Madame,
Qu'ils n'auront point là bas une plus gentille ame.
 Mais las ! puisque mon corps qui t'a si bien aimé,
Sera tantost sans forme en poudre consumé,
Pour souvenance au-moins garde bien ma peinture
Où sont tirez au vif les traits de ma figure ;
La voyant, tu pourras de moy te souvenir,
Et souvent pres ton sein cherement la tenir.
 Et luy diras : Peinture, ombre de ce visage
Qui mort et consumé encores me soulage,
Que tu m'es douce et chere, ayant perdu l'espoir,
Si ce n'est par la mort, de jamais te revoir !
O beau visage feint, feinte teste, qui portes
Encor les aiguillons et les flamesches mortes
De ma premiere ardeur, ton faux m'est gracieux,
Et seulement de toy se contentent mes yeux.
 Ainsi tu parleras, ayant quelque memoire
De moy qui vay loger dans une fosse noire,
Et qui rien au tombeau n'emporte avecques moy
Sinon le souvenir que j'emporte de toy.
 Tels ou semblables mots d'une bouche mourante
Me disoit mon ami ; et moy, toute pleurante,
D'un cœur triste et serré rebaisant mille fois
Sa jeune face aimée, ainsi luy respondois :
 Mon tout, je ne verray si tost finir ta vie,
Que ta vie ne soit de la mienne suivie.
Soit qu'elle aille aux Enfers, soit qu'elle aille là haut,
Mourant je la suivray ; car certes il ne faut
Que la fascheuse Mort en un jour des-assemble
Deux corps qui ont vescu si longuement ensemble

En parfaite concorde et en parfaite amour.
    Il faut que nous mourions tous deux en mesme jour,
Et qu'ensemble courions une mesme avanture,
Et que soyons couverts de mesme sepulture.
Si tost que ta chaleur en froideur se mu'ra,
L'excessive douleur au dedans me tu'ra ;
Ou bien s'elle ne peut, d'un cousteau tout sur l'heure
Je perceray mon cœur à celle fin qu'il meure.
Et par un mesme coup aux Ombres s'en-iront
L'esprit et la douleur qui mon cœur desli'ront ;
Afin qu'apres ta mort morte je puisse suivre
Toy qui m'as fait mourir et toy qui m'as fait vivre.
    Ce-pendant de ma bouche errante j'engardois
Que l'ame ne sortist de la sienne, et tardois
L'esprit qui bouillonnoit sur la lèvre au passage,
Sur son palle visage appuyant mon visage,
Pressant d'un long baiser sa bouche, à celle fin
Que par un doux baiser j'allongeasse sa fin.
    Luy, tirant un souspir, tout lentement s'encline,
Et me laisse tomber son front sur ma poitrine,
Laissant pendre ses bras, puis il me dit ainsi :
Mon sang, mon cœur, mes yeux, ma bouche, et mon souci,
Tu ne dois desloger de ceste vie humaine
Sans le congé de Dieu ; pource demeure saine,
Vivante apres ma mort, et de ce mortel lieu
Ne bouge, je te pri', sans le vouloir de Dieu.
    Je descen le premier où le Destin m'envoye
Te preparer là bas et la place et la voye ;
Et si apres la mort il reste rien de nous,
Je jure par tes yeux qui me furent si dous,
Que l'oubli ne perdra la chere souvenance
Que j'ay de ton amour, et tousjours ma semblance
En tous temps, en tous lieux, à toy viendra parler,
Et viendra sans frayeur ton esprit consoler ;
Et si je ne reviens fantosme veritable,
Tu croiras que l'Enfer n'est sinon qu'une fable.
Helas, il ne l'est pas, et pource toute nuict
En dormant je seray compagnon de ton lict :

Et de jour en suivant ton corps en toute place,
Comme un petit oiseau j'iray devant ta face,
Je voleray sur toy, te contant les esbas,
Les jeux et les plaisirs que je prendray là bas,
Si j'en reçoy quelcun ; mais je ne sçaurois croire
Qu'on prenne grand plaisir sous la terre si noire.
 Finissant ces propos il devient froid et blanc,
Vomissant de sa bouche un grand ruisseau de sang.
Voilà, dit-il, ma vie en sa fin consumée,
Qui t'a depuis six ans si cherement aimée ;
Pren-la, je te la donne. A peine il acheva
Que son ame amoureuse ainsi que vent s'en-va ;
Puis tout pasle et tout froid sur mon giron s'abaisse,
Et pour son corps aimé son idole me laisse (*a*).
 Qui pourroit raconter l'ennuy que je receu,
Quand dessur mon giron tout froid je l'apperceu !
Mes sanglots au partir ne peurent trouver place,
J'arrachay mes cheveux, j'esgratignay ma face,
Je baignay de mes pleurs son visage et son sein,
Nommant tousjours son nom et l'appellant en vain.
Apres avoir pressé de mes doigts ses paupieres
Et dit dessus son chef les paroles dernieres,
Ayant le cœur vaincu de regret et d'ennuy,
Souspirant aigrement je me pasmay sur luy.
 Cependant ses parents qui trespassé le virent,
Le tirerent du lict et nud l'ensevelirent,
Fors le chef seulement, qui sans estre caché,
Dessus un aureiller fut longuement couché.
Lors les parens du mort de la chambre m'osterent,
Et comme un tronc de bois sur un lict me porterent.
 Mais si tost que je sçeu que le corps estoit seul,
Je retourne en la chambre embrasser le linceul,
Et voyant, ô douleur ! sa face descouverte,
De cent mille cousteaux mon ame fut ouverte.

 a. Var. (1584) :

Il tombe en mon giron sans pouls et sans parole,
Et pour son corps aimé ne resta que l'idole.

ELEGIE IV.

    O, disois je, l'honneur des constants amoureux
Qui es mort et qui vis entre les bien-heureux,
Si nous avons souffert ensemble la tristesse,
Que n'ai-je avecques toy ma part en ta liesse (a)!
Helas! apres ta mort nostre sort n'est égal,
Tout seul tu as le bien et seule j'ay le mal,
Tu es franc de souci et je suis en misere,
Ton ame est déliée, et je vis prisonniere
De peine et de souci et de regret, de quoy
Je tarde si long temps sans aller apres toy.
    O beaux yeux où Venus tenoit sa torche ardante!
O beau front où d'Amour la trousse estoit pendante!
O cheveux, mes liens, mes filets et mes nœuds!
O bouche, le séjour des devis amoureux (b)!
O main qui si long temps m'as prise et retenue!
O grace qui du Ciel estois ici venue!
Las vous n'estes plus rien! et tantost vous estiez
Le soustien de ma vie et me reconfortiez :
Car de vous seulement pendoit mon asseurance,
Et vous perdant, hélas! je pers toute esperance.
    Las! avant que partir parle encores à moy,
Desrobe du sommeil tes paupieres, et moy
En quelle passion tu m'as icy laissée,
Qui meurs de cent trespas pour n'estre trespassée.
    Or Adieu, cher ami, d'un eternel Adieu,
Pren de moy ce baiser, et le garde au milieu
Des ondes d'Acheron, et maugré Proserpine
Que tousjours son haleine eschaufe ta poitrine.
    Je n'avois achevé qu'il fut mis au cercueil.

    a. Var. (1584):

Si vifs nous partissions ensemble nos molestes,
Pourquoy n'auray-je part en tes joyes celestes?

    b. Var. (1584):

Et d'où sortoient de feu tant de rais si espés!
O bouche dont les mots m'estoient autant de rets!

Les torches qui flamboient et la pompe du deuil
L'attendoient en la rue, où quatre le porterent
Et mon riche tresor sous la terre bouterent (a).
   Je le suivi de loing tant que peurent mes yeux,
Nommant la Mort cruelle et les astres des Cieux,
Astres fiers et cruels qui m'avoient condamnée
Si malheureusement avant que d'estre née,
A me ronger le cœur sans terme ny sejour,
Pour estre trop fidelle aux embusches d'Amour.
   Or ma douleur n'est point par le temps divertie,
Et neuf mois sont passez que je n'estois sortie
Du logis pour chercher quelque plaisir nouveau,
Sinon hier au soir que tu me vis sur l'eau;
Car je ne veux trouver Medecin secourable,
Cherissant mon ennuy comme chose incurable.
   Ainsi toute pasmée et grosse de douleur,
Tu me fis par l'aureille entendre ton malheur,
Quand je te respondis : Il n'est roche si dure
Qui molle ne pleurast d'une telle avanture,
Et tout ce que l'Afrique allaite plein d'orgueil
Aurait la face triste et les larmes à l'œil.
J'ay le corps tout debile et l'ame toute molle,
Qui me bat la poitrine au son de ta parolle.
J'ay les sens esblouïs, j'ay le cœur esperdu
D'amour et de pitié de t'avoir entendu
Aimer l'ombre d'un mort; car c'est chose bien rare
De voir une amitié que la mort ne separe (b).
   Toutefois à ton mal il faut trouver confort,
Il faut prendre un vivant en la place d'un mort.
Le mort est inutile à te faire service,
Le vivant pour aimer est duisant et propice,

a. Var. (1584) :

L'attendoient en la ruë, où couché dans sa biere
On le mena passer l'infernale riviere.

b. Var. :

De voir amitié telle en un temps si barbare.

ELEGIE IV.

Qui sent, qui oit, qui voit, et qui peut discourir,
Et qui peut comme l'autre en te servant mourir;
Car un homme n'auroit ny cœur ny sang ny ame
S'il ne vouloit mourir pour si gentille Dame.
Tu es encore jeune en la fleur de tes ans;
Use donc de l'amour et de ses dons plaisans,
Et ne souffre qu'en vain l'Auril de ta jeunesse
Au milieu de son cours se ride de vieillesse.
  Nos ans sans retourner s'en-volent comme un trait,
Et ne nous laissent rien sinon que le regret
Qui nous ronge le cœur de n'avoir osé prendre
Les jeux et les plaisirs de la jeunesse tendre,
Quand le temps le permet. Car ce n'est pas raison
Par un fol jugement de trahir la saison
Que le gentil amour nous donne de sa grace (*a*),
Et pource en ton amour donne-moy quelque place.
Quand celuy qui là bas durement est couché,
Entendra nos amours, il n'en sera fasché;
Car s'il faisoit au monde encor' sa demeurance,
Il me feroit peut-estre honneur et reverence.
Puis suivant son vouloir tu luy feras plaisir
De n'avoir en sa place un sot voulu choisir.
  J'achevoy de parler lorsque la nuict ombreuse
Me fit prendre congé de ta main amoureuse;
J'allay trouver le lict, où sans avoir repos
Me revenoient tousjours ton mort et tes propos,
Comme ayant dans le cœur des mains d'Amour emprainte
Ta beauté qui estoit la cause de ma plainte (*b*).

(1564.)

a. Var. (1584):

Dont ton premier Avril en-jouvence ta face.

b. Var. (1578):

Ta beauté, ton discours, tes larmes et ta plainte.

Elegie V

A MONSIEUR DE FICTES

Tresorier de l'Espargne

ADONIS.

Fictes, qui n'est point feint aux enfans de la Muse,
Si ta charge publique au travail ne t'amuse,
Vien lire de Venus le bien et le malheur;
Car tousjours un plaisir est meslé de douleur.
   Amour voulant un jour se venger de sa mere,
Esleut de son carquois la fléche plus amere;
Puis la tirant contre elle au cœur la luy ficha
Et ensemble l'amour d'Adonis luy lascha (a);
Adonis et berger et chasseur tout ensemble,
Dont la beauté parfaite aux images ressemble.
   Ses yeux estinceloient comme un astre estoillé
Que Tethys en son sein a long temps recelé,
Puis tirant hors de l'onde une vive estincelle
Embellit tout le ciel d'une clarté nouvelle (b).
   Un petit poil follet luy couvroit le menton,
Gresle, prime, frizé, plus blond que le cotton
Qui croist dessur les coings, ou la soye subtile

   a. Var. :

Puis en lunant son arc ensemble descocha
Adonis et son traict qu'au sang il luy ficha.

   b. Var. :

Esclairant sur le soir d'une vive lumiere,
Et le Ciel de ses raiz embellit la premiere.

Qui couvre au renouveau la peau de la chenille.
Ses lévres combatoient les roses qu'au jardin
On voit espanoüir au lever du matin,
Qu'une jeune pucelle en son giron amasse
Avant que leur beau teint par le chaud ne s'efface.
Bref ce jeune Pasteur est tout jeune et tout beau ;
Il semble un pré fleury que le Printemps nouveau
Et la douce rosée en sa verdeur nourrissent,
Où de mille couleurs les fleurs s'espanouissent ;
C'est luy-mesmes Amour ! Venus n'eust sceu choisir
Un amant plus gentil pour mettre son desir.

 Ceste belle Déesse en amour furieuse,
De soy-mesme n'est plus ny de rien soucieuse,
Le Ciel elle mesprise et les honneurs des Dieux ;
Ses roses et son myrthe, et ses lys gracieux
Luy viennent à mespris, et tant Amour la donte
Qu'elle a perdu le soin d'Eryce et d'Amathonte.

 Ses cygnes, ses pigeons qui souloient la porter
Au thrône venerable où se sied Jupiter,
Sans honneur paissent l'herbe, et remplis de tristesse,
D'un pitoyable chant lamentent leur maistresse,
Qu'un Pasteur, qu'un enfant tourmente sans repos,
Et la playe d'Amour luy laisse jusqu'à l'os *(a)*.

 Elle ne pense en rien qu'en ceste belle bouche,
Qu'en ses yeux où l'amour luy dresse l'escarmouche,
Qu'en ses beaux cheveux d'or, et languissant d'ennuy,
Soy-mesme s'oubliant ne pense plus qu'en luy,
Qu'en luy qui tient la clef de sa douce pensée,
Et la rend comme il veut joyeuse et courroucée.
Jamais ne l'abandonne, ou soit que le Soleil
En piquant ses chevaux sorte de son réveil,
Soit au plus chaud Midy, soit à l'heure qu'il guide
Son char en l'Ocean et luy baisse la bride.

 Dedans une cabane ils sont au poinct du jour,

 a. Var. :

Et d'un traict amoureux envenime ses os.

ÉLÉGIE V.

Ils font dedans un antre à midy leur sejour,
Au soir ils sont couchez sous le plaisant ombrage
Ou d'un chesne glandeux, ou d'un antre sauvage,
Estendus dessus l'herbe, où en cent mille tours,
La mere des Amours exerce ses amours,
En cent mille façons l'embrasse et le rebaise ;
Luy, qui sent dans le cœur une pareille braise,
Entonne sa musette, et pour la contenter
Leurs plaisantes ardeurs ne cesse de chanter.
   Elle tient en l'oyant contenance diverse,
Tantost en son giron languit à la renverse,
Et tantost le regarde, et d'un baiser souvent
Entre-rompt ses chansons qui se perdent au vent.
   Elle cognoist ses chiens, les nomme et les appelle,
Porte la trompe au col, chasseresse nouvelle,
En main le fort espieu, et encerne de rets
Et de filets tendus le milieu des forests ;
Sçait le nom de ses bœufs et du belier qui meine
Paistre en lieu d'un Berger les brebis en la plaine,
Devançant bravement le troupeau d'un grand pas
Ainsi qu'un Colonnel devance ses soldas.
   O bien-heureux enfant, dont la belle Cythere,
La mere des Amours à toy seul veut complaire !
Seulette avecques toy veut tondre les brebis,
Et de sa blanche main leur pressurer le pis :
Veut mener avec toy les bœufs en pasturage,
Esclisser des panniers, et faire du froumage,
Et rapporter au soir en son giron troussé
Un aigneau que sa mere aux champs aura laissé.
   Pourveu qu'elle ait toujours sa bouche sur tes lèvres,
Elle ne craint l'odeur de tes puantes chévres ;
Et pendue à ton col ne veut point refuser
La nuict dessur la dure avec toi reposer,
Dessur le vert tapis des herbes verdoyantes (4),
T'embrasser au milieu de tes brebis bellantes,

a. Var. :

S'endormir près de toy sur les herbes relantes,

Et de tes grands taureaux, qui jusqu'au point du jour
Font (comme tu lui fais) aux genices l'amour.
 Le Dieu Mars cependant de regret se consomme,
S'appelle misérable, et se voudroit voir homme
Pour mourir de douleur. Il est desesperé,
Qu'un jeune pastoureau soit à lui preferé !
 Jaloux et furieux, son bouclier il embrasse,
De sa pique esbranlant les montagnes de Thrace ;
Il gemist d'un haut cry, se lamente de quoy
Sa Dame le trahit et luy manque de foy (*a*).
 Or un jour Adonis retournoit de la chasse,
Lassé d'avoir suivi un grand cerf à la trace,
Auquel du jarret dextre avoit coupé le nerf,
Et vainqueur rapportoit la teste du grand cerf.
 Ami (disoit Venus), si tu cours d'avanture
Une beste aux forests qui s'arme de nature,
Soit d'ongles soit de dents, je te pri' ne la suy,
De peur que ta valeur ne cause mon ennuy.
Chasse les daims legers et les sauvages chévres,
Et les cœurs effrayez des connils et des liévres ;
Laisse en paix les sangliers, les lions et les ours,
Et ne les assaux point aux toiles ny aux cours.
Croy-moy, mon cher ami, l'autre chasse est meilleure ;
Contre l'audacieux l'audace n'est pas seure.
Si tu mourrois, helas ! de regret je mourrois :
Car vivre après ta mort, helas ! je ne pourrois.
 Ainsi disoit Venus ; mais les haleines molles
Des vents sans nul effect emportoient ses paroles.
 Il estoit nuict fermée, et les hommes lassez
Dessus la plume oisive avoient les yeux pressez,
Enfermez du sommeil que la basse riviere
De Styx fait distiller dessur notre paupiere.
Ja les astres au Ciel faisoient leur demy-tour :
Le celeste Bouvier, qui se roule à l'entour

---

 a. Var. :

Son cœur plein de colere et ses yeux de moiteur,
Ne peuvent endurer pour rival un Pasteur.

ELEGIE V.

De l'Ourse, estoit penché; tout ce qui vit és ondes,
Qui vit par les rochers dans les forests profondes,
Poissons, serpens, lions, du labeur travaillez,
Oublians les soucis, du somme estoient sillez.
   Un seul, Mars, veille au Ciel, qui, plein de frenaisie
De rage, de fureur, d'ire et de jalousie,
Ny d'yeux ny d'estomac ne reçoit le sommeil,
Mais veille dans le lict sans raison ni conseil.
Tantost sur un costé et tantost il se vire
Sur l'autre coup sur coup, il lamente et souspire,
Nomme Venus ingrate, et, bruslant de despit,
Armé de teste en pied s'eslance hors du lit,
Et comme la fureur brusquement le transporte,
Va réveiller Diane et dit en telle sorte :
   Ma Sœur, de qui despend mon bien et mon secours,
J'embrasse tes genoux pour mon dernier recours;
O Nymphe que la chasse et l'honneste exercice,
Parmi les bois errante, ont esloigné du vice;
Que les Faunes cornus, les Satyres bouquins
Craignent lors qu'en chassant tu as tes brodequins,
Et que l'égal troupeau de cent Nymphes compagnes
Environne tes flancs par bois et par montagnes.
S'il te souvient du jour qu'Orion le veneur
Dedans une bruyere assaillit ton honneur,
Et que moy tout armé luy fis lascher sa prise,
Si qu'en lieu de ton corps n'eut rien que la chemise;
Toy, sœur, rens la pareille à ton frere au besoin :
On doit de ses parents au danger avoir soin.
Tu sçais comment Venus, qui souloit de ma vie
Tenir la plus grand part, de moy s'est departie
Pour suivre un Pastoureau, un Veneur, un enfant.
Du reste je me tais; la honte me defend
De te conter comment une telle Déesse
Dessous un pastoureau si vilement s'abaisse.
   Je ne l'eusse pas creu, si de mes propres yeux,
Je ne l'eusse advisée au milieu de ses jeux,
Baisant le jouvenceau bras à bras toute nue,
Dont de despit au cœur la fiévre m'est venue.

Je l'eusse bien tué ; mais je ne veux souiller
Ma main en si bas sang, qui ne sçais despouiller
Que les Roys de leur vie, et ne veux que ma gloire
Par la mort d'un Pasteur se lise en une histoire.

 Ce jeune Damoiseau delibere demain
Aller chasser au bois l'espieu dedans la main,
Sans chiens, pour faire voir à sa tendre Maitresse
Qu'autant qu'il est beau fils il est plein de prouesse.

 Pour me venger, eslance au devant de ses yeux
Digne d'un Meleagre, un sanglier furieux ;
Cache lui sous les dents les meurtres et la foudre,
Fais luy moy terrasser ce beau fils sur la poudre,
Appelant pour neant sa Dame à son confort,
Afin que mon amour se venge par sa mort.

 Ainsi disoit ce Dieu, et elle, de sa teste
Favorisant son frere, accorda sa requeste.

 A peine le Soleil avoit tiré ses raiz,
Qu'il empoigne l'espieu et court par les forests.
De buisson en buisson il revient et retourne,
Et jamais en un lieu paresseux ne sejourne.

 Il regarde deçà, il regarde de là,
Il chassa longuement et longuement alla
Sans trouver nulle proye ; à la parfin il treuve
Un sanglier, le malheur de sa premiere preuve.

 Ses yeux estoient de feu, et son dos courroussé
De poil gros et rebours se tenoit herissé ;
Escumeux, il bruyoit comme par les valées
Font bruit en escumant les neiges devallées,
L'Hyver, quand les torrents se roulent contreval,
Et font aux laboureurs et aux bleds tant de mal.

 Il se tint ferme en pied pour enferrer la beste,
Et l'espieu luy planter au plus haut de la teste.
Le fer se reboucha ; le sanglier estonné
Se recule à costé, puis à front retourné,
Luy poussa de travers ses defenses en l'aine,
Et tout palle et tout froid l'estendit sur la plaine.

 Au cry de son amy la pauvre Amante vint,
Qui plus qu'un marbre froid toute froide devint.

ELEGIE V.

Elle s'évanoüit, puis, estant revenue,
Frappe la tendre chair de sa poitrine nue,
S'arrache les cheveux tesmoins de son meschef,
Et de vilain fumier des-honore son chef.
 Tenant en son giron l'amoureuse despouille,
L'eschauffe de souspirs et de larmes la mouille,
Lamente, pleure, crie, et, grosse de souci,
En regardant le mort faisoit sa plainte ainsi :
 Donque, ma chere vie, apres tant de delices,
Tant de plaisirs receus, tant de douces blandices,
Apres t'avoir nommé mon cœur et tout mon bien,
Faut-il qu'en t'embrassant je n'embrasse plus rien,
Qu'un rien, à qui la mort, des beautez envieuse,
A fait baigner les yeux en l'onde Stygieuse !
 Las ! si tu m'eusses creu, tu n'eusses assailly
Un plus fort : au besoin mon conseil t'a failly.
La rose fuit ta lévre, et autour de ta bouche
Ne vit plus ton baiser ; toutes fois je la touche,
Morte je la rebaise, et sentir tu ne puis
Ny mon baiser ny moy, mes pleurs ny mes ennuis.
 Helas, pauvre Adonis, tous les Amours te pleurent :
Car avecques ta mort toutes delices meurent !
Ton baiser seulement ne m'estoit pas plaisant,
Quand, vivant, tu baisois ma bouche en te baisant ;
Mais en te baisant mort encor ma triste peine
Se soulage un petit d'une liesse vaine ;
Pource je te reschauffe et ne puis me garder
De te baiser souvent et de te regarder.
 Helas, pauvre Adonis, tous les Amours te pleurent :
Car avecques ta mort toutes delices meurent !
Adonis, parle à moy, et me vien consoler,
Baise-moy pour adieu avant que t'en aller.
 O belle face aimée, ô plaisante lumière
De tes yeux qui tenoient mon ame prisonnière !
O cheveux crespelus, ô devis amoureux,
O souvenir du bien qui m'est trop douloureux,
O l'Avril de ton âge, ô premiere jeunesse,
Qui mortelle avez pris le corps d'une Déesse !

Las! vous n'estes plus rien, et je me deuls dequoy
Je suis, et que la Mort n'a puissance sur moy.

 Helas, pauvre Adonis, tous les Amours te pleurent :
Toy mourant, par ta mort toutes delices meurent !
Las! avecques ta mort est morte ma beauté,
Ma couleur est ternie ainsi comme en Esté
Se ternissent les fleurs. Pour toy seul j'estoy belle,
Et pour toy seulement je vouloy sembler telle.

 Je suis maintenant vefve, et porter je ne veux
Ny des bagues aux doigts ny l'or en mes cheveux,
Et si veux pour jamais (tant la douleur me tue)
Que la mere d'Amour de noir soit revestue.

 Je veux que mon Ceston (1) soit accoustré de noir,
Et ne veux que ma face ait conseil de miroir (a)

 Helas, pauvre Adonis, tous les Amours te pleurent ;
Car avecques ta mort, toutes delices meurent !
Les bois avecques moy lamentent ton trespas,
Les eaux te vont pleurant, Echo ne s'en taist pas,
Qui dedans ses rochers redoublant sa voix feinte,
Ayant pitié de moy va resonnant ma plainte !
Toute belle fleur blanche a pris rouge couleur,
Et rien ne vit aux champs qui ne vive en douleur.

 Helas, pauvre Adonis, tous les Amours te pleurent :
Toy mourant, Adonis, toutes delices meurent !
Las, helas tu es mort, tu es mort, Adonis !
Tu me laisses au cœur des regrets infinis.
Mes plaisirs, mes esbats avec ta mort languissent,
Et pour ne mourir point mes douleurs ne finissent.

 Furieuse d'esprit, criant à haute vois,
Je veus eschevelée errer parmy les bois,
Pieds nuds, estomac nud; je veux que ma poitrine
Se laisse égratigner à toute dure espine,

---

 a. Var. :

Et que plus je ne porte en la main de miroir

1. C'est cette ceinture de Vénus tant célébrée par les poëtes grecs.

ELEGIE V.

Je veux que les chardons me deschirent la peau,
Je veux seule grimper sur le haut du coupeau
De ce prochain rocher, et folle de pensée
Me jetter dedans l'onde à teste renversée,
Pour conter aux poissons et aux fleuves le tort
Que la Parque m'a fait par ta fascheuse mort.
  Helas, pauvre Adonis, tous les Amours te pleurent :
Les beautez par ta mort et les Charites meurent !
L'Amour ne vaut plus rien, la Mort vaut beaucoup mieux,
Puis qu'elle prend à soy les delices des Dieux.
  Vous ses chiens, qui plorez aux pieds de vostre maistre
Que par nom il souloit appeler et cognoistre ;
Vous toiles et filets, et vous mal-seur espieu,
Dites à vostre maistre un eternel Adieu,
Et courez és forests raconter aux Dryades,
Que du bel Adonis les plaisantes œillades
Qui les brusloient d'amour, sont mortes, et qu'aussi
La mere des Amours est morte de souci.
  Helas ! pauvre Adonis, tous les Amours te pleurent ;
Toy mourant par ta mort toutes delices meurent !
  Vous mes Pigeons couplez, qui parmi l'air souvent
Trainez mon chariot aussi tost que le vent,
Montez dedans le Ciel, et racontez aux nues
Que mes liesses sont un songe devenues,
Lequel s'évanouit et sans effect se pert
Aussi tost que nostre œil par le jour est ouvert,
Hélas ! pauvre Adonis, tous les amours te pleurent :
Car avecques ta mort toutes delices meurent !
Vous, mes cygnes amis, qui blanchissez de foy
Et de pure amitié que vous avez à moy (a).
Volez parmy les prez et contez aux fleurettes

---

  a. Var. :

Ou comme l'onde coule, ou comme la fumée
Se perd du vent soufflé en replis consommée.
  Vous cygnes qui estiez à mon coche attelez,
Je vous donne franchise, en liberté volez :

Que Venus a versé autant de larmelettes
Que de sang Adonis! du sang la belle fleur
De la Rose vermeille a pourtrait sa couleur,
Et du tendre crystal de mes larmes menues
Les fleurs des Coquerets blanches sont devenues.

 Et vous, fidelles Sœurs, mes Grâces qui plorez
Mon mal, et comme moy en larmes demeurez,
Allez, laissez-moy seule, allez douces compagnes,
Allez, et racontez aux plus sourdes montagnes,
Que mort en mon giron j'embrasse mon amy,
Qui ne ressemble un mort, mais un homme endormy
Qu'encores le sommeil ne commence qu'à poindre:
Dites-leur que d'odeurs son corps ne se peut oindre;
Mes odeurs, mes parfums sont à terre respandus,
Venus ne sent plus rien! tous mes jeux sont perdus,
Mes danses ont pris fin, mes plus douces liesses
Se tournent par sa mort en ameres tristesses,
Mon ris en desconfort, mon plaisir en malheur,
Et rien ne vit en moy que la mesme douleur.

 Helas! pauvre Adonis, tous les Amours te pleurent;
Car avecque ta mort toutes delices meurent!

 Tondez-vous, mes enfants, mes Amours, et jettez
Vos cheveux sur le mort; par pieces esclattez
Vos carquois et vos arcs, esteignez vos flammesches,
Et en mille morceaux brisez toutes vos flesches;
Venez autour de moy et vous lamentez fort,
Et faites en plorant les obseques du mort.
Que l'un, de ses beaux doigts, luy serre la paupiere,
L'un sousleve sa teste, et l'autre par derriere
L'évente de son aile, et l'un porte de l'eau
Dans un bassin doré pour nettoyer sa peau.

 Helas! pauvre Adonis, tous les Amours te pleurent:
Car avecque ta mort toutes delices meurent!

 O trois fois bien-aimé, esleve un peu tes yeux,
Chasse un peu de ton chef le somme oblivieux,
Afin que la douleur à ton aureille vienne,

---

1. C'est une herbe que les Latins appellent *Calicacabum*.

Et que je mette encor ma lévre sur la tienne,
T'embrassant en mon sein pour la derniere fois ;
Car là bas aux Enfers, Adonis, tu t'en-vois !
Pour le dernier adieu baise-moy je te prie ;
Autant que ton baiser encores a de vie,
Baise-moy pour adieu ; ton haleine viendra
Dans ma bouche et de là dans le cœur descendra,
Puis jusqu'au fond de l'ame, à fin que d'âge en âge
Il conserve en mon sein cest amoureux breuvage,
Qu'en tes lévres baisant d'un long traict je boiray !
Humant je le boiray, puis au cœur l'envoyray
Pour le mettre en ta place au fond de ma poitrine,
Car de toy desormais jouira Proserpine.

 Ainsi disoit Venus qui sa lévre approchant
Sur les lévres du mort pleurante alloit cherchant
Les reliques de l'ame et les humoit en elle,
Afin de leur servir d'une tumbe eternelle ;
Les baignoit de ses pleurs, et d'une haute vois
Remplissoit de douleurs les rochers, et les bois,
S'esgratignoit la joue, et atteinte de rage
Se rompoit les cheveux et battoit son visage.

 Luy, tournant vers le Ciel les yeux, fit un souspir,
Puis pressé de la mort il se laisse assoupir
Sans force et sans vigueur dans les bras de la belle,
Ainsi qu'on voit faillir sans cire une chandelle.

 Aussi tost qu'il fut mort, Amour d'autre costé
Luy a plustost que vent son regret emporté,
Si qu'elle, qui estoit n'agueres tant esprise
D'Adonis, l'oublia pour aimer un Anchise,
Un Pasteur Phrygien, qui, par les prez herbeux
De Xanthe recourbé, faisoit paistre ses bœufs.

 Telles sont et seront les amitiez des femmes,
Qui au commencement sont plus chaudes que flames,
Ce ne sont que soupirs ; mais enfin leur amour
Ressemble aux fleurs d'Avril qui ne vivent qu'un jour.

(1564.)

ELEGIE VI

A GENEVRE

Ce me sera plaisir, Génevre, de t'escrire,
Estant absent de toy, mon amoureux martyre.
Helas je ne vy pas! ou je vy tout ainsi
Que vit dedans son lict un malade transi,
Qui deçà qui delà se tourne et se remue,
Ayant dedans le sang la fiévre continue;
Il réve et se despite, et ne sçait comme il faut
(Ore entre la froideur et ore entre le chaud)
Gouverner sagement sa raison estourdie
Des différents accez de telle maladie.
 Ainsi quand le Soleil se plonge dans la mer,
Quand il vient le matin les astres enfermer,
Et quand en plein midy tout ce monde il contemple,
Je brusle impatient, et mon mal sert d'exemple
Aux jeunes amoureux de jamais ne guarir
Mais d'apprendre en vivant à doucement mourir (a).
Certes celuy meurt bien qui meurt par fantasie,
Lorsque l'ame amoureuse est tellement saisie,
Qu'en fuyant de son corps pour revivre autrepart,
A son hoste laissé ses vertus ne départ;
Mais privé d'action demeure froid et palle,
Sans force et mouvement et sans humeur vitale,
Comme un image fait de bronze ou de metal,
Qui (pour n'estre animé) ne sent ny bien ny mal.
Je ne voy rien icy qui douleur ne m'ameine;

 a. Var.:

Aux hommes, qu'on ne doit dessous le joug plier
D'Amour, ou tout soudain le rompre ou l'oublier.

ELEGIE VI.

Le jour m'est ennuyeux, la nuict me tient en peine :
Et comme un ennemy tres dangereux je fuy
Le lict qui toute nuict redouble mon ennuy.
   Quand le Soleil descend dans les ondes salées,
Je me desrobe és bois ou me pers és valées,
Je me cache en un antre, et fuyant un chacun
(De peur qu'à mes pensers il se montre importun)
Je parle seul à moy, seul j'entretien mon ame,
Discourant cent propos d'amour et de ma Dame.
D'un penser achevé l'autre soudain renaist,
Mon cœur d'autre viande en amour ne se paist ;
Il mourroit sans penser, le penser est sa vie,
Et ta douce beauté dont ma peine est suivie.
   Ainsi par les deserts tout le jour je me deulx,
Puis quand l'obscure nuict se perruque de feux,
Le solitaire effroy hors des bois me retire,
Et jusques au logis Amour me vient conduire.
   Quand je suis en ma chambre encore pour cela
Je ne suis à repos, le soing deçà delà
M'esgratigne le cœur, et ma playe cruelle
Lors que je voy mon lict s'aigrit et renouvelle.
Pour ne me coucher point je cherche à deviser,
Je lis en quelque livre ou feins de composer,
Ou seul je me promeine et repromeine encore,
Paissant d'un souvenir l'ennuy qui me devore.
   A la fin mes vallets qui portent sur les yeux
Et dedans l'estomac le sommeil ocieux,
Entre-sillez du somme ainsi me viennent dire :
Monsieur, il est bien tard, un chacun se retire,
Ja minuict est sonné, qu'avez-vous à gemir ?
La chandelle est faillie, il est temps de dormir !
   Alors importuné de leur sotte priere
Je laisse tout mon corps pancher en une chaire,
Nonchallant de moy-mesme, et mes bras vainement,
Et mon chef paresseux pendant sans mouvement.
Je suis sans mouvement, paresseux et tout lâche.
L'un m'oste ma ceinture, et l'autre me détache ;
L'un me tire la chausse, et l'autre le pourpoint ;

Ils me portent au lict et je ne le sens point !
Mais quand je suis couché, Amour qui me travaille,
Armé de mes pensers me donne la bataille.
Le lict m'est un enfer, et pense que dedans
On ait semé du verre ou des chardons mordans;
Maintenant d'un costé, maintenant je me tourne
Dessur l'autre en pleurant, et point je ne séjourne.
 Amour impatient qui cause mes regrets,
Toute nuit sur mon cœur aiguise mille traits,
M'aiguillonne, me poingt, me pique et me tourmente,
Et ta jeune beauté tousjours me represente.
 Mais si tost que le coq planté dessur un pau
A trois fois salué le beau Soleil nouveau,
Je m'habille, et m'en-vois où le desir me meine
Par les prez non frayez de nulle trace humaine,
Et là je ne voy fleur, ny herbe, ny bouton,
Qui ne me ramentoive ores ton beau teton,
Et ores tes beaux yeux en qui Amour se joue,
Ores ta belle bouche, ores ta belle joue.
 Puis foulant la rosée, en pensant je m'en vois
Trouver quelque Genévre au beau milieu d'un bois,
Où loin de toutes gens je me couche à l'ombrage
De cest arbre gentil dont l'ombre me soulage;
Je l'embrasse et le baise, et l'arraisonne ainsi,
Comme s'il entendoit ma peine et mon souci :
 Genévre qui le nom de ma maistresse portes,
Au moins je te suppli' que tu me reconfortes
Couché sous tes rameaux, puis qu'absent je ne puis
Ny baiser ny revoir la Dame à qui je suis.
Je te puis asseurer que l'arbre de Thessale
De Phœbus tant chery n'aura louange égale
A la tienne amoureuse, et mes escrits feront
Que les Genévres verds les Lauriers passeront.
 Or sus embrasse-moy, ou bien que je t'embrasse,
Abaisse un peu ta cyme à fin que j'entrelasse
Mes bras à tes rameaux, et que cent mille fois
Je baise ton escorce et embrasse ton bois.
 Jamais du bucheron la penible coignée

A te couper le pied ne soit embesongnée,
Jamais tes verds rameaux ne sentent nul meschef;
Tousjours l'ire du Ciel s'eslonge de ton chef,
Foudres, gresles et pluye; et jamais la froidure
Qui éfeuille les bois n'éfeuille ta verdure.
Tous les Dieux forestiers, les Faunes et les Pans
Te puissent honorer de bouquets tous les ans,
De guirlandes de fleurs, et leur bande cornue
Face tousjours honneur à ta plante cognue.
 A l'entour de ton pied, soit de jour, soit de nuit,
Un petit ruisselet caquette d'un doux bruit,
Murmurant ton beau nom par ses rives sacrées;
Où les Nymphes des bois et les Nymphes des prées
Couvertes de bouquets y puissent tous les jours
En dansant main à main, te conter leurs amours
Et les miennes aussi qu'auprès de toy je laisse
En garde à cette voix qui m'est plus que Déesse (a).
 Ainsi je parle à l'arbre, et puis en le baisant
Et rebaisant encor je luy vois redisant :
 Genévre bien-aimé, certes je te ressemble ;
Avec toy le destin sympathisant m'assemble ;
Ta cyme est toute verte, et mes pensers tous vers
Ne meurissent jamais; sur le Printemps tu sers
A percher les oiseaux, et l'Amour qui me cherche,
Ainsi qu'un jeune oiseau dessur mon cœur se perche ;
Ton chef est herissé, poignant est mon souci,
Ta racine est amere et mon mal l'est aussi ;
Ta graine est toute ronde, et mon amour est ronde,
Constante en fermeté qui toute en elle abonde :
Ton escorce est bien dure, et dur aussi je suis
A supporter d'amour la peine et les ennuis.
Tu parfumes les champs de ton odeur prochaine,
Et d'une bonne odeur m'amour est toute pleine :

 a. Var. (1578) :
Te conter mes amours,
Pour les bailler en garde en faisant leurs caroles
A la Nymphe des bois qui se paist de paroles.

Tu vis dedans les bois, solitaire, et je vy
Solitaire et tout seul, si je ne suis suivy
D'Amour qui m'accompagne, et jamais ne me laisse
Sans me representer nostre belle Maistresse,
Nostre, car elle est mienne et tienne ; puis je croy
Que tu languis pour elle aussi bien comme moy.
 Ainsi je parle à l'arbre, et luy, branlant la cyme,
Fait semblant de m'entendre, et d'apprendre ma ryme ;
Et la rechante aux vents, et se dit bien-heureux
D'estre honoré du nom dont je suis amoureux.
 Voyla, chere Maistresse, en quelle frenaisie
Amour m'a fait tomber et pour t'avoir choisie
Et pour m'estre absenté de tes yeux que je sens
Et qui pour estre loin ne me sont point absens (a).
 J'ay certes esprouvé par mainte experience
Que l'amour se renforce et s'augmente en l'absence,
Ou soit qu'en discourant le plaisant souvenir
Ainsi que d'un appast la vienne entretenir,
Ou soit que les portraits des liesses passées
S'impriment fraischement en l'ame ramassées,
Ou soit qu'elle ait regret au bien qu'elle a perdu,
Soit que le vuide corps plus plein se soit rendu,
Soit que la volupté soit trop tost perissable,
Soit que le souvenir d'elle soit plus durable ;
Bref je ne sçay que c'est, mais certes je sçay bien
Que j'aime mieux absent qu'estant prés de mon bien.
 Car quand il me souvient ou de ta belle face,
Ou de l'heure ou du lieu, du temps ou de la place
Qu'Amour si doucement me fit parler à toy,
D'un extréme plaisir je suis tout hors de moy.
Puis quand il me souvient de tes douces paroles,
De tes douces chansons desquelles tu m'affoles,
Me souvenant encor de tes honnestetez,

  a. Var. :
Pour seule avoir choisie
Vostre jeune beauté, que l'imaginer sent
Au profond de l'esprit, bien qu'il en soit absent.

Et de ta courtoisie, et de tes privautez,
Et de l'affection envers moy si naïve,
Quand mon corps est malade et mon âme pensive;
  Et bref, me souvenant de l'extréme douceur
Qui part de tes beaux yeux dont je nourris mon cœur,
Plus mon amour s'augmente et plus mon estincelle
Estant loin de mon feu s'accroist et renouvelle.
  Voyla mon naturel, et si trompé je suis,
La faute vient d'Amour, non de moy, qui ne puis
M'eslongner de l'ardeur de te revoir présente;
Si je m'abuse ainsy, mon abus me contente.
Maistresse, en attendant le bien de te revoir
Je supplie humblement ta main de recevoir
Ces vers que de la sienne Amour mesme te porte.
En escrivant de toy mon cœur se reconforte.

                           (1564)

ELEGIE VII (1).

Si le ciel qui la foy des Amans favorise,
Eust voulu mettre à fin ma parole promise,
Et si le fier Destin, dont chacun est donté,
N'eust contre mon vouloir forcé ma volonté,
Je ne serois ici languissant de tristesse,
Et verrois accomplir envers vous ma promesse.
Mais puis que le malheur et les Cieux ennemis,
Jaloux de mon plaisir, tel bien ne m'ont permis,
Il faut que le papier icy vous represente
Le plaisant desplaisir qui le cœur me tourmente.
  O quantes fois depuis vostre ennuyeux départ,
Solitaire et pensif ay-je seul à l'escart
Erré par les rochers! et quantes fois aux plaines,

---

1. Dans le recueil de 1564, cette Elégie vient à la suite de deux autres dédiées à Marie Stuart. Elle semble lui être aussi adressée.

Et aux sablons deserts ay-je conté mes peines,
Et l'ennuyeux regret que j'ay de ne revoir
Vostre face qui peut les rochers esmouvoir!
 Tout ainsi qu'un passant qui parmy la nuict brune
Errant dedans un bois sans ayde de la Lune
S'esgare en mille lieux, et de chaque costé
Le chemin luy est clos faute de la clarté;
Ainsi faute de voir vostre belle lumiere,
Qui estoit de mes yeux la clarté coustumiere,
J'erre seul égaré : seulement le penser
Pour guide me conduit, et ne me veut laisser.
 Je m'en-vois bien souvent dans les forests desertes,
Sur le bord des ruisseaux, et par les rives vertes,
Où le pied me conduit, poussé du souvenir
Qui vous fait par image à mes yeux revenir.
 Là, soit que j'apperçoive un arbre solitaire,
Un rocher, une fleur, une fontaine claire,
Je pense en les voyant vous voir, et si ne puis
Penser en autre part qu'en vous à qui je suis.
Ainsi bien loin de vous, de vous j'ay la presence,
Et la longueur des lieux n'est cause de l'absence.
Certainement le ciel, avant que d'estre né,
M'avoit pour estre esclave ici predestiné,
Et ne puis eschapper que tousjours je ne vive
Serf de peine et d'ennuy quelque part que je suive.
Car si je vis longtemps en ceste Cour icy,
Je seray prisonnier de dueil et de soucy;
En ceste Cour fascheuse, odieuse, et remplie
D'erreurs, d'opinions, de troubles et d'ennuie,
Où rien ne m'est plaisant; car cela qui me plaist,
Ainsi comme il estoit pour ceste heure n'y est,
J'enten vostre beauté qui m'est plus agreable
Que de mes propres yeux la lumière amiable;
Et si je vais au lieu où vous faites sejour,
Je seray prisonnier de ce fascheux Amour.
 Mais une liberté telle prison j'appelle,
Pour vous sçavoir en tout si parfaite et si belle,
Qu'un Dieu le plus puissant s'estimeroit heureux
D'estre de vos beaux yeux seulement amoureux.

Ce-pendant je vous pri' (par vostre bonne grace,
Par cet amour qui sort de vostre belle face
Et qui, gaignant les yeux, descend dedans le cœur (a),
Et je ne sçay comment s'en faict maistre et vainqueur,
D'accuser ma fortune à mon vouloir contraire,
Et non pas le desir que j'avoy de vous faire
En chemin compagnie et vous suivre en tous lieux,
Pour joüir sans repos du plaisir de vos yeux ;
Et recevez en gré ceste lettre qui vole
Vers vous pour un adieu en lieu de la parole,
Qui ne vous peut, hélas ! en partant de ce lieu,
Ainsi qu'elle devoit, dire humblement adieu.

 Hà, que je suis marry que mon corps n'a des ailes
Pour voler comme vent où sont vos Damoiselles !
Je leur dirois adieu, et plus de mille fois
En diverses façons leurs yeux je baiserois ;
Je baiserois leur sein et leur bouche vermeille,
Qui resemble en beauté l'Aurore qui s'éveille,
Bouche de qui le ris d'entre les perles sort,
Qui donne tout ensemble et la vie et la mort.

 Mais puis que hautement dans le ciel je ne vole,
Seulement du penser, absent je me console,
Et par le souvenir, qui est le seul secours
Des amans eslongnez, je vous voy tous les jours ;
Car l'absence des lieux ne peut rendre effacée
L'amour qui se nourrit du bien de la pensée.

          (1564)

a. Var.:
    Par vostre belle face,
Par vos crespes cheveux dont le lien m'enlace
Non seulement le corps mais l'esprit et le cœur.

Elegie VIII

Celuy devoit mourir de l'esclat du tonnerre,
Qui premier descouvrit les Mines de la terre,
Qui becha ses boyaux, et hors de ses rongnons
Tira l'Argent et l'Or, desloyaux compagnons.
  Il ne fut pas content de les tourner en lames,
De les battre au marteau, les affiner aux flames,
Les mettre en la coupelle et les refondre, afin
Que l'Or ne fust qu'esprit et qu'il devinst plus fin ;
Mais il le desguisa de cent sortes nouvelles
Decouppé par morceaux et par tenues roüelles,
Et furent ses morceaux en escus transformez,
En-noblis du portrait des grands Princes armez,
Tenans droite l'espée, ou portans sur la teste
Un rameau de Laurier, signe de leur conqueste,
Ou gravez d'une Croix, dont la saincte vertu
A tousjours sans combat le Monde combatu.
  Mesmes les puissans Dieux qui n'ont point indigence
Des biens qui sont acquis par nostre diligence,
Voyans l'Or si luisant en firent honorer
Leurs Images pompeux et leurs Temples dorer.
Justice en fit jaunir sa balance sacrée,
Tant de ce sainct metal la splendeur luy agrée.
  Les hommes forcenez enragerent après ;
Ils vendirent leur foy pour l'amasser espés,
Pour captif l'enfoüir en des fosses cavées,
Ou pour le faire battre en vaisselles gravées,
Afin que la viande en un plat jaunissant
Allast des conviez les yeux esbloüissant,
Et leur buffet chargé de riche orfévrerie
Fist un jour de la nuict flambante en piperie.
  Ils ont estraint leur col de grosses chaines d'Or,

ELEGIE VIII.

Ils ont fait des anneaux à leurs doigts, et encor
Des carquans à leurs bras, signe que leur franchise
Est serve de richesse, et que l'Or la tient prise.
 Ils furent si deceus qu'ils ne cognurent pas
Que ce metal estoit cause de leur trespas.
 Par luy sortit au jour la guerre ensanglantée;
Par luy se renversa mainte ville dontée,
Par luy vint le procès, par luy vint le débat
Par luy vint que le pere à son fils se combat
Pour la borne d'un champ (a); par luy le propre frere
N'est pas frere au besoin, ny le pere n'est pere;
Par luy la foy se fausse, et mille maux divers
Par luy se sont campez en ce grand Univers,
Qui de toute équité les terres desolerent.
Puis Justice et Vergongne au Ciel s'en revolerent.
 Les hauts Pins qui avoient si longuement esté
Sur la cyme des monts plantez en seureté,
Sentirent la cognée et tournez en navire
Voguerent aux deux bords où le Soleil se vire,
Passerent sans frayeur les ondes de la mer,
Virent Scylle et Charybde asprement escumer,
Conduits d'un gouverneur, dont la mordante envie
D'amasser des tresors baille aux ondes sa vie,
Afin de rapporter des pays estrangers
Des diamants cherchez par cent mille dangers.
 O bien-heureux le siècle où le peuple sauvage
Vivoit par les forests de gland et de fruitage!
Qui sans charger sa main d'escuelle ou de vaisseau,
De la bouche tiroit les ondes d'un ruisseau :
Qui les antres avoit pour maisons tapissées,
Et pour robbe l'habit des brebis herissées!
Le velours n'avoit lieu, la soye ny le lin,

 a. Var. :

Par luy vint le procez, les guerres et le fer,
Et tout ce qui habite au portique d'Enfer.
Luy seul borna les champs.

Ny le drap enyvré des eaux du Gobelin.
   Les marchez n'estoient point, ny les peaux des oüailles
Ne servoient aux contracts ; les paisibles aureilles
N'entendoient la trompette ; ains la Tranquillité,
La Foy, la Preud'hommie, Amour et Charité
Regnoient aux cœurs humains, qui gardoient la Loy sainte
De Nature et de Dieu sans force ny contrainte.
L'ardente ambition ne les tourmentoit pas ;
Ils ne cognoissoient point ny Escus ny Ducats,
Nobles, ny Angelots, ny ces Portugaloises
Qui sement dans les cœurs des hommes tant de noises.
   Certes Dieu, qui tout peut, devoit, sage Baillon,
Faire que les rochers servissent de billon,
Et les fueilles des bois qui tombent par la voye
Se prinssent en pay'ment ainsi que la monnoye.
Chacun à chaque pas, sans peine, ny sans soin,
Eust trouvé par les champs secours à son besoin ;
Sans mendier cest Or qui ne nous veut attendre,
Mais tant plus est suivy et moins se laisse prendre,
Volant comme un oiseau ou comme un traict poussé
Par la courbe roideur d'un arc bien enfoncé.
Or quant à moy, Baillon, ce metal je deteste,
Je l'abhorre et le fuy et le hay comme peste,
Et certes à bon droit ; car j'ai tousjours par luy,
En forçant ma nature, enduré trop d'ennuy.
Pour le penser gaigner j'ay courtisé les Princes,
Et les grands Gouverneurs des royales provinces ;
J'ay sué, travaillé, escrit et composé,
Quatre heures en la nuict à peine ay reposé,
Je me suis tourmenté sans nulle recompense ;
Car envers mes labeurs trop ingrate est la France.
   Mais puis que ce metal, cet Or si glorieux
Est ores le vainqueur de tous victorieux,
Et que le cours du temps la puissance luy donne
D'invaincu commander à chacune personne ;
Et qu'on ne vit pas tant du vent ny du soleil,

Que l'on vit de l'esclair de cet or nompareil (a),
Encor que je l'abjure, et l'abhorre, et le fuye,
Si est-ce toutefois qu'à ce coup je le prie
De passer par tes mains, pour s'en-venir loger
Chez-moi qui le tiendrai comme un hoste estranger
Sans trop le caresser ; car je ne fay pas conte
D'un homme, fust-il Roy, quand l'Argent le surmonte.
Il en faut seulement pour la necessité,
Et pour nous secourir en nostre adversité ;
Le reste est superflu, qui ne sert qu'à nous faire
Ou proye des larrons, ou fable du vulgaire.

(1564).

ELEGIE IX

Cinq jours sont ja passez, Denizot mon amy,
Que Cassandre malade en repos n'a dormy :
Tu sçais combien son mal de douleur me consomme,
Allons piller les champs de la Sarte et du Loir,
Et d'une triste main faisons nostre devoir
De cüeillir des pavots qui sont sacrez au Somme.
 Hà mon Dieu que j'en voy ! ces prés en sont tous pleins !
Chargeons-en nostre sein, nos manches et nos mains !
Nous en avons assez : apporte du lierre,
Puis de gazons herbus maçonne un Autel vert ;
Et l'entournant sept fois, ayant le chef couvert
Dy ces mots apres moy, regardant contre terre :
 Somme fils de la Nuict, et de Lethe oublieux,

a. Var. :

Et qu'on ne vit tant d'air, ny d'eau ny de Soleil,
Que par l'Or qui ne trouve un metal son pareil :

ELEGIE IX.

Pere alme, nourrissier des hommes et des Dieux,
De qui l'aile en volant espand une gelée
Sur l'humide cerveau, et bien qu'il fust remply
D'amour et de procez, tu l'assoupis d'oubly,
Et charmes pour un temps sa tristesse sillée.

    Tu enserres les yeux de tous les animaux
D'un lien fait d'airain ; de ceux là qui des eaux
Douces et de la mer coupent l'humide voye,
Et de ceux empennez appris à bien voler,
Et de tous ceux qu'on laisse en pasturage aller
Et de ceux qui au bois se nourrissent de proye.

    Sans ton secours mourroit tout ce grand Monde ici ;
C'est pourquoy l'on t'appelle alme, desli'-soucy,
Donne-vie, oste-soin : ton pouvoir admoneste
De contempler la Mort, quand tu nous viens toucher
Du bout de ton pavot les yeux pour les boucher,
Et quand d'un flot Lethé tu nous baignes la teste.

    Tu es du vueil des Dieux Prophete et messager,
C'est toy qui en dormant à l'homme fais songer
Son sort bon ou mauvais ; et si nous estions sages,
Sages non seulement, mais aussi gens de bien,
Rien ne nous adviendroit que nous ne sçeussions bien
Long temps devant le fait, instruits de tes presages.

    O Somme, ô grand Démon, ô l'utile repos
De toute ame qui vit, pren à gré ces pavots,
Cet encens, ceste manne, et vien dessous ton aile
Couver un peu les yeux, les tempes et le front
De Cassandre malade, et d'un sommeil profond,
Toutes fois réveillable, allege le mal d'elle.

    C'est assez, Denizot, exaucé je me sens :
Le feu de son bon gré a pris dedans l'encens,
Et ne sçay quel Démon a la manne lechée
Retournons au logis, le cœur me bat d'espoir,
Qui prophete me dit que nous la pourrons voir,
Si non du tout guarie, au moins bien allegée.

                                 (1560).

ELEGIE X

De vous et de fortune et de moy je me deuls,
De moy qui sagement commander ne me peux,
Car du premier combat dont vostre belle veue
Vint assaillir mon cœur, ma raison fut veincue;
Et depuis sa defaite à mon dam je la sens,
En lieu d'estre maistresse, obéir à mes sens (a),
Trompant ma fantasie et me donnant pour maistre
Un aveugle, un enfant qui ne vient que de naistre.
Et de vous je me plains qui tenez si haut lieu,
Que pour estre servie il vous faudroit un Dieu.
[Car un homme mortel n'est digne qu'on l'appelle
Amy ny serviteur d'une Dame si belle
En qui le monde a mis tant d'honneur et de bien
Que le reste du monde au prix de vous n'est rien.]
Mais plus que de nous deux je me plains de Fortune,
Qui, cruelle à mon mal, sans cesse m'importune,

a. Var. (1584) :

De moy seul ennemy voire traistre je suis.
De fortune ennemie et de vous je me puis
Lamenter à bon droit, qui par un trait de veue
Avez de son rempart ma raison despourveue,
Si qu'en lieu d'estre Dame à mon dam je la sens,
Une raison esclave obeir à mes sens.

Dans les éditions posthumes les trois premiers vers sont encore modifiés :

De moy seul ennemy sans cause je me fains,
Puis tantost de Fortune et de vous je me plains,
Accusant vos beaux yeux, qui par un traict de veue

ELEGIE X.

Me r'engrege ma playe et me faict amoureux
De vous dont le bon-heur m'a rendu malheureux;
Car pour aimer trop haut, et pour n'avoir egale
Ma puissance à la vostre, helas! je suis Tantale
Qui meurs de soif en l'onde, et qui ne puis toucher
Au doux fruict que je sens sur ma lévre approcher.

    Ainsi, pour estre moindre et vous superieure
De race et de grandeur, je languis à toute heure
Et re-vis sans espoir de jamais acquerir
Ce doux mal qui me fait si doucement mourir.
Quand Pyrrhe et son mary peuploient les vuides terres,
Ruant parmy les champs les semences des pierres
Peres du genre humain, les cailloux qu'ils jetoient,
En dignité pareille également estoient;
En dignité pareille il nous faudroit donq estre,
Si voulions ressembler les autheurs de nostre estre,
Sans que race ou credit ou le bien temporel
Rompist l'égalité de nostre naturel.

    Maudits soient les presens dont la boete feconde
De la belle Pandore a remply tout le monde!
Le peuple, qui avoit également vescu,
Se vit d'ambition et de gloire vaincu.
De là vint la Grandeur, de là vint la richesse,
De là vint le haut nom de Royne et de Princesse,
Tiltres ambitieux; et de là vint encor
Le desir d'enchasser les gemmes dedans l'or.
Lors la simplicité abandonna la place
Aux credits, aux faveurs, aux Grandeurs, à la race;
Et, quittant les citez, les villes et les Rois,
Avecques les Pasteurs habita par les bois.

    Le doux fils de Venus, qui simple et nud desdaigne
Que ceste Majesté le suive pour compaigne,
Print l'arc dedans la main, et, raguisant ses traits,
Compaignon la suivit par les hautes forests,
Et, tirant doucement ses fleches moins cruelles
Dedans le cœur loyal des jeunes Pastourelles
Entre les durs rochers, les bois et les deserts,
A la fraischeur d'un antre ou sous les arbres verds,

Les apprit à aimer d'une amitié non feinte
En toute liberté, sans danger ny sans crainte;
Les apprint à baiser, à toucher, à taster,
Et de la simple amour simples se contenter,
Loin d'inequalité, laquelle est dangereuse,
Et presque insupportable à toute ame amoureuse.

 L'ennuy qui plus m'offense et plus me fait de mal,
C'est qu'à vostre Grandeur je ne suis pas égal,
Et le cognoissant bien je cherche en toute sorte
D'oster hors de mon cœur l'amour que je vous porte;
Mais plus je veux l'oster, et tant plus mon desir
Se laisse r'engluer de son nouveau plaisir,
Dressant à ma douleur, contre mon esperance,
Un rempart fait du temps et de perseverance.

 Ainsi plus je desire à couvrir ma douleur,
Plus ce m'est de plaisir de dire mon malheur,
Me combattre moy-mesme et resister aux peines
Dont ces hautes amours difficiles sont pleines.
Tantost j'espere tout, puis je n'espere rien,
Tantost sur vos propos j'asseure tout mon bien;
J'ay des ayles de cire, en volant je m'abaisse,
Et pour avoir bon cœur je pers la hardiesse.

 Madame, je vous pri' que vous n'ayez esgard
A la noble Grandeur dont vostre race part,
Et faites, s'il vous plaist, que cela ne vous garde
Que vostre œil de pitié un jour ne me regarde.
Je sçay que je suis fol d'aimer si hautement;
Mais volontiers Amour erre sans jugement,
Et tousjours la Raison ne guide la pensée,
Quand elle est par Amour doucement insensée.

 Tout bon cœur est sujet aux passions d'aimer;
On ne voit seulement les hommes s'enflammer
D'un si gentil desir, mais les Dieux n'ont pas honte
D'abaisser leur Grandeur quand Amour les surmonte;
Et, vestant maintenant les plumes d'un oiseau,
Ou le poil d'un Satyre, ou celuy d'un Taureau,
Abandonnent le Ciel pleins d'amoureuses flames,
Pour estre serviteurs de nos mortelles femmes.

ELEGIE X.

En imitant ces Dieux s'il vous plaisoit un jour,
Prenant pitié de moy, me donner vostre amour,
Je mettrois telle peine à vous faire service,
Qu'en moy vous trouveriez un serviteur sans vice,
Et vous repentiriez que plustost je n'aurois
Receu vostre faveur, qui est digne des Rois,
Faveur que je ne puis à ma douleur promettre,
Et qui d'homme mortel au Ciel me pourroit mettre.
[Las! si ma servitude et ma longue amitié
Meritoient à la fin de vous quelque pitié,
S'il vous plaisoit de grace alleger mon martyre,
Me donnant le guerdon que tout amant desire,
Je serois si discret recevant ce bonheur,
Je serois si fidelle à garder vostre honneur,
Que nous deux seulement sçaurions ma jouissance
Dont le seul souvenir me fait Dieu quand j'y pense.]
J'ay comme avantureux en divers lieux aymé,
Tousjours sage et discret, des Dames estimé :
Je sçay de quel honneur on respecte la grande,
Je sçay bien quel service une vefve demande,
Une fille, une femme, et si sçay bien comment
On se doit en tel cas gouverner sagement;
Je ne fis jamais faute et ne pourrois le faire,
Comme predestiné pour aux Dames complaire.

 Mais si, par traict de temps, ma serve loyauté
Ne peut trouver en vous que toute cruauté,
Et si contre ma foy vous devenez si fiere,
Que je ne puisse, hélas! vous flechir par priere;
Pour me donner secours j'appelle à mon confort
Contre vostre rigueur les Parques et la mort,
Pour delier ensemble et ma plainte et ma vie,
Afin que mon Amour de la mort soit suivie (*a*).

 a. Var. :

Pour ne vous servir plus de longue mocquerie,
Et mon ombre en tous lieux vous soit une Furie.

ELEGIE X.

Vous suppliant au moins de ne me nier pas
Que je puisse estre mis après le mien trepas
Au lieu que vous aurez choisy pour sepulture,
Pour dormir près de vous sous mesme couverture,
Et qu'après nostre mort equalement tous deux
Puissions estre là bas par les champs amoureux,
Afin de vous conter, assis soubs les ombrages
Des myrthes Paphiens ou de sur les rivages
Qui sont toujours soufflés d'un zéphire très doux,
Les douleurs qu'en vivant j'auray receu pour vous.
Là, sans peur ny danger, sans soupçon ny sans crainte,
Sans respect de grandeur, je vous feray ma plainte,
Et vous ramentevray mes premières amours
Qui vives au tombeau se garderont toujours ;
Car la mort, tant soit-elle aux amoureux contraire,
De vostre beau lien ne me pourra deffaire.
 Là, devisant d'amour, comme petits oyseaux
Tantost nous volerons de rameaux en rameaux,
Tantost je vous verray dessus l'herbe couchée,
Tantost j'auray ma teste en vostre sein panchée,
Tantost je baiseray vostre bouche et vos yeux,
Tantost nous foulerons l'herbette de nos jeux,
Tantost nous danserons, et de fleurs ordonnées
Nous aurons en tout temps les testes couronnées
Les bras et tout le sein ; et sans prendre soucy
De la faveur des Roys comme l'on fait icy,
Nous irons pas à pas après les grans déesses
Qui jadis en vivant des Dieux furent maistresses :
Helene, Europe, Io ; et n'auront à desdain
Nous mener à leur bal et nous tendre la main,
Voire de nous bailler dignité par sus elles
Comme à l'exemple vray des amitiés fidelles.
Lors les esprits diront en nous voyant tous deux :
Ceux cy en leur vivant ne furent point heureux
Pour n'estre pas égaux, mais la Mort qui égale
Les sceptres aux leviers, comme trop libéralle,

Après avoir souffert sur la terre longtemps,
Les a faits icy bas bien heureux et contents :].(1)

ELEGIE XI

J'avois tousjours et craint et voulu tout ensemble (*a*),
Que la longueur du temps qui l'amour des-assemble,
Ou disgrace, ou Fortune, ou voyage lointain,
Ou maladie ostast vostre amour de mon sein.
Mais plus j'opiniastre à vous servir, Madame,
Plus les ans vont fuyant, et plus je porte en l'ame
Maugré les accidents du temps et de rigueur
Vostre beau nom qu'Amour m'a gravé dans le cœur (*b*).
Tant s'en faut que l'ardeur de mon feu diminue,
Que nourry de vos yeux tousjours il continue
De flamber en mon cœur, et tousjours s'accroissant
S'augmente de sa flame et devient plus puissant.
[On dit qu'en ces fourneaux où le metail liquide
Se coule à la chaleur, se voit la Pyralide,
Animal né de feu, qui se nourrist en feu ;
Le feu luy est son bien, son plaisir et son jeu ;
Il mourroit sans le voir, sa bruleure est sa vie,

a. Var. :

J'ay cherché mainte année et fuï tout ensemble,

b. Var. (1584) :

Maugré tous accidens, sans jamais estre franc,
Vostre beau nom qu'Amour m'a coulé dans le sang.

1. Cette gracieuse description d'amours posthumes est supprimée dans l'édition de 1584.

ELEGIE XI.

Et le feu seulement est toute son envie.
 Je luy ressemble, hélas ! car vivre je ne puis
Si dans le feu d'amour consumé je ne suis.
Sa braise est mon plaisir ; telle est ma destinée
Qu'on ne voyra jamais autre part destournée
Qu'à vous suivre, Madame, et vos yeux, tout ainsy
Que le cours du Soleil est suivy du soulcy ;
Car sans penser en vous, sans vous voir et vous suivre,
Je perds le sentiment et bref je ne puis vivre.
Je deviens un corps mort, tout froid et tout glacé,
Que l'âme son hostesse en sortant a laissé
Sans aucun mouvement, sans puissance ny force
N'estant plus qu'une terre ou qu'une vaine escorce.
Ainsy en vous perdant je perds tout mon pouvoir ;
Vous me faites marcher, ouyr, parler et voir ;
Vous me donnez la vie et l'esprit qui ne cesse
De vous suyvre partout ainsy que sa maistresse ;
Il despend de vos yeux si gratieux et doux
Et ne veut adorer autre femme que vous.
 Qu'il ne soit vray, Madame, alors que l'esperance
Se perdoit de me joindre à vous par alliance,
Lorsqu'un autre mary se venant présenter
Me contraignit un temps de vos yeux m'absenter,
Pour vivre par les bois errant et solitaire
Comme un homme pensif à qui rien ne peut plaire ;
Et lors que je cogneus après si long retour
Que vous m'aviez donné un compaignon d'amour
Que vous favorisiez peut-estre d'avantage,
Et lorsque j'aperçu que l'amoureux langage
Que nous soulions tenir en nos devis premiers
Se tournoit en propos communs et familiers
Tels qu'on tient aux amis quand ensemble on devise
Et que le feu d'amour les courages n'attise
Et lorsqu'en vous voyant un chacun cognoissoit
Que de vostre costé l'amitié decroissoit.
 Alors plus vivement mon cœur fist resistance
Et contre le malheur j'opposay ma constance,
Et plus qu'auparavant je m'armay de ma foy,

Ne voulant que fortune eust l'honneur desur moy (1)].
Et comme desireux de vostre bonne grace,
J'essayé tous moyens de réchaufer la glace
Qui serroit froidement vostre cœur au dedans,
Defendant le passage à mes soupirs ardans
Pour m'oster hors de doute et pour voir si sans feinte
Vous aviez dans le cœur agréable ma plainte,
Puis je disois ainsi (a) : Tant plus un bon soudart
Se rend opiniastre à garder le rempart,
Plus il est assiegé d'une puissante armée,
Et tant plus il s'acquiert de bonne renommée,
S'il resiste au danger, et si, brave de cœur,
Il se fait au combat des ennemis vainqueur.
Donques en imitant le vaillant Capitaine,
Combatons le malheur; l'honneur gist en la peine.
Je disois à part moy de semblables propos
Qui plus qu'auparavant me rendirent dispos,
Prompt, allegre, et gaillard à vous faire service (b),
Afin qu'en vous aimant mon Destin je suivisse.
Seule je vous appelle à tesmoin de cecy,
Seule vous cognoissez mon mal et mon soucy
Sans rien vous reprocher; non qu'en pleurant je pense

a. Var. :

Si qu'en sentant d'amour la douloureuse estrainte
A par-moy bien souvent je fais ainsi ma plainte,
Reconfortant mon cœur.

b. Var. :

Ainsi me consolant de tels braves propos,
Comme charmé d'Amour je me senty dispos,
Et renforçay mon cœur à vous faire service,

1. Cette charmante tirade est supprimée dans les éditions posthumes.

Tirer de mon service aucune recompense,
(Vous seule cognoissez si ma fidelité
Merite d'estre bien ou d'estre mal traité)
Mais afin que ma playe icy vous fust déclose :
Ou si vostre memoire, heureuse en autre chose,
Ou si vostre bel œil ne faisoit son devoir,
Ce papier quelquefois vous peust ramentevoir
Le tourment que j'endure, en vous faisant entendre
Mon mal que vous n'avez encores sçeu comprendre.
  Donques à tel effect garderez cet escrit,
Afin qu'en le lisant, vostre gentil esprit
S'asseure que le Temps ny la Mort ny Fortune,
Ny tout ce qui depend d'envie ou de rancune,
Ne sçauroit empescher ny ce bien ny cet heur
Que je ne sois tousjours vostre humble serviteur,
Esclave de vos yeux, où Amour mit l'enseigne
Qui le chemin d'honneur et de vertu m'enseigne.
Car tant plus je verray mon fait desesperé,
Et tant plus je seray d'esperance asseuré,
Et feray fondement d'une heureuse asseurance
Quand de plus esperer je perdray l'esperance.
Amour d'un tel discord se contente et se plaist,
Et d'une autre viande Amour ne se repaist (a).
[Tout homme comme moy qui ardemment desire
Pour un mauvais espoir d'amour ne se retire ;
Il est ferme en sa foy et plus il se permet
Alors que moins d'espoir sa dame luy promet.
  Or ce remède seul contre mon mal j'embrasse ;
Car quand il vous plaira me donner vostre grâce,
M'aimer et m'estimer et me favoriser,
Mon mal, tant soit-il grand, vous pourrez appaiser,
Et ferez que jamais je ne me voudray plaindre

a. Var. : En 1584, dans les éditions posthumes, la pièce se termine par ces deux vers :

L'accord et le discord luy servent de pasture.
De tel arbre tel fruit : c'est d'Amour la nature.

Du coup dont je me sens si vivement atteindre,
Au contraire estimant bien gratieux et doux
Le traict qui ma tué si doucement pour vous.
   Et pourvu que vous seule ayez toute puissance
De donner à ma playe ou mort ou allegeance,
Que seule estes ma mort, ma vie et tout mon bien,
Et que vivant sans vous, sans vous je ne suis rien,
C'est à vous à bon droit, Madame, à qui j'adresse
Mes vœux par cet escript ainsy qu'à ma Déesse.]

(1564).

ELEGIE XII

A I. HURAULT

Sieur de la Pitardière.

Voicy le temps, Hurault, qui joyeux nous convie
Par l'amour, par le vin, d'esbatre notre vie.
L'an reprend sa jeunesse, et nous montre comment
Il faut ainsi que luy rajeunir doucement.
Ne vois-tu pas, Hurault, ces jeunes Arondelles,
Ces pigeons tremoussans et du bec et des ailes,
Se baiser goulument et de nuict et de jour
Sur le haut d'une tour se soulasser d'amour ?
   Ne vois-tu pas comment ces Vignes enlassées
Serrent des grands Ormeaux les branches embrassées ?
Regarde ce bocage, et voy d'une autre part
Les bras longs et tortus du Lierre grimpart
En serpent se virer à l'entour de l'escorce
De ce chesne aux longs bras, et le baiser à force.
   N'ois-tu le Rossignol, chantre Cecropien,
Qui se plaint toute nuict du forfait ancien

Du mal-heureux Terée, et d'une langue habile
Gringote par les bois la mort de son Ityle ?
Il reprend, il retient, il recoupe le son
Tantost haut, tantost bas, de sa longue chanson,
Apprise sans nul maistre, et d'une forte haleine
Raconte de sa sœur les larmes et la peine.
　Ne vois-tu d'autre part les Nymphes en ces prez
Esmaillez, peinturez, verdurez, diaprez,
D'un poulce delicat moissonner les fleurettes
Qui devoient estre proye aux gentilles avettes,
Lesquelles en volant de sillons en sillons,
De jardins en jardins avec les papillons,
A petits branles d'aile amassent, mesnageres,
Des printanieres fleurs les odeurs passageres ?
　Cela nous admoneste en ces mois si plaisans
De ne frauder en rien l'usufruict de nos ans;
Voicy la Mort qui vient, la vieille rechignée,
D'une suite de maux tousjours accompagnée.
Il faut en despit d'elle empoigner le plaisir,
Pendant ce mois de May, où l'âge et le loisir
Réveillent nostre sang qui jeunement bouillonne,
Et aux plaisirs mignards tous nos sens aiguillonne.
　Mais lors que soixante ans nous viendront renfermer,
Il faut le triquetrac et les cartes aimer,
Sans se laisser domter à la rigueur de l'âge,
Qui nous fera là-bas faire un si long voyage,
D'où plus on ne revient, au moins comme l'on dit :
Si Catulle a menti ma faute est à credit.
　Tu prens (je le sçay bien) le conseil pour toy-mesme
Que tu m'as ordonné ; tu n'as point le teint blesme
Ny le front renfrongné ; et pense qu'à te voir
Tu es un gaillard homme et prompt à t'esmouvoir,
Quant tu as prés de toy quelque gentille Dame,
Dont la jeune beauté te fait réjouir l'ame :
Puis tu sers Apollon qui t'eschaufe le sein,
Et le pere Bacchus ne te vient à desdain.
　Ie t'en ressemble mieux ; car en ma fantasie
N'entra jamais ny dol, ny fard, n'hypocrisie.

Je courtize Bacchus, Erycine, Apollon :
Les trois piquent mon cœur d'un poignant aiguillon ;
Je les prens sobrement ; si je faux d'aventure,
La faute n'est pas mienne, elle vient de nature.

(1584.)

ELEGIE XIII

Bien que l'obéissance et l'amour que je doy
Au service de Dieu, de l'Eglise et du Roy,
Me retiennent au camp au milieu des alarmes,
Des guerres, des combats, des assauts et des armes (a);
Si est-ce que le traict qui sortit de vos yeux
Pour me blesser le cœur m'accompagne en tous lieux ;
Tousjours il me combat, et la douce memoire
De vos perfections luy donne la victoire.
 Soit que je sois à pied avecques les soldars,
Je sens tousjours d'Amour les fleches et les dars ;
Soit que j'aille à cheval armé par la campaigne,
Tousjours ce petit Dieu en croupe m'accompaigne,
Jamais ne m'abandonne, et comme mon vainqueur
Met l'enseigne à mon front et se campe en mon cœur.
 La nuict, quand les soldars sur la terre sommeillent
De la guerre lassez, mes pensers me réveillent.
L'un presente à mes yeux vostre jeune beauté,
L'autre vostre douceur pleine de cruauté,
L'autre vos doux propos que je garde dans l'ame ;
Puis l'esperance vient, qui tout le cœur m'enflame
D'amour et d'un desir d'aller bien tost revoir

---

a. Var. (1567) :

Animé d'un caurage aussi fort que les armes :

ELEGIE XIII.

Vos yeux qui ont, hélas ! ma vie en leur pouvoir (a)!
[Quand le jour est venu tout seul je me retire,
Ou parlant à quelqu'un je lamente et souspire,
J'ay le visage triste et suis si langoureux
Qu'on diroit à me veoir que je suis amoureux.]
Certes je le suis tant que je ne pourroy vivre
Une heure sans aymer vos yeux qui me font suivre
L'honneur et la vertu et le chemin des Cieux,
Tant je suis redevable à leur feu gracieux !
   Je mourrois sans aimer leur gentille lumiere
Qui m'embraza le cœur d'une flame premiere,
Et qui me fit sentir combien est fort et chaud
L'Amour venant d'un lieu si honorable et haut.
   Je suis la Salemandre, et ne suis à mon aise
Si mon cœur n'est tousjours au milieu d'une braise;
Le feu de vos beaux yeux tant seulement me plaist,
Et mon cœur en bruslant se nourrit et se paist.
   Si d'un cristal bien net ma poitrine estoit faite,
Vous voirriez clairement mon amitié parfaite,
Vous cognoistriez sans fard ma flame estinceler,
Qui esclaire plus loin quand je la veux celer;
Car la gentille ardeur éprise en bonne place
Ne se cache jamais quelque chose qu'on face.
Vous voirriez en mon cœur vivement imprimez
Vostre front, vostre bouche et vos yeux tant aimez,
Vos cheveux, les liens qui prisonnier me tiennent,
Vos paroles, pour qui tant de pensers me viennent,
Et vos mains qui le cœur me tiennent enserré.
Vous verriez au naïf vostre port figuré (b),
Vos graces, vos beautez si divines et saintes,

   a. Var. (1567) :

Vos yeux qui me font vivre et sentir et mouvoir.

   b. Var. :

Mes pensers qui tous seuls en tous lieux m'entretiennent,
Vostre main qui mon cœur en ses beaux doigts estreint :
Vous voirriez au naïf vostre visage peint,

ELEGIE XIII.

Par le pinceau d'Amour dedans mon cœur empraintes.
 Et lors je suis certain qu'en regardant le trait
Imprimé dans mon cœur de vostre beau pourtrait,
Vous auriez de ma foy parfaite cognoissance,
Et seriez asseurée en mon obeïssance.
 Madame, je sçay bien que tout seul je ne suis
Qui desire le lieu que gaigner je ne puis;
Un homme seulement en terre ne regarde
La clairté du Soleil qui ses rayons nous darde.
 Je sçay que vos grandeurs, vos biens et vos honneurs
Ont le service acquis de deux braves Seigneurs,
Grans de race et de biens, de qui la renommée
Reluit comme une estoile à mi-nuict allumée,
Qui, portans le harnois et le glaive pointu,
Ont fait par leurs combas paroistre leur vertu:
 Si est-ce toutesfois bien qu'ils soient magnanimes,
Vaillans et courageux, pleins d'honneurs et d'estimes (*a*),
Je ne leur cede en rien: ou soit pour faire armer
Les galeres bien loin sur les flots de la mer,
Soit pour combattre en terre, et le fer de ma lance
Arrouser dans le sang des ennemis de France;
Mais ainsi que la nuict s'efface par le jour,
Tant soyent-ils amoureux je passe leur amour.
 Car si c'est bien aimer tousjours penser en celle
Qu'on estime en beauté sur toutes la plus belle,
Ne songer, ne parler et ne rêver sinon
En sa douce beauté, en sa grace, en son nom,
Et n'avoir pour sujet que si plaisante chose,
Estre plein d'un esprit qui jamais ne repose,
Ne vivre plus en soy, remourir mille fois,
Ne parler qu'à demi, entre-rompre sa vois,
Discourir sans discours, vivre de fantasie,
Tantost espris de peur, tantost de jalousie,
Se desfier de tout, ne s'asseurer de rien,

 a. Var.:
 bien qu'ils vantent leur race
Courageux et remplis de Martiale audace,

ELEGIE XIII.

Dissimuler le mal, se promettre le bien,
Si cela est aimer, je confesse, Madame,
Que je vous aime mieux que je n'aime mon ame,
Mes yeux, mon sang, mon cœur; car je ne veux aimer
Mon cœur si non d'autant qu'il vous plaist l'estimer.
Jà deux ans sont passez que vous estes certaine
Combien pour vostre amour j'ay de mal et de peine :
Et s'il faut preferer celuy qui le premier
Ose d'un gentil cœur sa maistresse prier (a),
Sur mes deux compagnons je doy gaigner la place,
Comme ayant le premier desiré vostre grace.
[Dieu punist les ingrats et pour ce gardez vous
(Si vous me traitez mal) d'irriter son courroux.
Depuis que la fortune ou que la destinée
Eust pour vous obeyr ma nature inclinée,
Je devins vostre esclave et depuis n'ay cessé
De chercher vostre amour pour y estre avancé.
Lors de ma liberté vous fustes la maistresse,
Lors je vous honoray ainsy qu'une Deesse ;
Vous fustes mon espoir, et sur le haut du front
Je portay les soucis que vos beaux yeux me font ;
Je vous contay mon mal qui vous fust agreable
Et pris en vostre amour une place honorable.]
Et pource je serois de douleur consommé,
Si un autre cueilloit le champ que j'ay semé,
Et si par un malheur la moisson qui m'est deue
Estoit devant mes yeux d'une autre main tondue.
[Certes l'obeïssance et la premiere foy
Que si benignement vous receustes de moy,
Et l'extresme desir que j'ay de vous complaire,
Vous aymer, honorer et service vous faire,]
Et ceste fermeté d'avoir tant esperé,
Merite justement que je soit preferé.
Puis vous ne desirez abandonner la France,

---

a. Var. :

Ose prier sa Dame et s'en fait coustumier,

L'air de vostre païs et de vostre naissance ?
Mais comment voudriez-vous la France abandonner
Quand ceux qui en sont loing y veulent retourner (*a*) ?
Car toujours du païs la douceur nous attire,
Et chacun de son feu la lumiere desire.
C'est à faire aux poissons qui courent par les eaux,
Aux bestes des forests, aux vagabons oiseaux,
De changer de païs, et n'arrester une heure ;
Mais l'homme bien rassis en sa terre demeure.
   Et bien que l'Italie ait l'air delicieux,
Nourrice des Cesars et des victorieux,
Qui par armes ont fait aux autres peuples honte ;
Si est-ce qu'aujourd'huy la France la surmonte
En Princes, en cités et en Roys, dont le nom
Des premiers empereurs efface le renom (*b*).
   Au reste je sçay bien qu'une Dame sans vice
Comme vous, n'a le cœur entaché d'avarice ;
C'est un vilain peché, deshonneste, odieux,
Ennemy capital des hommes et des Dieux.
Puis que le Ciel benin envers vous ne fut chiche
De vous faire sur toute honneste, belle et riche,
Il ne faut ressembler à l'esponge qui boit,
Et tant plus elle a d'eau et tant plus en voudroit.
   Le vray contentement ne gist en l'abondance
Des biens et des thresors, mais en la suffisance,
Le but de la richesse est d'en sçavoir user.
On pourroit une femme indigente excuser
Qui court apres les biens pour nourrir sa famille ;
Mais une riche Dame amoureuse et gentille,
Qui a l'esprit bien né, se fait un mauvais tour

a. Var. :

Quand tous les estrangers y veulent sejourner ?

b. Var. :

En Princes et en Roys dont les faicts et les mains
Se pressent du silence à faute d'escrivains.

ELEGIE XIII.

Quand par trop d'avarice elle vend son amour.
Or si vostre Grandeur aux richesses regarde,
De trouver un mary jamais vous n'avez garde.
Il vous faudroit un Dieu ; car un homme mortel
N'est pas digne d'avoir un mariage tel.
Mais si vous regardez au port et à la face,
Aux grandeurs des Maisons, au sang et à la race,
Aux illustres vertus, indigne je ne suis
D'avoir en vostre amour le bien que je poursuis.
Et bref vous me serez ou gracieuse ou brave,
Je demourray toujours vostre fidele esclave ;
J'espere tant de vous et de vostre pitié,
Qu'un jour j'auray le fruict de ma longue amitié.
Ou bien si le Destin empesche ma fortune,
Je vaincray le Destin d'une amour importune ;
Je vous aimeray tant et vous serviray tant,
Je seray si loyal, si ferme et si constant,
Que le Ciel à la fin forcé par mon service
De l'heur de vostre amour voudra que je jouisse (*a*).
Ou bien s'il ne le veut, je fuiray dans ces bois,
Où tout desesperé maintenant je m'en-vois
Mourir sous un rocher ; là passant d'avanture,
Faites graver ces vers dessur ma sepulture :

Celuy qui gist icy mourut pour la beauté
D'une Dame qui fut pleine de cruauté,
Qui tua son amy pour luy sembler trop belle,
Et mort sous ceste tombe, il meurt encor' pour elle.

(1564.)

a. Var. :

Que vostre cœur vaincu, bien que cruel et rude,
M'ostera quelque jour le joug de servitude :

ELEGIE XIV

Traduite du grec d'Ergasto.

Quiconque peut oster une jeune pucelle
Loin des bras de celuy qui meurt pour l'amour d'elle,
Il a le cœur de roche et l'estomac de fer,
Et l'humaine pitié ne le peut eschaufer ;
Il a succé le laict d'une rousse Lionne,
Avecques ses tigreaux une Tigre felonne
L'a nourry de chair crue, et n'a dedans le cœur
Que vagues, que rochers endurcis de rigueur.
O Dieux! j'aimerois mieux, si j'estois Roy d'Asie,
Que la guerre m'ostast mon Sceptre que m'amie ;
Car on vit aisément en ce mortel sejour
Sans avoir un Royaume, et non pas sans amour ;
Amour qui est la vie et des Dieux et des hommes!
Que sert d'amonceler les thresors à grand's sommes,
Estre Prince, estre Roy, sans avoir toute nuict
Une maistresse ès bras pour prendre son deduict (a)?
Ah! le jour et la nuict viennent pleins de tristesse
A celuy, fust-il Roy, qui languit sans Maistresse.
Las! si quelque voleur ou pirate de mer
Faisant en ce païs ses galeres ramer,
M'avoit osté la mienne, ou bien quelque grand Prince,
Patience forcée il faudroit que je prinse,
Et ne me chaudroit point de pleurer sur le bord,
Faisant maugré moy place à si malheureux sort,
Voyant flotter la voile et accusant Fortune,
Qui me seroit (peut-estre) avec mille commune ;
Mais un Thymon me l'oste, ô fiere cruauté!

a. Var. :

                         sans prendre le doux fruict
D'une jeune Maistresse en ses bras toute nuict?

ELEGIE XIV.

Jamais entre les Grecs n'habita loyauté.
 Pour sa punition en temps d'hyver la foudre (a)
Sa cave et son grenier puisse reduire en poudre,
Et luy en la plus dure et plus froide saison
Se puisse rechaufer au feu de sa maison,
Pleurant sans reconfort (b); ses fils venus en âge,
Contre luy animés luy puissent faire outrage
Par procez embrouillez de mille meschans tours,
Pour la punition de m'oster mes amours.
 Sa femme soit publique et soit par la contrée
Au doigt de tout chacun vilainement monstrée;
Soit tousjours en taverne ayant vendu ses biens,
Et face deshonneur, comme putain, aux siens.
 Dormez en doux repos, ô cendre Icarienne,
Dessous les myrtes verds vostre Idole se tienne
Pour avoir bien aimé! si vous avez vendu
Vostre bien, jeunement pour une despendu,
Qui certes n'estoit pas digne de vostre race,
Dormez en doux repos! Dieu vous face sa grace.
Tel vous pourra blasmer devant les gens, qui sçait
Et cognoist en son cœur que vous avez bien fait.
 Non, non! je ne suis plus celuy qui vous accuse,
Mais bien je suis celui qui gaillard vous excuse,
Vous ressemblant d'humeur, et qui suis desireux
Mourir ainsi que vous tres-fidele amoureux.
Mon Dieu! que sert d'aimer ès villes ces Princesses?
Jamais telle grandeur n'apporta que tristesses,
Querelles et debats. Il faut aller de nuit,
Il faut craindre un mari; toute chose leur nuit;
Puis pour leur recompense ils ne reçoivent d'elles
Que le mesme plaisir des simples pastourelles.

a. Var. :

Au temps de la famine, en vengeance, la foudre

b. Var. :

Aille chercher son pain :

Ils n'ont pas ny le sein ny le ventre meilleur,
Ny les cheveux plus beaux, ny plus belle couleur,
Ny quand on vient au poinct des graces plus friandes.
 Il n'est (ce disent-ils) que d'aimer choses grandes,
Que d'aimer en grand lieu. Au diable la Grandeur
Qui tousjours s'accompaigne et de crainte et de peur!
Le jeune Dorylas en donne experience,
Qui n'eust entre les Grecs repos ni patience
Pour hautement aymer. Au diable la Grandeur
Qui tousjours s'accompaigne et de crainte et de peur!
Bien! une grand Princesse a tousjours plus de pages,
D'escuyers, de suyvants, de pompeux equipages.
Hé de quoy sert celà? car quand on vient au poinct
Du plaisir amoureux, certes il n'en faut point,
Il faut se cacher d'eux (a) : en cela l'abondance
De trop de serviteurs porte grande nuisance.
Ou quand on aime bas, jamais on n'est épris
(Pour estre seule à seul) de crainte d'estre pris;
Ou bien s'on est surpris, ce n'est que moquerie
Qui n'apporte jamais querelle ny furie.
 Quant à moy, bassement je veux tousjours aimer,
Comme cil qui ne veult pour les Dames s'armer
Si l'on ne me fait tort; toute amour outragée,
Hostesse d'un bon cœur desire estre vengée.
 Avant qu'estre amoureux, loüer je ne pouvois,
Pour estre un peu trop sot, la fureur de deux Rois
Pâris et Menelas, qui troublerent l'Asie
Et l'Europe en faveur d'une si belle amie.
 Or Menelas fit bien de la redemander
Par armes, et Pâris par armes la garder;

 a. Var. :

Tu diras au contraire : Une riche Princesse
Est pleine de faveurs, d'honneurs et de richesse,
De Pages, d'Estafiers. Hà! quand on vient au bien
Du plaisir amoureux, la suite ne vaut rien,
Il se faut cacher d'elle :

ELEGIE XIV.

Car le tendre butin d'une si chere proye
Valoit bien un combat de dix ans devant Troye.
Je les absous du fait, je serois bien contant
La demander dix ans, et la garder autant.

   Achille, ne desplaise à ton Poëte Homere,
Il t'a fait un grand tort! car apres ta colere
Tres justement conceue encontre Agamemnon,
Il t'a faict appointer pour ton mort compagnon.
Ou tu ne devois point entrer en telle rage,
Ou tu devois garder plus long temps ton courage.
O le brave amoureux! des chevaux vistepieds,
Des femmes, des talens, des citez, des trepieds
Te firent oublier ton ire genereuse,
Qu'à bon droit tu avois pour ta belle amoureuse!
Tu devois courroucé, sans te flechir apres,
Brusler ou voir brusler les navires des Grecs.
Jamais ne me viendra de te loüer envie;
Va! tu as plus aimé ton amy que t'amie!
As-tu daigné, coqu, embrasser Briseïs,
Apres qu'Agamemnon tes plaisirs a trahis,
Honnissant tes amours? et quoy qu'il jurast d'elle,
Tu ne devois penser qu'il la rendist pucelle,
Elle jeune et luy jeune, apres avoir esté
Couchez en mesme lict la longueur d'un Esté.
Va! tes gestes sont beaux: mais ton amour legere
Des-honore tes faits, et les Muses d'Homere.

   Quant à moy, ny talens, ny femme, ny cité
Ne sçauroient appaiser mon courroux despité,
Qu'inviolablement je ne haye sens cesse
Le malheureux Thymon qui m'a pris ma maistresse(a).

(1560.)

a. Var. :

Que je ne porte au cœur une haineuse flame
Contre ce faux parent qui m'a ravi mon ame.

ELEGIE XV

J'ay ce matin amassé de ma main
Ce beau bouquet digne de vostre sein,
Si un bouquet, tant soit digne, merite
Toucher le sein d'une telle Charite,
Dont la jeunesse enfante mille fleurs,
Mille beautez causes de mes douleurs.
Ce gay bouquet qu'ici je vous presente,
Est fait de fleurs que la terre plaisante
Fait de son sein les premieres sortir
Quand le Printemps le daigne revestir;
Fleur qui le nom porte, tant elle est belle,
D'un Dieu (1), d'un Mois, de la Mer, et de celle
Qui la seconde en amour me gaigna (1),
Et d'un grand feu le cœur m'accompagna,
[Qui reluisoit d'autant plus que la flame
S'estoit reprise encore un coup en l'ame,
Pour rassembler d'un artifice prompt
Les feux passez au brasier du second.]
Or tout ainsi que ceste fleur ne porte
Couleur qui soit d'une semblable sorte;
Vostre beauté, diverse tout ainsi,
Change de teint et de graces aussi.
Elle est vermeille, et vous estes vermeille,
Sa blancheur est à la vostre pareille;
L'une est d'azur, votre esprit et vos yeux
Ont pour couleur le bel azur des Cieux;
L'autre a le gris pour sa parure mise,

---

1. C'est la fleur qu'on nomme Marguerite, qui porte la première lettre de Mars, de May, de Mer et de Marie, sa seconde maîtresse.

ELEGIE XV.

Et vous aimez la belle couleur grise ;
L'une bigarre et colore son teint,
De cent beautez votre visage est peint ;
Elle sent bon, et vostre odeur est bonne ;
La fleur est Gaye, et le Ciel, qui vous donne
Dés la naissance une naïveté,
Vous tient toujours en plaisante gayté ;
La fleur est jeune, en jeunesse vous estes ;
Parfaite elle est, vous estes des parfaites ;
La belle fleur ne dure qu'un Printemps,
Et vos beautez ne durent pas long temps.

 Le bouquet est tout semé de Pensées,
J'en porte au cœur un millier amassées ;
Maint jeune brin de Fenoil et de Thin
Vont honorant ce mien present, à fin
Qu'en les voyant vous eussiez souvenance
Qu'Amour moqué ameine une vengeance.
Ceux qui ont feint les fables ont conté
Que le Fenoil et le Thim ont esté
Filles jadis, qui furent tranformées
Pour ne vouloir en jeunesse estre aimées
De leurs amants ; dont Amour se vengea,
Qui leurs beaux corps en fleurettes changea,
Pour vous monstrer par exemple notable
Qu'un cœur cruel est toujours miserable.
Tout le bouquet d'un filet délié
Est bien serré, et j'ay le cœur lié
Au vostre, ainsi qu'une vigne se lie
Quand de ses bras aux ormeaux se marie ;
Lien qui peut, tant il est dur et fort,
Rompre les mains du Temps et de la Mort.

 Plus il ne reste à vous dire, Maistresse,
Que tout ainsi que ceste fleur se laisse
Passer soudain, perdant grace et vigueur,
Et tombe à terre atteinte de langueur
Sans estre plus des Amans desirée,
Comme une fleur toute desfigurée ;
Vostre âge ainsi verdoyant s'en-ira,

Et comme fleur sans grace perira.

Donq' ce-pendant que vostre âge fleuronne,
Et que Venus de ses dons vous couronne,
Si m'en croyez ne laissez perdre un jour
Sans folastrer ou manier l'amour,
Pour n'avoir point regret en la vieillesse
D'avoir perdue en vain vostre jeunesse.

(1573.)

ELEGIE XVI

Je suis certain que vostre bon esprit
Dira, soudain qu'il verra cet escrit,
Que je ressemble au marinier qui donne
Repos au Ciel quand la marine est bonne,
Et de ses vœux ne va point tourmenter
Neptune en l'eau, ny au Ciel Jupiter,
Lors que le vent em-poupe son navire,
Faisant chemin où son cœur le desire.

Mais quand l'orage en la mer le surprend,
Et quand sa mort dessus la vague pend,
Palle et tremblant fait cent mille prieres,
Pour eschapper aux Nymphes marinieres;
Et en si dure et fascheuse saison
Toute sa bouche est pleine d'oraison;
Croize ses bras, et en telle fortune
Promet au bord de grands dons à Neptune.
Puis, quand il est esloigné du danger,
S'enfuit gaillard, sans penser ny songer
Comme il doit rendre aux Dieux sur le rivage
Ses vœux jurez au milieu de l'orage.

De telle erreur vous pourrez m'accuser;
Je le confesse et ne puis m'excuser;

ELEGIE XVI.

Je sens ma faute et sçay bien qu'elle est grande,
Et pour cela pardon je vous demande.
 Quand je suis aise à mon repos icy,
Sans passions, affaires ou soucy,
Enflé de gloire et brave d'esperance,
Je ne vous fay ny cour ny reverence,
[Je ne vous cherche et d'un desir époint
De vos honneurs, je ne demande point
Si ma muse est suffisante et proprice
Comme elle doit à vous faire service;]
Je ne vay point troubler vostre repos,
Rompre vostre aise ou trancher vos propos;
Car sans mentir je ferois conscience
D'abuser trop de vostre patience.
 Et si je faux, comme certes je faux,
Du seul devoir procedent mes defaux,
Et du respect trop grand que je vous porte,
En vous craignant et honorant, de sorte
Que je ne puis de vos yeux approcher,
Tant je les aime et crain de les fascher.
[Non que je sois de nature grossiere;
J'ay l'esprit vif, l'ame prompte et legiere;
Tant seulement la crainte d'ennuyer
Me vient le pied et la langue lier.]
 Mais quand Fortune icy m'est adversaire,
Quand je ne puis despecher mon affaire,
Quand quelque ennuy me desrobe l'espoir,
Quand on ne veut ma Muse recevoir,
Quand un fascheux Chrysophile (1) rechine
A ma priere, ou me tourne l'eschine,
Ou parle à moy par fraude et par courrous,
Pour mon support je me retire à vous,
Je vous caresse et courtise et supplie,
Et par escrit, Deesse, je vous prie
Comme mon tout, et ne suis abusé;

---

1. Il entend quelque tresorier de l'Espargne. Chrysophile vaut à dire avare. (M)

Aussi de vous je ne suis refusé,
Tant vous avez l'ame gentille et pure
Qui les vertus aime de sa nature,
Et qui ne souffre, en despit du malheur,
Qu'un vertueux soit vaincu de douleur.
C'est la raison pourquoy je me confesse
Que des Vertus la belle troupe espesse
Pleurant de deuil s'en soit allée aux Cieux,
Abandonnant ce Monde vicieux.
 Car vous voyant en ceste terre suivre
Toutes vertus, on les peut dire vivre
Toutes en vous, et en vous elles sont
Apparaissant toutes sur vostre front;
Si que celuy qui de prés y prend garde,
Vous regardant, en vous il les regarde.
En ceste Cour la plus-part sont menteurs,
Trompeurs, causeurs, mesdisans, affronteurs,
Vous presque seule y estes veritable,
Phœnix d'honneur qui n'a point de semblable.
 [Pource du Ciel les astres en tout temps
Fassent et vous et les vostres contents,
Et l'amitié de vostre seconde ame
De plus en plus en la vostre s'enflamme,
La vostre en elle, et par tout l'univers
Puisse sonner la trompe de mes vers,
Haut celebrant aux nations estranges
De toutes deux les divines louanges,
Vous faisant vivre à la posterité;
Car toutes deux l'avez bien merité.]

(1573.)

ELEGIE XVII

Nous fismes un contract ensemble l'autre jour,
Que tu me donnerois mille baisers d'Amour,
Colombins, tourterins, à levres demi-closes,
A souspirs souspirans la mesme odeur des roses,
A langue serpentine, à tremblotans regars,
De pareille façon que Venus baise Mars,
Quand il se pasme d'aise au sein de sa Maistresse.
Tu as parfait le nombre, helas! je le confesse;
Mais Amour sans milieu, ami d'extremité,
Ne se contente point d'un nombre limité.
    Qui feroit sacrifice à Bacchus pour trois grapes,
A Pan pour trois aigneaux? Jupiter, quand tu frapes
De ton foudre la terre (ayant poitry dans l'air
Une poisseuse nue enceinte d'un esclair),
Ta Majesté sans nombre eslance pesle-mesle
Pluye sur pluye espaisse et gresle dessus gresle,
Sur champs, mers et forests, sans regarder combien.
Un Prince est indigent qui peut nombrer son bien.
A ta Maison celeste appartient l'abondance,
En terre ma maistresse a semblable puissance (a).
    Or toy donques cent fois plus belle que n'estoit
Celle qu'aux bords de Cypre une Conque portoit,
Pressurant les cheveux de sa teste immortelle,
Encore tout moiteux de la mer maternelle;
Tu ne devrois compter les baisers savoureux

---

a. Var. :

L'abondance appartient à la Maison Royale,
D'abondance en baisers ma Maistresse t'égale.

Que tu donnes trop chiche à ton pauvre amoureux (*a*).
Si tu ne veux conter les langueurs et les peines,
Ny les larmes qui font de mes yeux deux fontaines,
Pourquoy me contes-tu les biens que je reçoy,
Quand je ne conte point les maux que j'ay pour toy?
Car ce n'est la raison de donner par mesure
Tes baisers, quand des maux innombrables j'endure.
Donne-moy donc au lict, ensemble bien unis,
Des baisers infinis pour mes maux infinis.

(1584.)

ELEGIE XVIII

Sans ame, sans esprit, sans pouls et sans haleine,
Je n'avois ny tendon, ny artere, ny veine,
Qui dissoute ne fust du combat amoureux;
Mes yeux estoient couverts d'un voile tenebreux,
Mes aureilles tintoient, et ma langue seichée
Estoit à mon palais de chaleur attachée.
  A bras demi-tombez ton col j'entrelaçois;
Nul vent de mes poulmons pasmé je ne poussois;
J'avois devant les yeux ce Royaume funeste
Qui jamais ne jouit de la clairté celeste,
Royaume que Pluton pour partage a voulu,
Et du vieillard Charon le bateau vermoulu;
Bref j'estois demi-mort, quand tes poulmons s'enflerent,
Et d'une tiede haleine en souspirant soufflerent
Un baiser en ma bouche, entrecoupé des coups

---

a. Var. :

Imite-moy ce Dieu, sans estre chiche ainsi
De tes almes baisers, dont mon cœur vit ici.

De ta langue lezarde, et de ton ris si doux ;
Baiser vivifiant, nourricier de mon ame,
Dont l'alme, douce, humide et restaurante flame
Esloigna de mes yeux mon trespas et ma nuit,
Et fit que le basteau du vieillard, qui conduit
Les ames des Amans à la rive amoureuse,
S'en alla sans passer la mienne langoureuse.
 Ainsi je fus guary par l'esprit d'un baiser.
Il ne faut plus, Maistresse, à tel prix appaiser
Ma chaleur Cyprienne, et mesmement à l'heure
Que le Soleil ardant sous la Chienne demeure,
Et que de son rayon sur nos testes jetté,
Il brusle nostre sang et r'enflame l'Esté.
 En ce temps faisons tréve, espargnons nostre vie ;
De peur que mal-armez de la Philosophie
Nous ne sentions soudain, ou apres à loisir,
Que tousjours la douleur voisine le plaisir.

(1584.)

ELEGIE XIX

A ROBERT DE LA HAYE

Conseiller du Roy en son Parlement à Paris et Maistre
des Requestes de la Royne de Navarre.

Si j'estois à renaistre au ventre de ma mere
(Ayant, comme j'ay fait, pratiqué la misere
De ceste pauvre vie, et les maux journaliers
Qui sont des cœurs humains hostes trop familiers)
Et que la Parque dure en filant me vint dire :
Viens, çà ! lequel veux-tu des animaux eslire
Pour vivre encore un coup ? certes j'aimerois mieux

Revivre en un oyseau et voler par les Cieux
Tout plein de liberté; avoir un beau plumage
Bigarré de couleurs, et chanter mon ramage
De tailliz en tailliz, de buissons en buissons,
Et aux Nymphes des bois apprendre mes chansons,
Et de mon bec cornu parmy les champs me paistre,
Que par deux fois un homme en ce monde renaistre.
 J'aimerois mieux vestir un poisson escaillé,
Et fendre de Tethys le sejour esmaillé
De bleu meslé de pers, et du ply de l'eschine
Flotter de vague en vague au gré de la marine;
Puis au plus chaud du jour sortant du fond des eaux,
Paresseux me ranger aux monstrueux troupeaux
Du vieil Berger Protee et dormir sur le sable,
Que me voir derechef un homme miserable.
 J'aimeroy mieux renaistre en un Cerf bocager,
Portant un arbre au front, ayant le corps leger
Et les ergots fourchus, et seul et solitaire
Faire aupres de ma Biche à l'escart mon repaire,
Saulter parmy les fleurs, errer à mon plaisir,
Et me laisser conduire à mon premier desir,
Et la fraischeur des bois et des fontaines suivre,
Que me voir derechef en un homme revivre.
 De tous les animaux le plus lourd animal
C'est l'homme, le sujet d'infortune et de mal,
Qui endure en vivant la peine que Tantale
Là bas endure mort dedans l'onde infernale,
Et celle de Sisyphe et celle d'Ixion.
Il porte son Enfer, ou par ambition,
Ou par crainte de mort qui tousjours le tourmente,
Et plus un mal finit et plus l'autre s'augmente.
 Toutesfois à l'oüir discrettement parler,
Vous diriez que soudain au Ciel il doit voler,
Tant il fait en parlant de la beste entendue,
Ignorant que les Dieux luy ont trop cher vendue
Ceste pauvre Raison qui malheureux le fait,
D'autant que par-sus tous il s'estime parfait.
 Ceste pauvre Raison le conduit à la guerre,

ELEGIE XIX.

Et dedans du sapin luy fait tourner la terre
A la mercy du vent, et si luy fait encor
Pour extréme malheur chercher les mines d'or;
Ou le fait Gouverneur des Royales Provinces,
Et, qui pis est, le meine au service des Princes;
Luy apprend les mestiers dont il n'avoit besoin,
Et comme d'un poinçon l'aiguillonne de soin;
Et pour trop raisonner, miserable il demeure
Sans se pouvoir garder qu'à la fin il ne meure.
  Au contraire les Cerfs qui n'ont point de raison,
Les poissons, les oyseaux, sont sans comparaison
Trop plus heureux que nous, qui sans soin et sans peine
Errent de tous costez où le plaisir les meine.
Ils boivent de l'eau claire, et se paissent du fruict
Que la terre sans art d'elle mesme a produict.
  Que sert (dit Salomon) toutes choses entendre,
Rechercher la nature et la vouloir comprendre,
Mourir dessus un livre et vouloir tout sçavoir,
Vouloir parler de tout et toutes choses voir,
Et vouloir nostre esprit par estude contraindre
A monter jusqu'au Ciel où il ne peut attaindre?
Tout n'est que vanité et pure vanité!
Tel desir est bourreau de nostre humanité.
Car si nous cognoissions nostre pauvre nature,
Et que nous sommes faits d'une matiere impure,
Et mesme que le Ciel se monstre amy plus dous
Et pere plus benin aux animaux qu'à nous
Qui pleurons en naissant, et qui par le supplice
D'estre au berceau liez (comme si ce fust vice
De naistre dans ce monde (*a*)), à vivre commençons,
Et tousjours en tourmens la vie nous passons.
Las! si nous cognoissions que nous n'avons point d'ailes
Pour voler au sejour des choses supernelles,
Nous ne serions jamais soigneux ny curieux

  a. Var. :

De sortir hors du ventre.

D'apprendre les secrets eslongnez de nos yeux;
Ains contens de la terre et des traces humaines,
Vivrions sans affecter les choses si hautaines !
Mais que sçauroit voir l'homme au Monde de nouveau ?
C'est tousjours mesme Hyver et mesme Renouveau,
Mesme Esté, mesme Autonne, et les mesmes années
Sont tousjours pas à pas par ordre retournées.
 Ce Soleil qui reluit, luy-mesme reluisoit
Quand le bon Josué son peuple conduisoit,
Et nostre Lune aussi, c'estoit la Lune mesme
Qui luisoit à Noé; et la voûte supréme
Du Ciel qui tout contient, c'est ceste mesme-là
Où sur le char flambant Helie s'en-vola.
 Ce qui est a esté, et cela qui doit estre,
De ce qui est passé doit recevoir son estre.
Le fait sera desfait et puis sera refait,
Et puis estant refait se verra re-desfait;
Bref ce n'est qu'inconstance et que pure mensonge
De nostre pauvre vie, ainçois de nostre songe.
L'homme n'est que misere, et doit mourir exprés
Afin que par sa mort un autre vive aprés.
L'un meurt, l'autre revit, et tousjours la naissance
Par la corruption en ce monde commence (a).
 Mais tout ainsi, la Haye, honneur de nostre temps,
Qu'entre les animaux par les champs habitans
S'en trouvent quelques-uns qui en prudence valent
Plus que leurs compagnons et les hommes égalent
De sagesse et d'esprit; souventesfois aussi
Entre cent millions d'hommes qui sont ici,
S'en trouvent quelques-uns qui dans leurs cœurs assemblent
Tant de rares vertus, qu'aux grands Dieux ils ressemblent;
Comme toy bien appris, bien sage et bien discret,
Qui m'as diminué bien souvent le regret
De vivre trop icy; car quand un soin me fasche,

  a. Var. :

Par la corruption engendre une autre essence.

ÉLEGIE XIX.

Je me descouvre à toy et mon cœur je te lasche.
   Lors de mes passions, desquelles je me deuls,
Tu gouvernes la bride, et je vais où tu veux.
Tout ainsi qu'il advient quand une tourbe esmeue
Qui deçà qui delà mutine se remue
De courroux forcenée, et d'un bras furieux
Pierres, flames et dards fait voler jusqu'aux Cieux,
Si de fortune alors un grave personnage
Survient en telle esmeute, elle abat son courage,
Et d'aureille dressée escoute et se tient coy,
Voyant ce sage front paroistre devant soy
Qui doucement la tance, et d'un gracieux dire
Flatte son cœur felon et tempere son ire.
   Ainsi lors que mon sens de ma raison vainqueur,
De mille passions me tourmente le cœur,
Tu luy serres le frein, corriges son audace,
Abaisses sa fureur et le tiens en sa place ;
Puis me parlant de Dieu tu m'enlèves l'esprit
A cognoistre par Foy que c'est que Jesus Christ,
Et comme par sa mort de la mort nous delivre,
Et par son sang nous fait éternellement vivre.
En ce poinct, de ta voix plus douce que le miel
Tu me ravis du corps et m'emportes au Ciel,
Tu romps mes passions, et seul me fais cognoistre
Que rien plus sainct que l'homme au Monde ne peut naistre.
   [Tu m'as servy de pere et de frere et d'amy ;
Jamais à mon profit tu ne fus endormy,
Et devant le feu roy qui estoit nostre maistre
Tu as faict mes escrits pour doctes apparoistre,
Leur donnant la couleur et la grâce des tiens
Qui égallent l'honneur des siècles anciens.
Si je n'eusse eu de toy parfaite cognoissance,
J'eusse à bon droit hay ce monde et ma naissance ;
Mais certes tu as fait que je me sens tenu
Au Ciel de me veoir homme et de t'avoir cognu.
Car te voyant en terre ennemy de tout vice
Je ne puis confesser que la saincte Justice
Soit remontée au Ciel ; et puisque ta vertu

A du siecle de fer le vice combattu,
Au quel tu apparois, pour tes graces divines,
Tout ainsy que la rose au milieu des espines,
Ou tout ainsy qu'un lys hautement apparoist
Dessus l'herbe puante, où sa belle fleur croist.
 Or afin qu'à jamais les siecles d'age en age
Rendent de nostre amour illustre tesmoignage
Et que le temps apprenne à la postérité
Que je te rends l'honneur que tu as mérité,
Pour present immortel, Lattaye, je te donne
En lieu d'un grand trésor, ce livre et ma personne (1).]

(1560.)

ELEGIE XX (2)

A REMY BELLEAU

Excellent Poëte françois

Je veux, mon cher Belleau, que tu n'ignores point
D'où, ne qui est celuy, que les Muses ont joint
D'un nœud si ferme à toy, à fin que des années
A nos neveux futurs les courses retournées
Ne celent que Belleau et Ronsard n'estoient qu'un,
Et que tous deux avoient un mesme cœur commun.
 Or quant à mon ancestre, il a tiré sa race
D'où le glacé Danube est voisin de la Thrace.

---

1. Ces 24 derniers vers ne se trouvent que dans l'édition de 1560. A cette époque, l'Élégie à R. de La Haye commençoit le 3ᵉ livre des poëmes, qui étoit dédié à ce personnage.

2. Nous avons conservé toutes les notes de cette pièce, véritable biographie du poète, écrite par lui-même.

Plus bas que la Hongrie, en une froide part,
Est un Seigneur nommé le Marquis de Ronsart,
Riche d'or et de gens, de villes et de terre.
Un de ses fils puisnez (1), ardant de voir la guerre,
Un camp d'autres puisnez assembla hazardeux,
Et quittant son pays, fait Capitaine d'eux,
Traversa la Hongrie et la basse Allemaigne,
Traversa la Bourgongne et toute la Champaigne,
Et soudard vint servir Philippes de Valois,
Qui pour lors avoit guerre encontre les Anglois.
Il s'employa si bien au service de France,
Que le Roy luy donna des biens à suffisance
Sur les rives du Loir; puis du tout oubliant
Freres, pere et pays, François se mariant,
Engendra les ayeux dont est sorty le pere
Par qui premier je vy ceste belle lumiere.
Mon pere fust tousjours en son vivant icy
Maistre d'Ostel du Roy, et le suivit aussy
Tant qu'il fut prisonnier pour son père en Espagne (a):

a. Var. :

Mon père de Henry (2) *gouverna la maison,*

1. Cet ancêtre de notre poète, qui vint du bas Danube offrir ses services à Philippe de Valois, s'appeloit Marucini ou Mârâcinâ, comme son père, lequel joignoit à son nom la qualité de Bano (Ban). Lorsqu'il se fut fixé en France, il traduisit littéralement le nom et le titre paternels, et changea bano en marquis, et Marucini (Ronces ou Roncière) en Ronsard. (M. A. Ubicini, Introduction aux *Chants populaires de la Roumanie*, recueillis par Alexandri. Paris, Dentu, 1855.)

2. Henri II, pour lors duc d'Orléans. C'étoit beaucoup que d'être en ce temps-là maître d'hôtel du roi; car ces charges ne se donnoient qu'à de braves gens, et n'y avoit point de valets de chambre qui ne fussent gentilshommes.

Faut-il pas qu'un servant son Seigneur accompagne
Fidele à sa fortune, et qu'en adversité
Luy soit autant loyal qu'en la felicité?

 Du costé maternel j'ay tiré mon lignage
De ceux de la Trimouille (3) et de ceux du Bouchage (4),
Et de ceux de Rouaux (5), et de ceux de Chaudriers (6)
Qui furent en leurs temps si vertueux guerriers,
Que leur noble prouesse, au fait des armes belle (a)
Reprint sur les Anglois les murs de la Rochelle,
Où l'un fut si vaillant qu'encores aujourd'huy
Une rue à son los porte le nom de luy.

 Mais s'il te plaist avoir autant de cognoissance
(Comme de mes ayeux) du jour de ma naissance,
Mon Belleau, sans mentir je diray verité
Et de l'an et du jour de ma nativité.

 L'an que le Roy François fut pris devant Pavie,
Le jour d'un Samedy, Dieu me presta la vie
L'onziesme de Septembre, et presque je me vy
Tout aussi tost que né (7) de la Parque ravy.

Fils du grand Roy François (1), *quand il fut en prison* (2)
Servant de seur hostage à son pere en Espagne:

 a. Var. (1578) :

Que leur noble vertu, que Mars rend eternelle,

 1. François Ier, qui fut pris devant Pavie tout couvert de poudre et de sang.
 2. Le roi François Ier retourna en France, et laissa ses deux fils, François dauphin, et Henri duc d'Orléans, depuis roi, en ôtage en Espagne.
 3. Dont madame la princesse, mère de monsieur le prince de Condé, porte le nom.
 4. De la maison de Joyeuse, père de madame de Guise, mère de mademoiselle de Montpensier.
 5. D'où étoit ce grand guerrier Joachim Roüaut, maréchal de France sous Charles VII.
 6. C'étoit une ancienne maison.
 7. La demoiselle qui le portoit quant on l'alloit baptiser le laissa tomber sur un pré.

ELEGIE XX.

Je ne fus le premier (1) des enfans de mon pere,
Cinq avant moy longtemps en enfanta ma mere ;
Deux sont morts au berceau, aux trois vivans en rien
Semblable je ne suis ny de mœurs ny de bien.
  Si tost que j'eu neuf ans, au college on me meine.
Je mis tant seulement un demy-an de peine
D'apprendre les leçons du regent de Vailly (2),
Puis sans rien profiter du college sailly,
Je vins en Avignon, où la puissante armée
Du Roy François estoit fierement animée
Contre Charles d'Austriche (3), et là je fus donné
Page au Duc d'Orleans (4); apres je fus mené,
Suivant le Roy d'Escosse (5, en l'Escossoise terre,
Où trente mois je fus, et six en Angleterre.
  A mon retour ce Duc pour Pape me reprint ;
Et guere à l'Escurie en repos ne me tint
Qu'il ne me renvoyast en Flandres (6) et Zelande,
Et encore en Escosse, où la tempeste grande
Avecques Lassigni (7) cuida faire toucher,
Poussée aux bords Anglois, ma nef contre un rocher.

  1. De l'aîné étoient encore vivants en 1623, comme petits-fils, de la Poissonnière et le chevalier Ronsard, et plusieurs filles des uns et des autres.
  2. Il étudia au collége de Navarre sous un nommé de Vailly, sous lequel étudia aussi le Cardinal de Lorraine.
  3. Empereur et roi d'Espagne, qui attaqua la Provence, et qui se vantoit d'avoir Paris comme Madrid.
  4. Henri II, étant Dauphin par la mort de son frère, empoisonné à Tournon par le comte de Montecuculo.
  5. Ronsard fit le voyage d'Ecosse en 1536, à la suite de Jacques V, qui venoit d'épouser à Paris Madeleine, fille de François Ier. Ce roi épousa en secondes noces la sœur de Monsieur de Guise François de Lorraine, d'où vint le parentage qui étoit entre les Guise et le roi d'Angleterre.
  6. Le duc d'Orléans envoya Ronsard, qui étoit son page, en Flandres et en Zélande, pour quelques parolles de créance qu'il envoyoit à sa maîtresse, nièce de l'empereur.
  7. Seigneur françois.

Plus de trois jours entiers dura ceste tempeste,
D'eau, de gresle et d'esclairs nous menaçant la teste.
A la fin arrivez sans nul danger au port,
La nef en cent morceaux se rompt contre le bord,
Nous laissant sur la rade, et point n'y eut de perte
Sinon elle qui fut des flots salez couverte,
Et le bagage espars que le vent secouoit,
Et qui servoit flottant aux ondes de joüet.
D'Escosse retourné, je fus mis hors de page,
Et à peine seize ans avoient borné mon âge,
Que l'an cinq cent quarante avec Baïf (1) je vins
En la haute Allemaigne, où la langue j'apprins.
Mais las! à mon retour une aspre maladie,
Par ne sçay quel Destin, me vint boucher l'oüie,
Et dure m'accabla d'assommement si lourd,
Qu'encores aujourd'huy j'en reste demi-sourd.
L'an d'apres, en Avril, Amour me fit surprendre,
Suivant la Cour à Blois, des beaux yeux de Cassandre.
Soit le nom faux ou vray, jamais le temps vainqueur
N'ostera ce beau nom du marbre de mon cœur.
Incontinent apres disciple je vins estre,
A Paris, de Daurat qui cinq ans fut mon maistre
En Grec et en Latin; chez luy premierement
Nostre ferme amitié print son commencement,
Laquelle dans mon ame à tout jamais et celle
De nostre amy Baïf sera perpetuelle.

(1560.)

1. C'étoit Lazare de Baïf, gentilhomme angevin, parent de ceux de Laval et de Guimené, ambassadeur pour le roi en Allemagne comme il l'avoit été à Venise; homme très savant, témoins les livres qu'il a faits *De re navali*, et *De re vestiaria*. Il étoit père de Jean Antoine Baïf, excellent poëte.

ELEGIE XXI

A MARTIAL DE LOMENIE

Quand l'homme ingrat feroit tous les jours sacrifice
D'une hecatombe aux Dieux, fraudé de son service,
Ne seroit escouté; car leurs yeux destournez
Ne se voudroient souiller de ses presens donnez :
Tant l'homme ingrat desplaist aux Dieux qui tout prevoy
Et qui de leurs tonneaux bien et mal nous envoyent.
 Si j'estoy, Lomenie, ingrat en ton endroit,
La Muse desormais rétive ne voudroit
Venir à mes chansons, et pour-neant sa trasse
Je suivroy sur le mont du chevelu Parnasse ;
Pour-neant je boiroy des flots Aoniens,
En vain je dormirois ès antres Thespiens,
En vain je nommeroy son nom par les rivages ;
Car elle me fuiroit dans les forests sauvages,
Elle et toutes ses Sœurs, comme ne voulant pas
Suivre d'un homme ingrat ny la voix, ny les pas.
Pource Pindare feint que le damné Tantale
Admoneste à bon droict parmy l'ombre infernale
Chacun debteur de rendre à son tour le bienfait
Qu'un autre auparavant amy luy aura fait.
Quand je t'auroy donné les thresors de l'Asie,
Je n'auroy peu respondre à ceste courtoisie
Dont tu m'as obligé de telle sorte à toy,
Que la mort ne perdra les graces que j'en doy,
Non certes à toy seul, mais ensemble à ton frere,
Que Calliope estime et qu'Apollon revere.
Car tant que mes chansons auront quelque pouvoir,
Je veux qu'à nos neveux elles facent sçavoir

D'âge en âge suivant (pour éviter l'offense
Où tombent les ingrats) qu'en seule recompense
De tant d'honnestetez dont tu m'as rendu tien,
Je ne t'ay remboursé, ny n'ay peu, d'autre bien
Que du bien des neuf Sœurs; bien qui pauvre ne cede
Aux plus riches thresors que l'Orient possede.

(1560.)

ELEGIE XXII

L'AMOUR OISEAU

A Monsieur Le Gast, de Dauphiné, Maistre
de camp de la Garde du Roy

Le Gast, je suis bruslé d'amour et de chaleur,
L'une me tient au front, l'autre me tient au cœur;
La chaleur de mon front se refraichit sans peine,
Car je la puis estaindre aux flots d'une fontaine,
Ou cherchant par les bois les antres bien couverts
Herissez de lierre et de feuillages verts,
Des Nymphes et des Pans les maisons solitaires.
Mais je ne puis, hélas! oster de mes arteres,
Ny oster de mon sang ce jeune amour nouveau
Qui se loge en mon cœur et s'est fait un oyseau (a),

a. Var. :

Je suis bruslé, le Gast, d'une double chaleur,
L'une hasle mon front, l'autre enflame mon cœur;
Le hasle de mon front se refraichit sans peine,
Ou lavé dans les eaux d'une froide fontaine,
Ou sous le frais d'un antre, ou dessous la froideur

ELEGIE XXII.

Semblable au Rossignol qui apres son aimée
Va volant au Printemps de ramée en ramée,
De bocage en bocage, et de mainte chanson
Va dégoisant sa peine. En la mesme façon
Cet Amour emplumé, sans demeure certaine,
Passe de nerfs en nerfs, passe de veine en veine,
En mon foye, en mon cœur, en mes os, en mon sang,
Tantost ne veut partir, tantost m'ouvre le flanc
De ses traicts pour sortir, et voyant que j'essaye (a)
Qu'il ne me face au cœur pour sortir une playe,
Me vient ouvrir la bouche, et si fort il m'estraint
Que pour flatter mon mal à chanter me contraint.
La langue il me deslie, et luy-mesme invente,
Caché dedans mon cœur, tous les vers que je chante.
Luy seul me les inspire, et j'escris seulement
Non pas ce que je veux, mais son commandement.

   Les hommes ne sçauroient tromper leur destinée !
Hé ! n'est-ce pas grand cas qu'en moins d'une journée
Cet Amour par les yeux a gaigné ma raison,
Et folastre s'est fait maistre de ma maison ?
Et sans avoir esgard aux neiges de ma teste
(Comme si ma desfaite estoit despouille preste)
Nourrit mon cœur en braise et en feu qui me perd,
Qui brusle d'autant mieux que le bois n'est plus verd.
Cet Amour, cet oiseau, car oiseau je l'appelle,
Evente quelquefois ma chaleur de son aile,
Et me fait par espoir quelquefois respirer,
Hélas ! mais c'est afin de mieux me martyrer;

D'un chesne dont les bras s'opposent à l'ardeur.
   Mais ny fleuves, ny bois, ny antres solitaires
Ne peuvent refroidir l'ardeur de mes arteres,
Ny l'oster de mon sang, tant un amour nouveau
Fait son nid en mon cœur, et pond comme un oiseau,

   a. Var. :

Puis de son traict aigu m'ulcerant tout le flanc,
Fait un huis pour sortir, et quand plus je m'essaye

ELEGIE XXII.

Ainsi que le vautour dont la faim arrestée
Ne ronge coup sur coup le cœur de Promethée,
Ains allongeant sa peine il le laisse à sejour,
Et de nuict il s'enfuit pour revenir le jour.

 Je ne sçaurois par art, estude ny coustume,
Cognoistre bien ce Dieu qui est vestu de plume;
Estrange est son plumage, et je crains à loger,
Pour n'estre point deceu, un si jeune estranger.
Tous les autres oiseaux en quelque place naissent,
Ou d'herbes, ou de fruicts, ou de graines se paissent,
Et vivent entre nous, et sont parmy les bois
Ou cognus par leur plume, ou cognus par leur vois.

 Le mien m'est incognu, son nom et sa nature;
Ny d'herbe ny de fruicts il ne prend sa pasture,
Mais d'un souspir cuisant, et d'un penser profond
Qui s'enfante au cerveau et se tient sur le front;
Se repaist d'un soucy que d'un autre il allonge,
Et en lieu d'abbreuvoir en nos larmes se plonge.

 Les autres en volant amoureux et contents
Font une fois leur nid au retour du Printemps,
Et le mien aussi tost qu'en mon cœur il prit place,
Fit ses œufs, puis couva, puis me fit une race
De petits Amoureaux, qui de jour et de nuit
Demandent la bechée et menent un grand bruit.

 En un jour les petits deviennent grands et volent,
Ils volent sur mon cœur, me mangent, et m'affolent;
Car je n'ay ny le sang ny le foye bastant
Pour loger telle engeance et pour en nourrir tant.

 J'ay tendu des gluaux et des pans pour les prendre,
J'ay tendu des filets; ils ne veulent m'attendre,
Ils deçoivent ma main, et en les poursuivant,
En lieu de les happer je ne prens que du vent.

 Ils ne sont pas, le Gast, de nature grossiere,
De froide, lente, et sombre, et pesante matiere;
Ils sont prompts et subtils, chauds, tendres et menus,
Comme d'autre lignée et d'autre aire venus.

 Ils ne sont Touranjaux, mais bien de la contrée
Où Laure, jusqu'au cœur de son Petrarque entrée,

ELEGIE XXIII.

Fit pour elle si haut chanter ce Florentin,
Que Cygne par ses vers surmonta le Destin ;
Si qu'aujourd'huy le Rhosne, et Sorgue, et Valecluze
Murmurant son renom, sont cognus par sa Muse.
  Toy, le Gast, dont l'honneur, les graces et l'attrait
Monstrent qu'un bel Amour t'a blessé d'un beau trait
Et que tu as au cœur quelque belle pensée,
A qui Mars et la Muse en un seul amassée
Ont prodigué leurs dons, et t'ont fait valeureux
Et ensemble sçavant et ensemble amoureux,
Portant dessus le front l'une et l'autre couronne
Que Mars et que Venus à ses poursuivans donne,
Dy-moy par courtoisie (ainsi puisses tousjours
Quelque part que tu sois jouir de tes amours)
Par quel rét aussi beau que ses cheveux de soye
Pourrois-je envelopper une si chere proye ?
Je voudrois me sauver par un mesme moyen,
Ou rompant le filet, ou serrant le lien ;
C'est le poinct du secours, auquel je veux entendre ;
Car il me plaist, le Gast, d'estre pris ou de prendre.

(1573.)

ELEGIE XXIII

Nous vivons, mon Panias, une vie sans vie ;
  Nous autres qui vivons, nous servons à l'envie,
Nous servons aux faveurs, et jamais nous n'avons
Un seul repos d'esprit tandis que nous vivons.
De tous les animaux qui vivent sur la terre
L'homme est le plus chetif ; car il se fait la guerre
Luy-mesme à luy-mesme, et n'a dans son cerveau
Autre plus grand desir que d'estre son bourreau.
Regarde, je te pri', le bœuf qui d'un col morne

Traine pour nous nourrir le joug dessus la corne :
Bien qu'il soit sans raison, gros et lourd animal,
Jamais il n'est par lui la cause de son mal,
Ains patientement le labeur il endure,
Et la loy qu'en naissant luy ordonna Nature.
　Puis quand il est au soir du labeur deslié,
Il met pres de son joug le travail oublié,
Et dort heureusement jusqu'à tant que l'Aurore
Le réveille au matin pour travailler encore.
　Mais nous, pauvres chetifs, soit de jour, soit de nuit,
Tousjours quelque tristesse espineuse nous suit,
Qui nous lime le cœur ; si quelqu'un esternue,
Nous sommes courroucez ; si quelqu'un par la rue
Passe plus grand que nous, nous tressuons d'ahan.
Si nous oyons crier de nuict quelque choüan,
Nous herissons d'effroy ; bref à la race humaine
Tousjours de quelque part luy survient quelque peine ;
Car il ne luy suffit de ses propres malheurs
Qu'elle a dés le berceau, mais elle en cherche ailleurs.
Faveur, procez, amour, la rancueur, la feintise,
L'ambition, l'honneur, l'ire, la convoitise,
Et le sale appetit d'amonceler des biens,
Sont les maux estrangers que l'homme adjouste aux siens.

　　　　　　　　　　(1560, *Odes*.)

ELEGIE XXIV

A GENEVRE

Le temps se passe, et se passant, Madame,
Il fait passer mon amoureuse flame,
Si que le feu d'Amour qui me brusloit,
Ne brusle plus mon cœur comme il souloit,

Et maintenant sa flame est aussi lente
Qu'auparavant elle estoit violente,
Quand vive et claire en mon ame croissoit
Et sur mon front luisante apparoissoit ;
Si qu'on disoit, me voyant en la sorte,
Qu'au cœur j'avois une fiévre bien forte.
 Tous les tesmoins qui decelent Amour,
Logeoient chez-moy ; je souspirois le jour,
Le lict m'estoit un dur camp de bataille,
Et toute nuict j'avois une tenaille
Qui foye et cœur et poulmons me pinçoit.
Ore ma face honteuse pallissoit,
Puis rougissoit ; ma voix mal-prononcée
De longs souspirs estoit entre-cassée,
De mes propos je n'achevoy le quart ;
Comme un réveur qui songe en autre part,
J'avoy tousjours vostre face celeste
Devant mes yeux, les graces et le geste,
Le chant, les pas que vous aviez alors
Que je vous vy danser dessus les bors
De vostre Seine, où j'avallay l'amorce
Qui me tira d'une gentille force
De l'estomac le cœur, qui bien-heureux
Se confessoit de se voir amoureux.
 Incontinent que je receu la playe,
Je courus fol à Sainct Germain en Laye
Servir mon Roy, bien qu'Amour, plus grand Roy,
Pour le servir m'appelast tout à soy.
 Ny pour picquer ny pour donner carriere
A mon cheval, je ne laissay derriere
Le chaud desir qui dans mon cœur vivoit,
Et compagnon en croupe me suivoit ;
Ny pour passer le large dos de Seine,
Qui se jouant quatre fois se r'ameine
D'un vague ply, retors et reglissant,
Et quatre fois se remonstre au passant (¹).

1. Je crois qu'il faut mettre cinq au lieu de quatre : car

ELEGIE XXIV.

Je n'estoufay pour les eaux de ce fleuve
Le feu bouillant d'une chaleur si neuve,
Qui comme soulphre ou paille s'allumoit,
Et tout mon cœur en flames consumoit.
Le court chemin d'un si petit voyage
Me fut plus long que le glacé rivage
Qui du Soleil enferme les beaux yeux,
Tant il m'estoit fascheux et ennuyeux.
Un beau sentier me sembloit une orniere,
Une fontaine une creuse riviere,
Les bleds un champ de la bize batu,
Un plein chemin un passage tortu,
Et insensé sous les pieds ne trouvoye
Qu'antres deserts, qu'une bourbeuse voye;
Et en marchant il me sembloit marcher
Dessus l'aigu de pointes d'un rocher.
 Or a la fin piqué d'amour extréme,
Je picque tant mon cheval et moy-mesme,
Que tout pensif et le cœur hors du sein,
Troublé d'esprit, j'arrive à Sainct Germain.
 Là j'oubliay toute ma Poësie,
Là je perdy raison et fantaisie ;
Car ne pouvant ainsi que je voulois
Chanter mes vers aux aureilles des Rois,
Comme affolé d'une fiévre trop folle,
Je perdy cœur, langue, esprit et parolle;
Si que mon Prince en riant cognut bien
A signes tels que je n'estoy plus mien.
 La nuict survint, qui des liens du Somme
Plus doux que miel serre les yeux de l'homme.
Avec les yeux le doux sommeil aussy
Ferma du cœur la peine et le soucy,

---

il y a les deux que l'on passoit au port de Nully avant qu'il y eût des ponts, les deux de Chatou et le port au Peq, par lequel on descend à Saint-Germain; que s'il vouloit prendre les quatre premiers pour deux, il faudroit dire trois fois et non quatre.

ELEGIE XXIV.

Mais non le mien; car autant que la Lune
Laissa courir sa belle coche brune,
Qu'un camp de feux suivoit tout à l'entour,
Je souspiray, impatient d'amour,
Dedans mon lict, tournant de place en place.
Tous vos propos, vos gestes, vostre grace,
Qui toute nuict prisonnier me tenoient,
L'un apres l'autre au cœur me revenoient,
Et par-sur tous ce conte lamentable
Où vous pleuriez vostre amy regretable;
Si que ravy et confus me sembloit
Que vostre main me fendoit, et m'embloit
Le cœur du sein, comme à l'heure premiere
Que ma raison demeura prisonniere.
 Mais aussi tost que l'Aube aux doigts rosins,
Eschevelée, eut tous les lieux voisins
Remply de jour, et que la tresse blonde
Du grand Soleil s'esparpilla sur l'onde,
Je m'en-allay, comme ravy d'esmoy.
Non courtizan au lever de mon Roy,
Non bonneter un Seigneur qui peut faire
Plaisir à ceux qui luy veulent complaire;
Mais me tuant de mon propre couteau,
J'erre tout seul dans le parc du Chasteau,
Pensant, rêvant à ce gentil visage,
Dont maugré moy j'avois au cœur l'image.
 Si quelque amy venoit me caresser
Entre-rompant mes pas et mon penser,
Je l'abhorrois, maudissant la fortune
D'avoir trouvé une langue importune;
Mon corps d'ahan goutte à goutte suoit,
En cent façons ma face se muoit,
Ne respondant, ne parlant; et ma bouche
A l'importun estoit comme une souche,
Monstrant assez que tout ce qu'il disoit
Comme la mort ou plus me desplaisoit.
 A la parfin Amour qui se promeine
Avecque moy, hors du bois me rameine,

ELEGIE XXIV.

Et me plantant dessus le haut du mont,
Droit vers Paris me fit tourner le front.
 Lors m'allegeant d'une ruse gentille,
Je humois l'air de ceste grande ville
Coup dessous coup, qui m'entroit dans le cœur,
Et m'emplissoit de force et de vigueur,
Comme pensant humer la douce haleine
De la beauté qui me tenoit en peine.
 Lors je disois : « Hà ville ! qu'à bon droit
Tu n'as égale au Monde en nul endroit,
Non pour le nom si fameux que tu portes,
Non pour avoir plus que Thebes de portes,
Riche de biens, riche de citoyens,
Sang genereux de ces premiers Troyens
Que Francion fit abreuver en Seine
Quand il bastit au milieu de la plaine
Tes murs sejour de toute Royauté ;
Mais pour celer en ton sein la beauté
D'une sans pair comme toy, qui est telle
Que tout est laid en ce Monde auprés d'elle,
Comme il me semble, et si je suis pipé
Au moins je suis bien doucement trompé *(a)*.
 Que viens-je faire en ceste Cour pour estre
Seul dans ce bois comme un homme champestre ?
La Cour peuplée, et qui aux autres sert
De passe-temps, m'est un vuide desert.
Veux-je emporter du Roy quelque largesse,
Quand à Paris est toute ma richesse ?
Ny Cour ny Roy ne valent s'absenter
Du moindre trait qui me fait lamenter,
Et des rayons d'une si belle Dame
Qu'au cœur je porte et que je sens en l'ame.
Veux-je languir en si triste sejour

---

a. Var. :

      et si je l'ay mal sçeu,
En lieu du vray le faux m'a bien deçeu.

ELEGIE XXIV.

Sans plus revoir la clarté de mon jour?
Veux-je, pensif, desert et solitaire,
Sans courtizer, sans prier, sans rien faire,
Fascheux, honteux, sans ayde et sans confort,
Estre à la Cour la proye de la Mort?
　Pource partons et retournons vers celle
Où de l'amour la chance nous appelle. »
　Je n'avoy dit que je monte à cheval;
Au grand galop je descen contre-val
Au premier port, et puis ayant passée
Seine au long cours en elle entrelaslée,
D'un fort espron je brosse le chemin
Qui me sembloit pavé de Josimin,
D'œillets, de lys, et courus si agile,
Que j'arrivay comme un songe à la ville,
Un peu devant que le Soleil couchant
Allast le jour dans les ondes cachant.
　Lors de fortune en passant par la rue,
Estant la nuict plus noire devenue,
Je vous avise à l'essueil de vostre huis
Comme un qui pense et réve en ses ennuis.
　Lors vous voyant si triste contenance,
De teste en pied à trembler je commence,
Et tellement me laissa la raison,
Que tout muet je r'entre en la maison,
N'osant troubler vostre face abaissée,
Ny vous plongée en si longue pensée.
　Incontinent que le Ciel estoilé
Du manteau noir de la nuict fut voilé,
Et que le Somme, enfant de la riviere
De Styx, versa sur ma lente paupiere
Je ne sçay quelle agreable liqueur,
Il me sembla qu'Amour m'ouvrit le cœur,
Me separant en deux parts la poitrine,
Et me plantoit une vive racine
Non de Laurier le prix de la vertu,
Mais d'un Genévre et poignant et pointu,
Tout herissé comme il a de coustume,

ELEGIE XXIV.

Et plein d'un fruit tout remply d'amertume,
Et toutefois amer ne me sembloit,
Tant en mon cœur de douceur assembloit.
    Des mains d'Amour la radice plantée,
En un moment devint si augmentée
Et le sommet de fueilles si couvert,
Que tout mon cœur n'estoit qu'un arbre vert.
    Tous les pensers que j'avois pour la belle,
Venoient sous l'ombre en la fueille nouvelle
Deçà delà, comme jeunes oiseaux
Qui vont volant au frais des arbrisseaux
Quand la rousée arrouse leurs plumages,
Saluant l'Aube en cent mille langages.
    De mes souspirs l'arbre prenoit chaleur,
Sa vive humeur s'engendroit de mon pleur,
Dont le Genévre abondoit d'avantage,
Me transformant moy-mesme en son ombrage.
    Toute la nuict Amour me travailla,
Me réveilla cent fois et réveilla
En me disant : « Sois joyeux, je te prie,
Je viens d'ouvrir l'estomac de ta mie.
Comme j'ay mis un beau Genévre au tien,
Un beau Rosier j'ay planté dans le sien
Que d'elle-mesme en pensant elle arrose ;
Pource, aussi tost que l'Aube aux doigts de rose
Aura versé le beau jour de son sein,
Va-t'en vers elle, et luy baise la main. »
    Ainsi l'Amour, ce grand Dieu, me conseille ;
Mais aussi tost que l'Aurore vermeille,
Allant devant les chevaux du Soleil,
Fit l'Orient de roses tout vermeil,
Je sors du lict, je m'habille et m'appreste ;
J'allay vers vous et vous fy ma requeste
A voix tremblante, en tout obéissant
A ce grand Dieu si doux et si puissant.
    Lors vous trouvant aussi douce et traitable
Qu'auparavant vous m'estiez accostable,
L'aspre fureur qui mes os penetra

ELEGIE XXIV.

S'évanouit, et Amour y entra.
La difference est grande et merveilleuse
D'entre l'Amour et la rage amoureuse.
Adonc la vraye et simple affection
Loin de fureur, de rage et passion,
Nourrit mon cœur, passant de veine en veine,
Qui ne fut point ny frivole ny vaine,
Car vous ayant de mon amour pitié,
Me contraigniez de pareille amitié.

 Comme au Printemps on voit une belle ante
S'essencier en la nouvelle plante,
Et de deux corps par un accord commun
Se joindre ensemble et se coller en un.
Ainsi tous deux n'estions que mesme chose,
Vostre ame estoit dedans la mienne enclose,
La mienne estoit en la vostre, et nos corps
Par sympathie et semblables accords
N'estoient plus qu'un; si bien que vous, Madame,
Et moy n'estions qu'un seul corps et qu'une ame,
Ayant communs et pensers et desirs.

 Ah! quand ie pense aux extrémes plaisirs
Que je receus durant toute une année,
J'ay du penser l'ame si estonnée
Qu'elle me fait tout tremblant devenir,
Tant du penser m'est doux le souvenir.
Quand le Printemps poussoit l'herbe nouvelle,
Qui de couleurs se faisoit aussi belle
Qu'est la couleur d'un gaillard Papegay
Bleu, pers, gris, jaune, incarnat et vert-gay,
Dés le matin avant que les avettes
Eussent succé la douceur des fleurettes
Qui embasmoient les jardins d'environ,
Vous amassiez dedans vostre giron,
Comme une fleur entre les fleurs assise,
La couleur jaune, incarnate et la grise,
Tantost la rousse à la blanche, et aussi
Le rouge œillet au jaunissant soulci,
La pasquerette aux petites pensées,

L'une sur l'autre en un rond amassées,
Un beau bouquet faisiez de vostre main,
Que vous cachiez une heure en vostre sein ;
Puis me baisant, au sortir de la porte
Me le donniez d'une si douce sorte,
Que tout le jour j'en sentoy revenir,
La fleur à l'œil, au cœur le souvenir.
A mon retour des champs ou de la ville,
D'une main blanche à presser bien subtile
Vous m'accolliez, et en cent et cent lieux
Vous me baisiez et la bouche et les yeux
De vostre langue à baiser bien apprise.
 Tantost fronciez les plis de ma chemise,
A chasque ply me baisant, ou mordant
D'un petit trait mon front de vostre dent ;
Tantost friziez de vostre main vermeille
Mes blonds cheveux à l'entour de l'aureille,
Ou me pinsiez, chatouilliez, et j'estois
Si hors de moy que rien je ne sentois,
Mort de plaisir, tant le plaisir extréme
Avoit perdu ma raison et moy-mesme.
 Mais ce plaisir que j'alloy recevant,
En peu de jours se perdit comme vent,
Et l'amitié chaudement allumée
S'assoupit toute et devint en fumée,
Fust que le Ciel le commandast ainsi,
Fust vostre faute ou fust la mienne aussi,
Fust par malheur ou par cas d'aventure,
Fust que chacun ensuivist sa nature
Par trop encline aux nouvelles amours ;
Ah ! fier Destin ! nous rompismes le cours,
Sans y penser, de l'amitié premiere,
Quand plus l'ardeur couroit en sa carriere ;
Si que laissant le vieil pour le nouveau,
Par inconstance et fureur de cerveau,
Tous deux picquez d'estranges frenaisies,
En autre part mismes nos fantaisies ;
Si que tous deux faschez de trop de foy,

Fusmes contents de rompre nostre foy
Pour la donner à de moindres peut-estre :
Ainsi Amour de toutes choses maistre,
Ainsi le Ciel et la saison des temps
Furent et sont et seront inconstans!
 Puis de tel fait la faute est excusable.
Venus qui fut Déesse venerable,
Navrée au cœur des flames et des dards
De son enfant, aima bien le Dieu Mars,
Ce grand guerrier nourrisson de la Thrace,
Peste et terreur de nostre humaine race;
Puis en quittant les amours de ce Dieu,
Elle choisit Adonis en son lieu;
Puis se faschant d'Adonis, fut éprise
D'un Pastoureau, d'un Phrygian Anchise
Qui habitoit le sommet Idean;
Puis en laissant ce Pasteur Phrygian,
Aima Pâris de la mesme contrée,
Tant elle fut de son plaisir outrée.
Elle fit bien d'avoir de tous pitié:
Rien n'est si sot qu'une vieille amitié.

(1573.)

ELEGIE XXV

Comme un guerrier refroidi de prouesse,
 Qui a perdu sa peine et sa jeunesse,
Voire son sang, le tesmoin de sa foy,
Suivant le camp d'un Seigneur ou d'un Roy,
Apres qu'il void que son Prince et son maistre
Ne veut ingrat son labeur recognoistre,
En barbe blanche et en cheveul grison
Seul se retire à part en sa maison,

Et là, pensant en l'honneur qu'il merite
Se passionne et s'enfle et se despite,
Croizant les bras et regardant les Cieux,
Jure, proteste et atteste les Dieux
De ne vestir jamais en nulle place,
Pour guerroyer, ny armet ny cuirace;
Mais quand il oit le tabourin sonner,
Chaud de la guerre il y veut retourner,
Et sans respect de serment ny d'injure,
Prend son harnois et suit son avanture.
 Je suis ainsi; car ayant fait sejour
Long temps en vain sous la charge d'Amour,
Ayant porté longuement son ensaigne,
Tenu sous luy l'amoureuse campaigne,
Receu sa solde, et long-temps travaillé,
Couru, cherché, assailli, bataillé,
Enflé de gloire et de perseverance,
Ce fier Tyran pour toute recompense
De mon service et de ma loyauté,
M'a outragé d'extreme cruauté;
Si que, despit contre si meschant maistre,
Je fis serment de ne vouloir plus estre
Son serviteur comme j'avois esté,
Et n'engager jamais ma liberté.
Mais mon serment s'en-vola dans la nue:
Serment d'Amant jamais ne continue.
 Car aussi tost que j'apperceu vos yeux,
Yeux? je me trompe, ains deux astres des Cieux,
Et vos cheveux mes liens, dont le moindre
Pourroit un Scythe en servage contraindre,
Et quand j'oüy vostre parler qui fait
Foy que l'esprit est divin et parfait,
Lors j'oubliay mes sermens et mes peines.
 Un soulfre ardant s'éprit dedans mes veines
Par vos rayons, lequel se fit vainqueur
De ma Raison, et m'alluma le cœur
Du haut desir de consacrer ma vie
A vous que j'ay pour Maistresse suivie,

ELEGIE XXV.

Maistresse ? non, mais Déesse qui tient
Si bien mon cœur que plus ne m'en souvient.
   Je sçay combien ceste heureuse naissance
Qui vous honore, est haute de puissance ;
Je cognois trop (et de là vient mon mal)
Qu'à vostre sang le mien n'est pas esgal,
Et si voy bien que j'ay taille trop basse
Pour devancer l'homme qui me surpasse ;
Et le voyant, je suis desesperé
De parvenir au bien tant desiré,
S'il ne vous plaist abaisser la victoire,
Et m'estimer digne de vostre gloire ;
Car autrement sans à vous m'appeller,
En si haut lieu je ne sçaurois aller.
   Souffrez, Madame, au moins que je vous aime
Plus que mon cœur, que mes yeux, que moy-mesme,
Et permettez que je puisse adorer
Vostre beauté qui me fait langourer,
Tant l'abondante et prodigue Nature
Pour vous orner sur toute creature
A despouillé tous les Cieux, et a fait
En vous, Madame, un chef-d'œuvre parfait.
   [Ou s'il vous plaist de n'estre point aimée
Ne soyez point sur toutes estimée ;
Ostez des yeux cette vive clarté,
Ostez du front l'honneur et la beauté,
Ostez la grâce, ostez ces belles roses
Sur vostre teint tout fraischement escloses.
   Ostez la bouche, et le soubrire, ostez
Cette douceur par qui vous surmontez
Hommes et Dieux, ostez cette belle âme ;
Vous n'aurez plus de serviteurs, Madame.
Car vos beautez sont cause que chacun
Vous presse et prie et vous est importun.]
   Encore l'homme éleve la paupiere
Vers le Soleil, et vit de la lumiere,
Bien que le trait de ses feux radieux
En le voyant luy aveugle les yeux.

Ainsi souffrez qu'à mon dam je vous voye,
Et que l'autheur de mon malheur je soye,
Car il me plaist de mourir regardant
Vostre bel œil si clair et si ardant.

 Au temps passé les Déesses plus grandes
Quittant des Dieux les immortelles bandes,
Ont bien choisi ça bas pour serviteurs
Non pas des Rois, mais des simples Pasteurs,
Et Jupiter plein d'amoureuses flames,
Laissant Junon a bien aimé nos femmes;
Car volontiers Amour et Majesté
En mesme lieu compagnons n'ont esté.

 Si vous estiez en l'Amour bien apprise,
Vous ne seriez d'un grand Seigneur esprise:
Tousjours l'Amour d'un Prince nous deçoit,
Dont tout le peuple à la fin s'apperçoit
Comme d'un feu qui brusle une campagne;
Car la raison sa fureur n'accompagne.

 Mais quand Amour vient allumer le cœur
D'un Gentilhomme, en servant il est seur;
Obéissant et craignant de desplaire,
Et ne commet son plaisir au vulgaire;
Ains au rebours, afin qu'il ne soit veu,
Cache sa playe et recele son feu,
Le nourrissant d'une douce pensée,
Sans que sa Dame en soit point offensée,
Comme je fais; par la discretion
Je veux aimer, non par ambition
De m'élever pour plus haut entreprendre,
Mais sagement; aussi tant plus la cendre
Cache l'ardeur qui nous brusle au dedans,
Et plus du feu les brandons sont ardans.

 [Que pleust à Dieu que par experience
De mon ardeur vous eussiez cognoissance!
Lors je pourrois par espreuve monstrer
Qu'un plus loyal ne se peut rencontrer,
M'estimant Dieu s'il vous prenoit envie
Qu'en vous servant j'employasse ma vie.

Cent mille fois je ne craindrois mourir
Si je pensois par là vous acquérir.]
Et cependant vostre cœur magnanime
Ne doit trouver mauvais si je l'estime,
Si je le prise, et si vous adorant
Je vay pour vous si doucement mourant;
Car je ne veux plus grande recompense
Que de languir pour le bien que je pense (a).

(1573.)

Elegie XXVI

Pour vous aimer, Maistresse, je me tue,
J'ay jour et nuict la fiévre continue,
Qui me consomme et haste mon trespas,
Mourant pour vous, et ne vous en chaut pas.
Vous n'avez soin ny esgard qu'à vous mesme;
Pour trop aimer vous n'estes jamais blesme,
Fievre ne mal pour aimer ne vous poingt,
Et pour aimer vous ne souspirez point.
 Franche d'esprit en vain estes priée,
Loin des filets de l'Amour desliée,
Libre fuyez comme il vous plaist, ainsi
Mocquant vostre âge, Amour et mon souci.
 [Fiere lionne assise en fier courage,
Quelque lionne en quelque bois sauvage
Vous alaita, un rocher vous conçeut
Et pour marraine un tigre vous reçeut.
 Encore on dit qu'un lion magnanime

a. Var. :

Car Dieu cent fois plus grand que vous encore
N'est pas marry que le peuple l'adore.

ELEGIE XXVI.

Contre un vaincu sa colere n'anime,
Et de cruel soudain se fait plus doux
Quand l'homme pleure et tombe à ses genoux.
  Mais vous cruelle entre les obstinées,
Bien que le cours de trois longues années
M'ait abattu tout poureux et transy
A vos genoux pour vous crier mercy,
Bien que pour vous cent mille fois je meure,
Bien que pensif et triste je demeure
Fuyant le peuple et ne voulant rien voir
Si ce n'est vous que je ne puis avoir.
  Car sans vous voir toute chose me fasche,
Et toutes fois, d'une paresse lasche
Ou bien d'un cœur presomptueux de soy,
En mon tourment n'avez pitiez de moy];
Ains par orgueil redoublant vos alarmes,
Depuis trois ans vous paissez de mes larmes,
Humez mon sang et deschirez mon cœur
Par ne sçay quelle amiable douceur,
Qui d'autant plus me trahit qu'elle est douce;
Mais la plus fiere et amere secousse
Que pour ma mort vous mettez en avant,
C'est ne vouloir de serviteur servant.
  Quoy ? pensez-vous que l'amour soit la bouche ?
Autant vaudroit embrasser une souche
Sans mouvement, que vos lévres baiser,
Sur vos tetins enflez se reposer,
Succer vos yeux, presser vostre main blanche,
Taster la cuisse et le ventre et la hanche;
Ce n'est que vent, et tel plaisir ne vaut
Quand de l'amour le meilleur poinct defaut.
C'est se rejoindre en un et se remettre,
Et à l'ami toute chose permettre,
Se r'assemblant ainsi qu'au premier temps,
Quand les amans doublés estoient contens.
Ains que le Ciel faict jaloux, ce me semble,
De nos plaisirs nous eust desjoints d'ensemble
Simples estions; et chacun maintenant

ELEGIE XXVI.

De sa moitié manque se souvenant
Cherche son tout d'une amour mutuelle,
Non par la bouche, et non par la mammelle,
Non par les yeux; ce ne sont instrumens
Propres assez pour nos rassemblemens.
Mais pour se joindre, il faut à l'aventure
Remettre en un les outils de Nature.

   Et quoy? cruelle, et quoy? voudriez-vous bien,
Vous qui du Ciel receustes tant de bien,
A qui la grace et l'heureuse influence
Des astres bons ont orné la naissance,
Voudriez-vous bien d'un cœur malicieux
Trahir nature et mespriser les Cieux,
Et resister à leur loy venerable?

   Les fiers Geans, d'un orgueil miserable,
Contre le Ciel éleverent ainsi
Le vain orgueil de leur brave sourcy;
Mais à la fin accablez de la foudre,
Noirs et puans broncherent sur la poudre,
Pour chastiment de leur cœur indonté
Qui des grands Dieux força la Majesté.

   Voudriez-vous, Dame en beauté tres-parfaite,
Grasse, en bon poinct, de jeunesse refaite,
Courtoise, honneste et d'un abord si dous,
Trahir les dons que vous portez en vous?
Je croy que non; mais l'honneur vous abuse,
Honneur frivole et de trop vaine excuse,
Qui n'est que fraude, et qui se fait par art,
Honneur icy et vice en autre part!
Voila comment tel honneur se demeine
Comme il nous plaist par fantasie humaine.

   Et bien, Madame, encore que la foy
De ce pays donnast une autre loy,
Severe loy qui nos cœurs emprisonne!
Avez-vous pas la nature assez bonne,
Assez de cœur et assez de moyen,
Assez d'esprit pour rompre ce lien?
Certes ouy; toute femme amoureuse

Est de nature assez ingenieuse.
Ne mettez donc le temps à nonchaloir,
Tant seulement ne faut que le vouloir.
La volonté invente toute chose ;
Et tout cela que vostre esprit propose
Est achevé ou par temps ou soudain ;
Car du vouloir chambriere est la main.
[Je sçay combien la femme nous decoupe
Alors qu'assise au milieu d'une troupe
Se va plaignant des amoureux qui n'ont
Ny foy au cœur ny honte sur le front,
Et, s'aigrissant d'une parole noire,
Dit contre nous mainte tragique histoire,
Et vous, oyant les hommes diffamer,
Faites alors un serment de n'aymer.
Je sçay, Madame, et honteux je confesse
Que maint amant a laissé sa maistresse,
Mais du peché la faute en est à vous
Qui nous trompez et changez à tous coups,
Nous harassez et irritez de sorte
Que la ferveur de l'amour devient morte,
Et lors l'amant qui reprend sa raison
Par le desdain s'eschape de prison.]
 Femmes de Cour et les femmes des villes
Sont à tromper et cautes et habiles :
Car elles sont sçavantes et ont leu
Ce qui attise ou amortit le feu ;
Sçavent que c'est martel et jalousie,
Feindre et tromper, changer de fantasie,
Dissimuler et forger maint escrit,
Où la rustique et pauvrette d'esprit
Suit la Nature, et rude d'artifice
Prend son plaisir sans fraude ne malice
 Vous qui avez l'esprit gaillard et bon,
Née et nourrie en ville de renom,
Qui n'ignorez les presens de Minerve,
Ne voulez point de serviteur qui serve
Aux doux plaisirs des amoureux combas.

ELEGIE XXVI.

Vous le voulez et ne le voulez pas,
Vous le voulez et si ne l'osez dire;
Ne le disant, un amoureux martyre
Brusle vostre ame en feu continuel,
Pour resister au plaisir mutuel.
 Si toute Dame en ce poinct vouloit faire,
Le Monde fust un desert solitaire;
Villes et bourgs, bourgades et citez,
Maisons, chasteaux, seroient deshabitez.
 Par ce plaisir bien souvent on engendre
Un grand Achille, un Monarque Alexandre;
Princes et Roys se font par tel moyen,
Quoy! voudriez-vous empescher un tel bien (*a*)!
 Pource jadis la ville Hellespontique
Fit un grant Temple au vieil Priape antique
Comme au grand Dieu de generation,
Pere germeux de toute nation.
 Doncques, ma chere et plus que chere vie,
Si vous avez dedans le cœur envie
Que je vous serve, il faut sans long sejour
Estroitement pratiquer nostre amour,
En cependant que les vertes années
Pour cet effect du Ciel nous sont données,
Sans pour-neant nostre âge consommer.
 Un temps viendra qui nous gard'ra d'aimer
Par maladie, ou par mort, ou vieillesse;
Lors regrettant en vain nostre jeunesse,
Et regardant nos membres tous perclus,
Nous le voudrons, et ne le pourrons plus.

(1573.)

a. Var. :

Et tous humains du Monde citoyens.

ELEGIE XXVII

Un long voyage ou un courroux, Madame,
Ou le temps seul, pourront m'oster de l'ame
La sotte ardeur qui vient de vostre feu,
Puis qu'autrement mes amis ne l'ont peu,
M'admonestant d'un conseil salutaire,
Que je cognois et que je ne puis faire ;
Car tant je suis par mes sens empesché,
Qu'en m'excusant j'approuve mon peché,
Et si quelqu'un de mes parens m'accuse,
Incontinent d'une subtile ruse
Par long propos je desguise le tort
Pour pardonner à l'autheur de ma mort,
Voulant, menteur, aux autres faire croire
Que mon diffame est cause de ma gloire.
Bien que l'esprit resiste à mon vouloir,
Tout bon conseil je mets à nonchaloir,
Par le penser m'encharnant un ulcere
Au fond du cœur ; que plus je delibere
Guarir ou rendre autrement adouci,
Plus son aigreur se paist de mon souci.
 Quand de despit à-par-moy je souspire,
Cent fois le jour ma raison me vient dire,
Que d'un discours sagement balancé
Je remedie au coup qui m'a blessé.
 Heureux celuy qui ses peines oublie !
Va-t'en trois ans courir par l'Italie ;
Ainsi pourras de ton col deslier
Ce méchant mal (*a*) qui te tient prisonnier.

a. Var. :

Ce lacz coulant

ELEGIE XXVII.

Autres citez, autres villes et fleuves,
Autres desseins, autres volontez neuves,
Autre contrée, autre air et autres Cieux
D'un seul regard t'esblouiront les yeux,
Et te feront sortir de la pensée
Plustost que vent celle qui t'a blessée.
Car comme un clou par l'autre est repoussé,
L'amour par l'autre est soudain effacé.
 Tu es semblable à ceux qui dans un antre
Ont leur demeure où point le Soleil n'entre,
Eux regardans en si obscur sejour
Nostre lumiere une heure en tout le jour,
Pensent qu'une heure est le Soleil, et croyent
Que tout le jour est ceste heure qu'ils voyent.
 Incontinent que leur cœur genereux
Les fait sortir hors du sejour ombreux,
En contemplant du Soleil la lumiere,
Ils ont horreur de leur prison premiere.
 Le bon Orphee en l'antique saison
Alla sur mer bien loin de sa maison
Pour effacer le regret de sa femme,
Et son chemin aneantit sa flame.
 Quand le Soleil s'abaissoit et levoit,
Tousjours pleurant et criant le trouvoit
Dessous un roc, couché contre la terre
Où ses pensers luy faisoient une guerre (a),
Et ressembloit non un corps animé,
Ains un rocher en homme transformé.
Mais aussi tost qu'il laissa sa contrée,
Autre amour neuve en son cœur est entrée,
Et se guarit en changeant de païs
Pour Eurydice il aima Calaïs,
Empoisonnant tout son cœur de la peste

---

a. Var. :

Dessous un roc, où son ame blessée
Se nourrissoit d'une triste pensée.

De cet enfant; je me tairay du reste.
De membre à membre il en fut detranché.
Sans chastiment ne s'enfuit le peché.

(1578, *Œuvres diverses*.)

ELEGIE XXVIII (1)

Vous qui passez en tristesse le jour,
Assujettis sous l'Empire d'Amour,
Cruel Tyran des humaines pensées;
Vous qui vivez d'esperances cassées,
Vous que Fortune, Amour, et la douleur
Vont abusant, escoutez mon malheur,
Malheur estrange, autant esmerveillable
Qu'en mon tourment je n'ay point de semblable.
 Mais par où dois-je en mes vers commencer
Le mal qui vient grièvement m'offenser?
Comme un chemin qui en croix se traverse,
De mainte voye en carrefours diverse,
Fait le pieton du chemin esgarer;
Ainsi le mal divers me fait errer
De mon propos, si que je ne puis dire
D'où, ny comment proceda mon martyre;
Et toutefois icy je le diray,
Me declarant le mieux que je pourray.
 De mon malheur l'occasion première

---

1. Cette Elégie seroit fort curieuse si l'on pouvoit s'assurer qu'elle a été faite par Ronsard pour chanter ses propres peines. Dans ce cas on pourroit, par un rapprochement avec le voyage de Tours (t. Ier, p. 182), l'appliquer aux amours du poëte pour Marie.

ELEGIE XXVIII.

Fut la durté de ma cruelle mere,
Laquelle estant sans cœur et sans pitié,
Fit avorter ma nouvelle amitié,
Mere à son fils à tort mal-gracieuse,
Par le rapport d'une vieille envieuse
Qui haïssoit ma Maistresse, et faisoit
Qu'à mes parens mon amour desplaisoit.
  Quiconque soit ceste vieille maudite,
Perisse, ô Dieux! justement interdite
De feu et d'eau, et la clarté des Cieux
Ne soit jamais agreable à ses yeux.
  La pauvreté tousjours luy face guerre,
Et sans secours aille de terre en terre
Cherchant son pain, et trespasse à la fin
Nue, affamée, au milieu d'un chemin,
Où sans honneur d'aucune sepulture
Soit des mastins et des loups la pasture.
  Son esprit aille errant par les tombeaux,
Ou revestu des plumes de corbeaux,
Sur les maisons toute nuict se lamente,
Et d'un long cry les voisins espouvente,
Puis que par fraude elle a voulu blesser
L'honneste amour qu'on ne doit offenser.
  De mon tourment je fis certain mon pere;
Mais luy vieillard, qui du tout obtempere
Aux passions de celle qui me fit,
Parla pour moy, mais rien à mon profit;
Car remettant toute l'affaire à celle
Dont je nasquis, la rendit plus cruelle
Contre mon mal, comme ayant seule à soy
Pouvoir de pere et de mere sur moy.
O cruauté d'une mere obstinée,
Qui de son fils corrompt la Destinée!
  Ma mere donq' est cause du tourment
Que je reçoy, et vous diray comment.
Ainsi qu'on voit qu'entre ceux d'un lignage
La privauté s'augmente d'avantage,
Et l'amitié s'enflame plus avant

ELEGIE XXVIII.

Par le moyen de se voir bien souvent;
Ainsi voit-on qu'Amour, qui tout dispense,
Souvent se mesle entre telle alliance,
Et tant il est gaillard et vigoureux,
Que des cousins il fait des amoureux:
   Comme il advint à moy qui me lamente,
Trouvant un jour une mienne parente
En un festin (parente d'assez loin)
Qui fut depuis l'argument de mon soin;
Car estimant estre chose civile
D'entretenir une Dame gentile
De qui j'estois un petit allié,
Incontinent je me senti lié,
Fait prisonnier de son devis, si sage
Qu'il eust gagné d'un Scythe le courage.
   Je me vy prendre esclave de ses yeux,
Où les Amours courtois et gracieux
Estoient logez, armez de ses œillades,
Qui d'un seul coup mes sens firent malades;
[Car un Amour volant dessus son front
Tira tel coup en mon cœur qu'il le rompt
En deux cartiers, et si bien la figure
De telle Dame y grava d'aventure
Et ses beautez et sa perfection
Qu'une nouvelle et forte passion
Me vint saisir, tout deffait et tout blesme,
Si que ravy je me perdy moy mesme]
Et que, vivant en autruy, loin de moy,
Plein de souci, de tristesse et d'esmoy,
Autre penser n'avois en la pensée
Que la beauté que j'avois enchassée
Au fond du cœur, qui suivoit en tous lieux
Mon souvenir, se monstrant à mes yeux,
Et ne souffroit, tant me faisoit de presse,
Que sur l'amour la raison fust maistresse.
Pource je fus long temps malade ainsi,
Sans rencontrer ny pitié ny merci.
   Mais comme on voit que la premiere envie

ELEGIE XXVIII.

D'un jeune amant est souvent assouvie
Ou par l'estude ou par autre moyen,
J'entre-rompi le nœud de ce lien,
Qui d'autre amour m'avoit serré la voye
Estant fort jeune, et aussi que j'avoye
Un frere aisné en âge florissant,
Qui plus que moy estoit fort et puissant,
Et qui devoit selon sa destinée
Aller bien tost sous les loix d'Hymenée.

 Or quand la Parque eut ce frere ravy,
Et que tout seul de mon nom je me vy,
S'offrant à moy maint riche mariage,
L'amour premiere arresta mon courage,
Dont je gardois encores en l'esprit
Le souvenir et le portrait escrit.

 Pour tout remede un jour je delibere
De raconter mes amours à sa mere,
La suppliant n'avoir le cœur marry
Si pour amy je devenois mary
De la beauté de sa fille si belle,
Qu'autre desir je n'avois sinon d'elle.

 La mere adonq' qui mes propos ouit,
Les accordant tout mon cœur réjouit :
Mais pour tel heur ne faillit ma misere ;
Car la rigueur de ma fascheuse mere
Fraudant mon cœur, ma peine et mon espoir,
Opiniastre opposa son vouloir
Au mien forcé, et pour mon mal accroistre
Ne voulut onq' les vertus recognoistre
Ne la famille où je voulois parti,
Ayant son cœur de mon bien diverti
Par les rapports d'une vieille Megere
Contre m'amie infame mensongere.
Et toutefois ardent je ne laisse
D'entretenir mon dessein commencé,
Faisant entendre à mon pere la peine
De trop aimer, dont j'avois l'ame pleine,
Disant ainsi : « Pere, s'il te souvient

ELEGIE XXVIII.

Du premier feu qui en jeunesse vient
Brusler les cœurs de sa flame amoureuse
(Heureux sujet d'une ame bien-heureuse)
Je te supplie aide à mon amitié,
Et, pere, pren de ton enfant pitié,
De moy qui meurs sans tenir espousée
Celle qui tient ma poitrine embrasée.

« Pour ce ne sois homicide à grand tort
De ton seul fils, qui n'attend que la mort,
S'il ne te plaist qu'il esteigne sa flame
En si beau lieu qu'il desire pour femme.

« Las ! si tu veux à mon bien consentir,
Tu me feras un tel aise sentir,
Mettant à fin ma vertueuse envie,
Que doublement j'auray de toy la vie,
Et doublement seras mon pere ici,
Me donnant vie et m'ostant de souci. »

De tels propos mon pere j'arraisonne :
Luy qui estoit de nature tresbonne,
Me dit : « Mon fils, j'ay pitié de ton mal,
Lequel ne trouve en amours son égal,
Louant beaucoup ta volonté constante,
Qui ne se doit frustrer de son attante.

« Mais pour-autant que vieillesse m'a fait
Par maladie impotent et desfait,
Je ne sçaurais à ton vouloir complaire ;
Car desormais ce n'est plus mon affaire
De me mesler de nopces ny de rien :
Le seul vouloir de ta mère est le mien.

« Pource, mon fils, flechi-la par priere ;
Son cœur n'est point d'une lionne fiere
Ny d'un sanglier, tu pourras par douceur
En soupirant luy amollir le cœur. »

Ainsi disoit : Lors je lamente et crie
Devant ma mere, et la prie et reprie,
Et par douceur j'essaye d'arracher
En soupirant ce fer et ce rocher
Qui luy armoit la poitrine si dure,

ELEGIE XXVIII.

Pour n'escouter la peine que j'endure,
Mettant tousjours au devant de ses yeux
L'extréme ennuy de mon mal soucieux,
La nourriture et beauté de la fille,
Et les vertus de toute sa famille.

    Mais pour néant je cuidois l'enflamer;
Car mille fois plus sourde que la mer,
Qui par le vent se roulle sur le sable,
A ma priere estoit inexorable.

    Alors me dit celle qui m'engendra:
« Ton pere vieil fera ce qu'il voudra,
Car d'un Pere est la puissance bien forte;
Mais quant à moy, plustost mille fois morte
J'iray là bas, que te voir marié
En si bas lieu dont tu es allié. »

    Ce mot estoit le dernier coup d'espée
Dont ell' pensoit avoir du tout coupée
Mon esperance, helas! qui florissait
D'autant plus fort qu'elle la meurdrissoit.
Moy resolu de poursuivre ma prise,
Je fy certains mes parens de l'emprise,
Qui tous d'accord louerent mon conseil,
Et mon amour qui n'a point de pareil,
Et la langueur veritable et non feinte
D'une amitié si constante et si sainte.

    Adonq' pensant par le temps acquerir
Ce plaisant mal lequel me fait mourir,
Toujours cherchois occasion expresse
D'aller aux lieux où estoit ma Maistresse.

    Longtemps après tant de travaux passez,
Par la douleur l'un sur l'autre amassez,
Prevoyant bien que ma peine dolente
Auroit plantée une amour violente
Dedans le cœur de Madame, et qu'aussi
Autant que moy elle auroit de souci,
Je resolu, pour soulager ma vie,
De visiter une si chere amie,
Dont le pourtrait dedans l'esprit j'avois,

Et de luy seul en mourrant je vivois.
 Or, trouvant seule un jour ma seule Aymée (1),
Car la maison souvent m'estoit fermée,
De peur, hélas! que si la privauté
D'une si douce et plaisante beauté
Estoit connue, une envieuse rage
Ne rallumast ma mere davantage;
Je lui contay le feu qui me brusloit,
Dont la chaleur aux yeux m'estinceloit;
Je luy contay que je mourrois sans elle,
Que sa beauté me sembloit seule belle,
Que de soupirs mon cœur je nourrisois,
Que d'elle seule attristé je pensois,
Qu'elle estoit seule et ma vie et mon ame,
Mon sang, mon tout, ma chaleur et ma flame,
Et que mon cœur n'avoit d'autre aliment
Que de songer en elle seulement,
Et maint propos je disois, que fait dire
Amour alors qu'on conte son martyre.
 En-ce pendant à longs traits je humois
De ses beaux yeux les beaux traits que j'aimois,
Je m'enlaçois en ses tresses dorées,
Je contemplois ses lévres colorées
De frais œillets, et son front où estoit
Amour au guet qui mon cœur combatoit.
 Je contemplois son maintien et sa grace,
Et son beau teint qui les roses efface;
Je desrobois de ses beautez un peu,
Doux aliment pour en estre repeu
En son absence, ainsi que l'homme sage
Qui entreprend de faire un long voyage,
Mainte viande amasse dans son sein
Pour resister longuement à la faim.
 Sa mere adoncq' survenant fut joyeuse
De tel amour si sainte et vertueuse,

---

1. Seroit-ce le nom de la dame? Toutes les éditions y mettent une Capitale.

ELEGIE XXVIII.

Et approuvant ma longue passion,
De tous les deux loua l'affection,
Me descouvrant sa volonté celée,
Dont j'eu depuis mon ame consolée.
  Un temps après une nopce survint,
O jour heureux! où ma chere ame vint,
Qui paroissoit au milieu de la presse
Comme paroist Diane la Déesse,
Par-sur le Chœur de ses Nymphes sautant
Quand prés d'Eurote elle va s'esbatant.
  Là ne me pleut ny danse ny aubades,
Ny balladins aux dispostes gambades,
Fifres, cornets, ny les haubois qui font
Aller la danse également en rond;
Ny les festins, les vins, ny les viandes,
Sucres, douceurs, confitures friandes
Ne me plaisoient; seulement me plaisoit
Ce corps divin, qui chaste me faisoit
Vivre et mourir, contemplant en presence
D'un œil goulu toute mon esperance.
  D'un feu pareil nos souspirs embrasez,
Et nos desirs furent beaucoup prisez
Des assistans les plus grands de la bande,
Qui admiroient une amitié si grande,
Et de ma mere accusoient la rigueur
Qui s'opposoit si cruelle à mon cœur.
  La nuict survint, et Amour, qui me ronge,
Me presenta mes delices en songe,
Et parmi l'ombre en esprit me fist voir
Tant de beautez que j'avois veu le soir.
Et je disois : « O songe qui m'abuses,
Me fortunant de si plaisantes ruses!
De tout mon bien je suis tenu à toy,
Qui sans pitié as eu pitié de moy;
Si qu'en despit de la fiere rudesse
Qui tient ma mere, accollant ma Maistresse
Je l'ay baisee, et seul tu m'as heuré,
Quand plus mon fait estoit desesperé.

ELEGIE XXVIII.

« Le verd pavot, ton propre sacrifice,
Sur ton autel à toute heure fleurisse,
Et puisses-tu éviter le courroux
De Jupiter, puis que tu m'es si doux! »

Ainsi vivant en si douteuse attente,
Des deux costez maint parti se presente
De mariage, et nul ne vint à fin,
Estant rompu par un heureux Destin.

Hà! que ferois-je auprès d'une autre femme,
Sinon du plomb sans vigueur et sans ame?
Que feroit-elle auprès d'un autre aussi,
Que froide et morte et palle de souci
Loin de son cœur? Amour qui nous fait plaindre
Ne nous sçauroit en autre part conjoindre,
Tant le Destin, à tous les deux commun,
De nos esprits en naissant ne fist qu'un.

Lors m'efforçant d'une complainte amere,
Je retentay le vouloir de ma mere,
Luy declarant le danger où j'estois;
Qu'un tel fardeau sur le cœur je portois,
Qu'en bref, vaincu, je laisserois la vie,
Et si soudain elle n'avoit envie
De m'alleger ou me donner confort,
Qu'entre ses bras elle auroit un fils mort.

Mais pour-neant je luy fais ma requeste,
Tant de la vieille elle avoit en la teste
Les faux rapports qu'elle luy racontoit,
Que mes propos ny mes pleurs n'escoutoit,
Estant joyeuse et brave de ma perte.

En-ce-pendant la foire fut ouverte
De Sainct Germain, où ceux qui ont le cœur
Adoloré d'amoureuse langueur,
Où ceux qui ont une ardeur vehemente
D'estre butin d'une nouvelle Amante,
Où ceux qui ont une ardeur de parler
A leur Maistresse où ils n'osent aller,
Où ceux qu'Amour à son conseil demande,
Vont amoureux d'une gaillarde bande.

ELEGIE XXVIII.

Là par bon-heur ma maistresse arriva ;
Mon cœur devant avecq' elle s'en va,
Et puis mon pied me conduit par la presse
Où je trouvay ma mortelle Deesse.
 Là je n'avois mon regard attaché
Ou sur la foule ou dessur le marché,
Ou sur le bien qui pendoit aux boutiques ;
Mais contemplant tant de graces pudiques
Qui reluisoient sur le front de mon tout,
Je ne trouvois commencement ny bout
En sa beauté, beauté qu'Amour m'a peinte
Dedans le cœur comme chose tressainte.
 Là, devisant de nos tristes malheurs,
Elle augmenta plus vives mes douleurs,
Se lamentant de ma mere cruelle,
Qui sans raison ne faisoit conte d'elle,
De ses vertus, de sa condition,
Et qu'elle avoit mauvaise affection
En son endroit, se monstrant insensee
D'offenser ceux qui ne l'ont offensee.
 Lors son conrroux j'appaisay doucement,
Luy remonstrant son merite, et comment
Ma folle mere avoit tort de mesdire
De ses vertus que tout le monde admire.
 Un jour allant, comme souvent j'allois,
Voir une Dame à qui parent j'estois,
Et elle aussi, la mere presque mise
En desespoir, de courroux fut esprise ;
Se lamentoit, pleuroit et gemissoit,
Que les vertus de sa fille on passoit
Dessous silence, et que tel mariage
Estoit trop long et de trop de voyage.
 Elle alleguoit en pleurant ne pouvoir
Sa jeune fille en autre lieu pourvoir,
Tant elle avoit à mon dire asseurance ;
Que ses parents luy en faisoient instance,
Et qu'asprement tous jours luy reprochoient
De n'avoir soin de ceux qui luy touchoient.

ELEGIE XXVIII.

Pource elle estant d'ennuy attenuée,
Aucunement de volonté muée,
Aux champs alla, menant avecques soy
Mon tout, mon cœur, ma promesse et ma foy ;
Où je couru d'une course hastée
Reconforter ceste desconfortée,
Aussi pour voir les yeux de ceste-là
Au feu desquels mon cœur se re-brula.
  A son retour par heureuse rencontre
En quelque nopce encor' je la rencontre,
Où, pour sçavoir si du temps la longueur
Ne m'avoit point effacé de son cœur,
De maint propos en propos je l'attire
Pour la tenter, ne me voulant rien dire,
Ains retirée en un penser profond,
Ny bien ny mal froide ne me respond.
Mais à la fin de mon dire esbranlée,
Rendit du tout mon ame consolée
En m'asseurant de sa fidelle amour.
Lors tout ravi je sens naistre à l'entour
De mon esprit une joye incognüe,
Qui par sa bouche au cœur m'estoit venue.
  Doncq' pour tousjours à mon aise la voir,
Soudain je fis à sa mere sçavoir,
Pour consommer mon œuvre proposée,
Qu'elle seroit ma future espousée,
La choisissant pour femme desormais,
Et que pour Dame autre n'aurois jamais.
Je luy contay le danger de ma vie,
Et la rigueur de ma mere, et l'envie
Qu'une flateuse avait d'un tel parti,
Dont tout le mal, helas ! estoit sorti.
  La mere adoncq' de mes raisons esmeue,
Sage permit qu'une si douce veue
Entre nous deux desormois se feroit ;
Que de sa part meurement penseroit
Au mariage et à ma foy promise,
Pour mettre fin à si belle entreprise.

ELEGIE XXVIII

Voila comment, Maistresse, j'ay vescu
Depuis le jour que mon œil fut vaincu
De vos beaux yeux ; et soit que la journée
Fust au matin des ondes retournée ;
Fust vers le soir, quand le Soleil couchant
Va dans la mer ses chevaux destachant,
Ou quand la Lune errante se promeine,
Pour vostre amour je n'ay languy qu'en peine.

O grand amour, grand oiseau par le dos,
Qui t'es logé au profond de mes os,
Ayant choisi pour maison ma mouelle,
Qui es armé d'une fleche cruelle,
Et d'un flambeau que je sens dans le sein,
Oy ma priere et me sois plus humain !
Fay, je te pri', que ma Maistresse voye
D'un œil benin ce papier que j'envoye,
Où sont depeints la plus part de mes maux ;
Qu'elle ne mette en oubli mes travaux,
Et que toujours elle ait en sa pensée
Nostre amitié saintement commencée,
Tousjours mettant au devant de ses yeux
De son ami les ennuis soucieux,
Et que sa mere autre part ne flechisse,
Mais envers moy son dessein accomplisse !

Fay que la mienne au courroux endurci,
En mon endroit ait le cœur adouci,
Et qu'en lieu d'estre à tort insupportable
S'amollissant devienne plus traitable,
Sans croire plus les malheureux propos
De ce vieil chien contraire à mon repos,
Qui porte envie aux vertus de la belle
Qui n'a semblable en tout ce Monde qu'elle,
Parfaite autant que mon mal bien-heureux
Passe l'ennuy de tous les amoureux.

Et si, ô Dieu, tu parfais ma requeste,
Je t'appendray sur le haut de la teste,
Comme en trophée, un rameau de laurier,
Pour le loyer de sauver ton guerrier. (1567.)

ELEGIE XXIX

DIRES OU IMPRÉCATIONS

Donques voicy le jour qu'en triomphe est menée
Ma Dame sous la loy du nopcier Hymenée!
Donques elle est menée aux rayons du flambeau
Qui mieux eust deu mener son espoux au tombeau!
Donq' ses cheveux frappez par petites remises,
Des vents, sur qui j'ay dit cent et cent mignardises,
Sont couronnez de fleurs! cheveux que d'amour fol
J'ay baisez, et liez mille fois à mon col.
    Faut-il qu'un estranger me ravisse ma Dame?
Faut-il qu'un autre corps jouysse de mon ame,
Et d'amoureux efforts du mariage armez
Face breche aux remparts que l'honneur a fermez?
    Que maintenant le cours de Nature se change;
Que tout soit transformé, que rien ne soit estrange,
Le chardon soit la rose, et la vermeille fleur
De l'œillet Ajacin prenne blanche couleur,
Puis que tu m'as trompé, donnant la mesme dextre
Que tu m'avois promise à l'estranger ton maistre.
    M'avois-tu pas promis qu'alors que les saisons
Feroient nos fronts ridez, et nos cheveux grisons,
Qu'esloignez du vulgaire irions par les valées,
Par les monts, par les bois, par les eaux reculées,
Herbes, plantes, et fleurs, et racines cueillir;
Puis les faisant ou cuire, ou seicher, ou bouillir,
Au feu les distiler en eaux alembiquées,
Pour frauder le cizeau des trois Parques moquées,
Et de remedes prompts arracher hors des mains
Le tribut de Pluton, heritier des humains?

ELEGIE XXIX.

Telle fut Oenoné, et nostre Melusine,
Et la vieille Manton, fatidique heroïne ;
Tels furent Zoroastre, Hippocrate, et Chiron,
Qui sauvant par tel art les peuples d'environ,
Firent d'estranges faits, et donnérent aux herbes
Les noms dont elles sont encores si superbes ;
Tant vaut en mesprisant les honneurs et les biens
Profiter à soy-mesme, au public, et aux siens.
 Au matin quand l'Aurore eut tiré la lumiere
Hors du sein de Tethys, toy marchant la premiere,
Ou moy marchant devant, eussions de cent couleurs
Cueilli de main soigneuse une moisson de fleurs.
 A midi, quand Phebus plus hautement gouverne
Les brides de son char, ou dans une caverne,
Ou dessous un vieil chesne, ou le long d'un ruisseau
Eussions, en ramassant en un nostre monceau,
Trié toutes les fleurs, puis les ayant contées
Les eussions vers le soir ensemble remportées,
Les unes au giron, les autres en la main,
Non pas en un Palais aux grands piliers d'airain,
Aux soliveaux dorez, mais en nostre hermitage
Tapissé de lierre et de vigne sauvage,
Sejour plus gracieux que ces braves chasteaux
Qui ont senti la scie, et le fer des marteaux.
 Ainsi servant à tous par si belle pratique,
Eussions gagné les cœurs de la troupe rustique,
Et apres que cent ans eussent nos yeux fermez,
De roses nos tombeaux eussent esté semez.
 Mais tu ne l'as voulu, desmentant ta promesse,
Aimant mieux un mary qu'estre faite Déesse.
Thetis fit comme toy lors qu'elle s'allia
Espouse d'un mortel, tant elle s'oublia.
 Quiconque fut la vieille ententive au message,
Qui premiere brassa ton maudit mariage,
Que les mastins paillards la compissent tousjours,
Hurlant apres son ombre entre les carrefours ;
Que la soif en tous temps la gorge luy desseiche ;
Tant plus elle boira, tant plus sente une meiche

De chaleur en la bouche, et crache à tous les coups
Les dents dessus son sein esbranlé de la toux;
Puis sa gencive estant de rempars desarmée,
Soit d'une lente faim à la fin consommée.

 Toy, Corneille et Pivert, oiseaux mal-encontreux
A ceux qu'Hymen accouple au colier malheureux,
Deviez a main senestre, en traversant la voye,
Garder que ce voleur ne prist ma chere proye.

 Hà tu devois, ô Terre, à fin de l'empescher,
Faire devant son coche élever un rocher
Pour rompre ses chevaux, et verser par les boues
Chevaux, cocher, limons, attellages et roues!

 Tel que les poursuivans d'Hippodamie, alors
Que Myrtile froissa leurs coches et leurs corps,
Empestrez au cordage, et à teste brisée
Rencontrerent la mort en lieu d'une espousée.

 Tel qu'Hippolyte fut, quand les monstres marins
Effroyerent de peur ses coursiers aux longs crins,
Et en luy deschirant les muscles et les veines
Le renverserent mort sur les blondes areines.

 O terre, si le sang eust esté respandu
De ce meschant voleur, j'eusse cent fois pendu
Vœux, offrandes, et dons au plus haut des entrées
De ton Temple qui s'ouvre à cent portes sacrées.

 J'eusse mis un tableau de durable renom,
Où ses chevaux versez et sa cheute et son nom
Eussent esté portraits, à fin que dans ton Temple
Estrangers et voisins eussent veu par exemple
Qu'on ne doit desrober les amours hors du sein
De ceux qui ont la Muse et la plume en la main.

 Que j'aime la saison où le mari de Rhée
Gouvernoit sous sa faux la terre bien-heurée!
Lors Hymen n'estoit Dieu, et encores le doy
Ne cognoissoit l'anneau, le Prestre, ny la Loy.
Le plaisir estoit libre, et l'ardeur necessaire
De Venus la germeuse estoit par tout vulgaire,
Sous un arbre, en un antre, en un chemin fourché,
Et la honte pour lors n'estoit encor peché.

ELEGIE XXIX.

Encores s'ignoroit l'amour acquise à force,
Dots, anneaux, et contracts, la plainte et le divorce,
Et le nom de mary, qui semble si cruel,
Et pour un petit mot un mal perpétuel.
   Si tu n'eusses jamais ta liberté vendue,
Je t'eusse plus celebre et plus noble rendue
Que les trois feux des trois à Rome si cognus,
Precepteurs delicats des enfans de Venus,
Qui ont chanté Lesbie et Cynthie et Corinne,
Et les chantent encor dessous l'ombre Myrtinne.
   Telle je t'eusse faite, et me l'avoit promis
Cypris qui pour parade en ses cheveux a mis
Le Myrte entortillé, et qui donna pour proye
Heleine Amycléenne au beau berger de Troye.
   Quand la Mort, dont l'horreur espouvante un chacun,
Nous eust conduits là bas au passage commun,
Ces trois en relisant mes vers dessus ta face,
Pour l'honneur de mon nom t'eussent quitté leur place,
Encor qu'ils soient premiers ; de Nature le sein
Est tousjours tetineux pour tout le genre humain :
Chacun le peut succer, et sa vertu feconde
Ne se vieillit jamais non plus que fait le Monde.
   Je réve, et mon esprit s'en-est volé de moy ;
Je n'advise en voyant la chose que je voy ;
Je faux, cet estranger ne l'a point espousée ;
Venus en ma faveur soudain a composée
Une image en lieu d'elle, à fin que sans deduit
Une idole en ses bras se couchast toute nuict,
Un Squelete seiché, une carcasse ectique,
Un fantosme de corps fiévreux et pulmonique.
   Venus l'a transferée aux vergers Cypriens,
Et entre les odeurs des prez Idaliens,
Ou se paissant de fleurs, entretient la Déesse,
La conduit en son Temple et la sert de Prestresse,
L'encense et la supplie, et le reste du jour
Comme un petit enfant se joue avecque Amour.
   Ha je ne suis trompé ! ha ce n'est pas feintise !
J'oy le peuple amassé qui bruit devant l'Eglise ;

J'oy les hault-bois sonner, et la pompe devant;
Je voy ses beaux cheveux esparpillez au vent.
C'est elle, je la voy, je cognoy son visage
Qui m'a tenu quatre ans en l'amoureux servage;
Je recognoy ses yeux, je voy comme dedans
Amour forge ses traits et ses flambeaux ardans.

 Phebus, s'il est ainsi que tu sois nostre pere,
Refuse à ceste nopce aujourd'huy ta lumière !
Tenebres soient par tout, ou si le jour est clair,
Que ce soit par le feu d'un flamboyant esclair
Esclatté du tonnerre, et sur la cheminée
Les Corbeaux et Hiboux chantent son Hymenée.

 Que pour signe certain de ses futurs ennuis
Elle heurte son pied contre le seuil de l'huis
Sortant de la maison ; et, dansant à sa feste,
Du doigt tombe sa bague, et les fleurs de sa teste;
Sa ceinture se rompe, et tousjours desdaigneux
Son mary la harcelle, et luy soit rechigneux !

 Paresseux aux mestiers qu'enseigne la Cyprine,
De sa femme jamais n'eschauffe la poitrine ;
Ains morne par le froid qui le germe defend,
Jamais sur ses genoux ne branle son enfant,
Afin qu'elle cognoisse, abhorrant sa malice,
Qu'un bon cœur ne vend point l'amour pour l'avarice !

Le Poete

 Quand Vesper, que Venus aime sur tous les feux
Qui reluisent au soir, apparut sur la nue,
Et que les yeux brunets des astres furent veus
Regarder à l'envi la Lune revenue,
Deux vieilles, dont la tresse estoit toute chenue,
Ayant le chef grison de chardons couronné;
De pavots et de ronce et d'ortie menue
Ont le lict nuptial trois fois environné ;
Puis d'un charme à sous-vois l'ayant empoisonné,
Et fasciné la chambre en tournant leurs caroles,

D'un parler enroué, d'un poil herissonné,
Respondant l'une à l'autre, ont dit telles paroles.

LES VIEILLES

LA PREMIERE VIEILLE

O Hymen, dont jamais le flambeau ne faillit,
O Hymen, qui le Ciel à la Terre maries,
Graces, Muses, Amours, ne chantez à ce lit,
Mais y chante la Parque et toutes les Furies.

LA SECONDE VIEILLE

La Noise et le Discord y dansent à l'entour,
Et mesme ceste nuict, des nopces la plus belle,
Qu'ils devroient s'embrasser, baiser, faire l'amour,
Ce ne soit que refus, morsures, et querelle.

I.

Son mary la deçoive, et volage et chagrin
Cherche autre amour nouvelle, ainsi que fit Thesée,
Quand, parjurant sa foy dessus le bord marin,
A la proye des loups laissa son espousée.

II.

Deçoive son mary, ainsi que consentit
Eriphyle à la mort du Prophete Amphierre (¹),
Quand un goulfre béant à Thebes l'engloutit,
Et vif et tout armé trebucha sous la terre.

1. Amphierre, pour Amphiare. e en *a* changée par licence poétique.   RONSARD.

ELEGIE XXIX.

I.

Le Myrte tousjours double, à Venus dedié,
De ses rameaux Cyprins jamais ce lict n'embrasse;
Mais comme un sep de vigne à l'orme non lié,
Sans enfans, sans amour, tombe contre la place.

II.

Du puant Tamarin, ennemy de Venus,
Soit la chambre en-jonchée, et non de Marjolaine;
L'herbe qui prend le nom des Satyres cornus,
Ne naisse point ici, ny la plante d'Helaine.

I.

Les filles dont les ans croissent en leurs Printemps,
N'y chantent point Hymen, mais bien ces surannées
Qui ont déja passé la vigueur de leur temps,
Et sans fleur et sans fruit s'en-vont toutes fanées.

II.

Ne versez sur ce lict des bouquets bien tissus
De la fleur d'Adonis, ny la Roquette utile
A réchaufer l'amour, mais respandez dessus
La poudre où s'est veautrée une mule sterile.

I.

Tous baisers en soient loin, qui moiteux vont baignant
Les lévres des amans à langues mi-sorties;
Que la nuict leur soit longue, et le lict plus poignant
Que s'ils estoient couchez au milieu des orties.

II.

Adieu, corps assemblez de differente humeur,
Adieu, de trop chanter j'ay la voix enrouée,
Aussi bien en ce coing j'advise le charmeur
Qui tient entre ses mains l'esguillette nouée.

ELEGIE XXIX.

Le Poete

Comme elles s'en alloient, j'en pris une aux cheveux,
Et liant tout son corps de cordes et de nœuds,
Je l'arrestay captive ainsi que fut Protée ;
Puis je luy demanday : O vieille radotée,
Dy-moy, par quel moyen je rompray le souci
Qui me tient en langueur pour ceste Dame ici ?
Dy-moy quelle magie, ou charme ou charactere
Pourroit desraciner mon amoureux ulcere,
Afin que libre et franc je vive sans esmoy,
Pour chanter desormais aux Muses et à moy ?
Si tu me fais ce bien, un tourteau je t'appreste
Faict d'aulx et de pavot pour endormir ta teste.
   Ceste vieille en toussant et son chef secouant,
Et trois fois dessus moy ses prunelles rouant,
Me respondit ainsi :

La Vieille

             Tu es un fat, de croire
Qu'un charme, qui n'est rien, sur l'Amour ait victoire.
L'amour est naturelle, et la faut secourir
Par la mesme Nature afin de la guarir.
Si les charmes forçoient la fleche desbandée
De l'arc que porte Amour, la sorciere Medée
Eust arresté Jason, et Circe eust arresté
Ulysse dans son lict si doucement traité.
   Mais charmes et magie, images et paroles,
Et figures et poincts en Amour sont frivoles.
On ne se peut guarir par telle fiction,
Ce n'est que Poësie et folle invention,
Il faut venir au fait. Maintenant que l'année
Est en son mois de May jeunement retournée ;
Voyage, si tu peux, et changeant de païs
Laisse-moy tes parents au logis esbahis ;

ELEGIE XXIX.

Fay-toy tirer du sang, et chasse de tes veines
Par un rouge canal tes soucis et tes peines;
Attache ton esprit à contr'imaginer
Quelque entreprise haute, à fin de destourner
L'impression d'amour par une autre nouvelle.
Souvienne-toy des jours où tu ne la vis belle,
Rememore en l'esprit ce qu'elle avoit de laid;
Hante tes compagnons, ne va jamais seulet;
Et si quelque lacquais de ses lettres t'apporte,
Fuy-le comme la peste et luy ferme la porte.
Si tu as de ses dons, ou bagues, ou tableaux,
Chifres, lettres, cheveux, romp-les en cent morceaux,
De peur qu'en les voyant, la flame consumée
Par un petit objet ne retourne allumée,
Estant plus que jamais son esclave et vassal :
La recheute souvent est pire que le mal.
Or si tu veux trouver une santé parfaite,
Il ne faut consulter Apollon le Prophete,
Ses trepieds ny son Temple; en deux mots brévement
Je te rendray gaillard et te diray comment.
Va où le cours de Seine en deux bras se divise,
Baignant ce grand Paris; cherche Jeanne la Grise (1),
De Venus courratiere, et entre le troupeau
Des filles qu'elle garde au logis le plus beau,
Eslis d'un œil accort celle qui plus ressemble
A ta Dame, et soudain en te soulant assemble
Ton flanc contre le sien, et de gaillards efforts
L'humeur pris en ses yeux rejette dans son corps.
Long temps ceste diette en chambre continue.
Si ta fiévre amoureuse apres ne diminue,
Pense que ta naissance eut un mauvais Destin.
Va faire ta neuvaine ou à Sainct Avertin,
Ou à Sainct Maturin, et croy que ta furie
De long temps ou jamais ne se verra guerie.

(1584.)

1. Recommanderesse qui demeuroit à l'île Saint-Paul, près l'Arsenal, à Paris.

Elegie XXX

CONTRE LES BUCHERONS

De la forest de Gastine

Quiconque aura premier la main embesongnée
   A te coupper, Forest, d'une dure congnée,
Qu'il puisse s'enferrer de son propre baston,
Et sente en l'estomac la faim d'Erisichthon,
Qui coupa de Cerés le chesne venerable,
Et qui, gourmand de tout, de tout insatiable,
Les bœufs et les moutons de sa mere esgorgea,
Puis pressé de la faim soy-mesme se mangea;
Ainsi puisse engloutir ses rentes et sa terre,
Et se devore apres par les dents de la guerre.
   Qu'il puisse, pour venger le sang de nos forests,
Tousjours nouveaux emprunts sur nouveaux interests
Devoir à l'usurier, et qu'en fin il consomme
Tout son bien à payer la principale somme.
   Que tousjours sans repos ne face en son cerveau
Que tramer pour-neant quelque dessein nouveau,
Porté d'impatience et de fureur diverse,
Et de mauvais conseil qui les hommes renverse.
   Escoute, Bucheron, arreste un peu le bras;
Ce ne sont pas des bois que tu jettes à bas;
Ne vois-tu pas le sang lequel degoute à force
Des Nymphes qui vivoient dessous la dure escorce?
Sacrilege meurdrier, si on pend un voleur
Pour piller un butin de bien peu de valeur,
Combien de feux, de fers, de morts, et de détresses
Merites-tu, meschant, pour tuer nos Déesses?
   Forest, haute maison des oiseaux bocagers!

ELEGIE XXX.

Plus le Cerf solitaire et les Chevreuls legers
Ne paistront sous ton ombre, et ta verte criniere
Plus du Soleil d'Esté ne rompra la lumiere.

  Plus l'amoureux Pasteur sus un tronq adossé,
Enflant son flageolet à quatre trous persé,
Son mastin à ses pieds, à son flanc la houlette,
Ne dira plus l'ardeur de sa belle Janette;
Tout deviendra muet, Echo sera sans vois;
Tu deviendras campagne, et en lieu de tes bois,
Dont l'ombrage incertain lentement se remue,
Tu sentiras le soc, le coutre, et la charrue;
Tu perdras et silence et haletans d'effroy
Ny satyres ny Pans ne viendront plus chez toy.

  Adieu, vieille Forest, le jouet de Zephyre,
Où premier j'accorday les langues de ma Lyre,
Où premier j'entendi les fléches résonner
D'Apollon, qui me vint tout le cœur estonner;
Où premier admirant la belle Calliope,
Je devins amoureux de sa neuvaine trope,
Quand sa main sur le front cent roses me jetta,
Et de son propre laict Euterpe m'allaita.

  Adieu, vieille Forest, adieu testes sacrées,
De tableaux et de fleurs autrefois honorées,
Maintenant le desdain des passans alterez,
Qui, bruslez en l'Esté des rayons etherez,
Sans plus trouver le frais de tes douces verdures,
Accusent tes meurtriers, et leur disent injures.

  Adieu, chesnes, couronne aux vaillans citoyens,
Arbres de Jupiter, germes Dodonéens,
Qui premiers aux humains donnastes à repaistre;
Peuples vrayment ingrats, qui n'ont sçeu recognoistre
Les biens receus de vous, peuples vrayment grossiers,
De massacrer ainsi leurs peres nourriciers.

  Que l'homme est malheureux qui au monde se fie!
O Dieux, que veritable est la Philosophie,
Qui dit que toute chose à la fin perira,
Et qu'en changeant de forme une autre vestira!

  De Tempé la valée un jour sera montagne,

Et la cyme d'Athos une large campagne :
Neptune quelquefois de blé sera couvert,
La matiere demeure et la forme se perd.

(1584.)

ELEGIE XXXI (1)

Si mes vers semblent doux, s'ils ont eu ce bon-heur
Que de plaire à la France, ils m'ont rendu l'honneur
Que Clothon m'a filé : et s'ils sont au contraire,
Que me voudroit, Durban, d'avantage d'en faire ?
Je serois un grand fol. Si les Destins amis
Un double sort de vie à l'homme avoient permis,
L'un pour vivre en plaisir, et l'autre en déplaisance :
Au moins en sa douleur l'homme auroit esperance
De vivre aise à son tour apres le mal finé.
Mais puis que le Destin à l'homme n'a donné
Qu'une petite vie, encore toute pleine
(Sur tous les animaux) de travail et de peine :
Respondez-moy, chetifs, et pourquoy si souvent
Vous donnez-vous en proye à la fureur du vent,
Afin de rapporter une barque chargée,
Le naufrage futur de Carpathe ou d'Egée ?
Et pourquoy, pauvres sots, pour gaigner le rempart
De quelque fort Chasteau mettez-vous au hazard
Si souvent vostre corps, qui est si foible et tendre,
Qu'à peine se peut-il d'une fiévre defendre,
Tant s'en faut d'un canon ? et pourquoy tant de fois
Allez-vous mendier des Princes et des Rois
Une foible et mondaine et chetive largesse,

1 Cette Elégie est prise de Théocrite.

Afin d'amonceler une breve richesse,
Et ne voyez la mort qui talonne vos pas?
 O pauvres abusez, hé, ne sçavez-vous pas
Que vous estes mortels? et que la Parque sage
Vous a de peu de jours borné vostre voyage?

(1560, Odes, f. 102.)

ELEGIE XXXII

INVECTIVE

Pource, Mignon, que tu es jeune et beau,
 Un Adonis, un Amour, un tableau,
Frizé, fardé, qui es yssu d'un pere
Aussi douillet et peigné que ta mere;
Qui n'as jamais sué ny travaillé,
A qui le pain en la main est baillé
Dés ton enfance, et qui n'as autre gloire
Qu'avoir au flanc une belle escritoire
Peinte, houpée, et qui n'as le sçavoir
De lire, escrire, et faire ton devoir,
Ny d'exercer ta charge, qui demande
Une cervelle et plus saine et plus grande;
 Tu oses bien au milieu des repas,
Ayant les mains le premier dans les plats,
Gorgé de mets et de riches viandes,
De vins fumeux et de saulces friandes,
Tu oses bien te moquer de mes vers,
Et te gaussant les lire de travers,
A chaque poinct disant le mot pour rire!
 Si tu sçavois qu'ils coustent à escrire,
Si tu avois autant que moy sué,
Refeuilleté Homere et remué,

ELEGIE XXXII.

Pour la science avec labeur apprendre,
Tu n'oserois, petit sot, me reprendre;
Mais tout ravi de merveille et d'esmoy,
En me chantant tu dirois bien de moy,
Et me voyant un Astre de la France,
Aurois mon nom en crainte et reverence.
 Je ne suis pas (petit mignon de Court)
Un importun qui court et qui recourt
Apres tes pas, quand un Grand luy ordonne
Un froid present, qui au matin te donne
Bonnet, genoux, pour ta grace acquerir;
Je ne suis tel, j'aimeroy mieux mourir,
Je suis yssu de trop gentille race.
Ce n'est pour toy que le papier je trace,
C'est pour moy seul quand j'en ay le loisir,
Et c'est, mignon, faute d'autre plaisir;
Et me plaisant je veux bien te desplaire.
 Or si ta bave eschauffe ma colere,
Et si ta langue en ton palais n'est coy,
Les chiens, les chats pisseront dessus toy
Parmi la rue, et mille harangeres
Te piqueront de leurs langues legeres,
Et d'un brocard poignant, injurieux,
Te jetteront la honte sur les yeux.
 Et ce-pendant, pour bien vivre à ton aise,
Je te souhaitte une femme punaise,
Je te souhette un coquu bien cornu,
Et pour piafer vendre ton revenu.
 Puis ne pouvant au Roi tes Comptes rendre,
A Mon-faucon tout sec puisses-tu pendre,
Les yeux mangez de corbeaux charongneux,
Les pieds tirez de ces mastins hargneux
Qui vont grondant herissez de furie,
Quand on approche aupres de leur voirie.
Autre tombeau tu n'as point merité,
Qui as mesdit de la Divinité.
Hé, qu'est-il rien plus divin qu'un Poëte?
Esprit sacré, qui tantost est Prophète

ELEGIE XXXII.

Haut sur la nue, et tantost il est plein
D'un Apollon qui luy enfle le sein ?
Enfant du Ciel et non pas de la Terre,
Qui fait tousjours aux ignorants la guerre,
Ainsi qu'à toy sottelet eshonté,
Enfant aisné de toute volupté,
Tousjours suivi de muguets tes semblables,
Mocqueurs, causeurs, escornifleurs de tables,
Qui bien repeus, autant de nez te font
Qu'a de Probosce (1) un vieil Rhinoceront ?

   Et toutefois tu fais de l'habile homme,
Comme nourri à Naples ou à Romme,
Poisant tes mots en balançant le chef,
Feignant de craindre un dangereux meschef
Sur nostre France; et curant ta dent creuse
D'une lentisque escumeuse et baveuse,
Trompes ainsi les pauvres abusez;
En la façon que les marchans rusez,
Qui safraniers, par meschantes practiques,
N'on point de draps aux secondes boutiques,
Mais monstrant tout dés le premier abord,
Font bonne mine, et se vantent bien fort.

   Ainsi, Mignon, sans avoir dedans l'ame
Rien de vertu, tu couvres ton diffame
D'un masque faux et d'un front eshonté;
Ainsi fardé de toute volupté,
Comme un boufon ton visage se monstre
Un vray Hibou de meschante rencontre,
Un duc cornu qui fait trogne d'avoir
Par la grosseur de son corps un pouvoir
Sur les oiseaux qui tournent en risée
Et duc et corne et plume mesprisée
Et çà et là le battant, l'agaçant
Bien qu'il soit gros, corpulent et puissant;
Mais sa grosseur n'est qu'une enflure vaine.

   Ainsy le corps et le cuir et la veine

---

1. Du latin *proboscis* : trompe.

ELEGIE XXXII.

De l'hydropique enfle comme un crapaud
Se bouffit toute et se jaunist, et faut,
Soit au printemps, soit au mois de l'autonne,
Qu'un medecin luy donne et luy redonne
Cornetz, ventouse et rhubarbe et séné,
Gramen, hysope, afin que destourné
Soit tel malheur loing du foye, et qu'au ventre
L'humeur aigueuse et trop paresseuse entre,
Pour rejeter (rechignant au retrait)
Cette grosseur que la bouffure attrait.
Car d'autant plus qu'ils boivent, veulent boire,
Le medecin ne veulent jamais croire,
S'enflent tousjours et crevent à la fin,
 Un Montfaucon, les Halles est leur fin,
Ou pour le moins un exil pardurable,
Ou quelque somme en argent miserable,
Ou sont privez de leurs charges et ont
Toujours la honte escrite sur le front.
 Voy le petit qui vit selon nature,
Qui n'est enflé d'ambition, il dure,
Il meurt es bras de ses proches amis,
On le regrette, et en pleurs il est mis
Pres le tombeau de son pere, où l'on verse
Roses et lys et mainte fleur diverse
De sur le corps du noble trespassé.
 Ceux qui en pompe ont leur âge passé
Aupres des grands, enflés de trop d'audace,
S'ils n'ont souffert, à tout le moins leur race
En souffrira, et de grands imposteurs
Seront un jour ou gueux ou crocheteurs,
Ou assassins; car la nature mere
N'a pas donné sa grace hereditaire
A toute race, et n'a tant de soucy
De nous humains; il faut que cettuy cy
Que cettuy là en changeant se souleve,
Monte aux honneurs d'une escalade breve,
Lequel bientost en tombant descendra.
Par son exemple un mignon apprendra

De se tenir en sa peau et ne faire
Chose qui soit à nature contraire,
Et apprendra qu'un petit champ vaux mieux
Qu'un grand rocher au sourcil glorieux
Sur qui la foudre en abondance tombe,
Qui des geans est volontiers la tombe (1).]
  Dieu, qui ne prend les hommes pour conseil,
N'aima jamais les hommes pleins d'orgueil,
Hommes poitris de limoneuse terre,
Fresles et prompts à casser comme un verre.
Il hait Briare, et tous ces orgueilleux
Geans mondains, qui tirent apres eux
(Pour n'avoir point de compagnons) l'eschelle
Des grand's faveurs et des biens, par laquelle
Ils sont montez en haute dignité;
  Et ce-pendant ils prestent charité
A quelque sot qui pour Dieux les adore,
Et tels les pense, ainsi que fait un More
Qui peint les Dieux aussi noirs comme luy;
Et à soy-mesme il accompare autruy.
  Mais si le fat vieillissant temporise
Jusqu'à porter au menton barbe grise,
Il les verra trebucher d'un beau saut,
Ou ses enfans en verront l'eschafaut.
Tousjours du Ciel la bruyante tempeste
Des hauts rochers vient saccager la teste ;
Où les esclats des foudres trebuchans
Vont pardonnant aux collines des champs.
[Tu dis : « Ronsard va tout seul par la rue,
C'est un Roussin qui ne mord ni ne rue ;
Il va sans mule et valets et lacquaiz. »
Trop de lacquais me faschent de caquetz,
J'aime mieux vivre à ma mode plus dure
En me plaisant, que forcer ma nature

---

1. Ces 52 vers ne se trouvent plus dans les éditions qui suivent celle de 1573. Ils ne m'ont pas fait deviner le nom du financier que Ronsard invective ainsi.

ELEGIE XXXII.

Pour ton plaisir, et ne te veux, Mignon,
Ny pour amy, ny moins pour compagnon.]
   Heureux celuy qui du coutre renverse
Son gras gueret d'une peine diverse,
Tantost semant, labourant et cueillant,
Dés le matin jusqu'au soir travaillant!
   Si tant d'orgueil autour de luy n'habite,
Si tant de biens, qui s'escoulent si vîte;
A tout le moins il loge en sa maison
Moins de faveur, et beaucoup de raison,
Dont il gouverne en repos sa famille,
Loin du Palais, du Prince et de la ville;
Où tu languis aux portes bien souvent
Des grands Seigneurs pour un petit de vent,
Pour la faveur qui s'enfuit comme un hoste,
Que la Fortune en quatre jours nous oste.
   Beaucoup de biens tu apprens d'acquerir,
Mais tu n'apprens, petit sot, à mourir,
N'estre courtois, ny à sauver ta vie,
Ny à tromper la rancune et l'envie
Qui te poursuit d'une haine en son cœur,
Et meurt sur pied d'une palle langueur
De te voir vif et de charger la terre
Comme un crapaud qui le venin enserre
De tout costez, et dont le regard nuit
Autant que gresle aux raisins et au fruit;
Et que le tien enchante la jeunesse,
L'empoisonnant de vin et de paresse (*a*).

(1573.)

a. Var. En place des 7 derniers vers :

Et tout le Ciel accuse de rigueur,
Dequoy tu vis, et de quoy ta carcasse
De Mont-faucon ne pend sur la terrasse.

ELEGIE XXXIII

AU SIEUR BARTHELEMI DEL-BENE

Gentilhomme florentin, Poete italien excellent,
pour response et revanche à deux
de ses Odes italiennes.

Del-Bene (second Cygne apres le Florentin
Que l'art et le savoir, l'Amour et le Destin,
Firent voler si haut sur Sorgue la riviére,
Qu'il laissa de bien loin tous les autres derriere,
Sinon toy, qui de pres suis son vol et sa vois,
Pour chanter les honneurs des Princes et des rois)
Je pensoy qu'en pur don ta Muse m'eut donnée
Une Ode sur ton Luth divinement sonnée,
Et que mon nom estoit de ton papier rayé :
Mais à ce que je voy, tu veux estre payé.
   Je le veux, c'est raison : de moy pour contr'eschange
Tu auras en pay'ment louange pour louange,
Un clou repousse l'autre : en la mesme façon
Tu auras vers pour vers et chanson pour chanson.
   Comme on voit par saisons les ventres des campagnes
Fertiles maintenant, et maintenant brehagnes,
Porter l'un apres l'autre et fourment et buissons,
Et toujours à plein sein ne jaunir de moissons ;
Ainsi les bons esprits ne font tousjours demeure,
Fertils, en un païs, mais changent d'heure en heure,
Soit en se reposant, soit en portant du fruit.
   Depuis que ton Petrarque eut surmonté la Nuit
De Dante, et Cavalcant, et de sa renommée,
Claire comme un Soleil, eut la terre semée,
Fait citoyen du Ciel ; nul apres luy n'a peu

ELEGIE XXXIII.

Grimper sur Helicon pour y estre repeu
A la table des Sœurs de leur saincte Ambrosie,
Qui seule donne l'ame à nostre poësie.
Plusieurs ont essayé ce beau labeur en vain,
Mais la Muse à chacun ne donne de son pain.
  Or les dons d'Apollon, dont se vid embellie,
Quand Petrarque vivait, sa native Italie,
Estoient perdus sans toy, des Muses amoureux,
Qui plein d'une ame vive et d'un cœur genereux,
Ouvrant le cabinet de leur grotte sacrée,
Presque seul as remis les vers en ta contrée.
  Dorment en paix les morts, je ne veux offenser
Ceux qui ont ja passé ce qu'il nous faut passer.
Sur leur tombe florisse et le Lis et la Rose.
Un homme fait beaucoup quand seulement il oze.
  Amour, apres la mort de ce noble Tuscan,
De tous fut mis en vente ainsi comme à l'encan ;
Chacun le refripoit, il n'avoit plus de fleches,
Ny d'arc, ny de carquois, de torches, ny de méches,
Quand tu en eus pitié, et soudain tu luy fis
(Comme ce bon Dedale à Icare son fils)
Des plumes pour voler par toute l'Etrurie,
Tes vers luy redonnant Temples et Seigneurie.
  Si tost que ton menton par l'âge fut blanchi,
Et ton cœur des ardeurs de Venus affranchi,
Laissant Amour à part, d'un plus brave courage
Tu commenças d'ourdir un difficile ouvrage,
Imitant les Romains, les Grecs et les François :
Ce fut de marier les cordes à la vois,
Celebrant Tusquement, par tes chansons Lyriques,
Les illustres vertus des hommes heroïques ;
Où ton docte labeur le surpasse d'autant,
Que le Rossignol passe un Pinçon en chantant,
Quand Auril tend l'oreille aux complaintes legeres
Des oiseaux amoureux, Sereines bocageres.
  Car, choisissant des vers et masles et hardis,
Et des mots courageux, en ta langue tu dis
Un argument nouveau forgé sur ton enclume,

ELEGIE XXXIII.

A toy-mesmes traçant un chemin par ta plume,
Pour monstrer que l'esprit invente tous les jours,
Sans voir jamais tarir la source de son cours.
  Sous les ombres là bas le Calabrois Horace
Entre les Myrtes verds te quitera sa place,
Et Pindare Thebain te cedera son lieu ;
Ainsi entre deux Dieux tu seras nouveau Dieu,
Tant la Muse (ta Circe) en te changeant, a force
De faire un corps divin de ta mortelle escorce.

(1587.)

ODE

DEL SIGNOR BARTHOLOMEO DEL-BENE

AL SIGNOR PIETRO RONSARDO

Gentil-huomo Vendomese
Eccellentissimo Poeta francese

Quando avido huomo, e industre
L'inteste merci sue di seta e d'oro
Crede alla dubbia fè di mano illustre,
Che mal dispensa il ricco suo tesoro,
   Nutrito i mesi e gli anni
Di promesse e speranze vane ogni hora,
Per ristorare i suoi passati danni,
Nuove merci e nuovo oro arrischi ancora;
   E con novello inchiostro
E nuovi patti rotta fè risalda;
Che si raro si trova al secol nostro
Ne i superbi palazzi intera e salda.
   Tal l'humil Musa mia
Credette un tempo che novello carme
Desteria il sovvenir, che in te dormia
Delle promesse tue di chiaro farme
   Con le tue dotte carte,
Qual da me furon gia con fosche note

Le degne lodi tue dipinte e sparte,
 E fatte, se non quì, cantando, note,
  Al men là d'Arno all' onde,
Dove nacque il canoro Cigno, e raro,
Delle cui opre, à null' altre seconde,
Imitator sei tu sublime e chiaro.
  Ma di tal speme al fine
Caduti i vanni al mio lungo desire,
Mirando le tue Muse alte e divine
Spesso honorar del mio piu scabro dire,
  Fei qual rozzo pittore,
Sperato in van d'essere al vivo espresso
Da man più dotta, e con più bel colore,
Ch' allo specchio figura al fin se stesso;
  Così me stesso hagg' io
Pinto nelle mie carte al terso speglio
De gli occhi del mio Sol sereno e pio,
Si ch' altri non m' haria ritratto meglio;
  Se pur del nostro oprare
Tosca chiara Academia il ver m'accenna,
Dicendo che 'l mio stil basta à impetrare
Quel che indarno io sperai da la tua penna.

ELEGIA

NOMINE P. RONSARDI

ADVERSUS EJUS OBTRECTATORES
ET INVIDOS.

Scripta a MICH. HOSPITALIO, Franciæ Cancellario

Magnificis aulæ cultoribus atque Poetis
   Hæc Loria scribit valle Poeta novus;
Excusare volens vestras quod læserit aures,
   Obsessos aditus jam nisi livor habet;
Excusare volens quod sit novitatis amator
   Verborum, cum vos omnia prisca juvent.
Atque utinam antiqui vestris ita cordibus alte
   Insitus officii cultus amorque foret!
Non ego conscissus furiali dente laborem
   Spicula de tergo vellere sæva meo.
Non ego, qui tanti mihi caussa fuere doloris,
   Auxilium a nostris versibus ipse petam.
Non ego nunc Musas supplex orare latinas,
   Rebus et afflictis poscere cogar opem.
Nam me cur patria coner defendere lingua,
   Quo rursus vitio plectar, ut ante, meo?
An risum ut cumulem ridere volentibus illis,

ELEGIA

Et solvam duplici seria tanta joco?
Spero equidem vestris hæc posse latina probari
   Auribus, et veniæ me reperisse locum.
Aut, minus hæc si forte valebunt, nil lubet ultra
   Quærere, postremus sit meus iste labor.
Nulla novi cernentur in his vestigia verbi,
   Nec vocis novitas vos odiosa premet.
Quod mihi nunc præstat romanæ copia linguæ,
   Paupertas nostræ sustulit ante mihi.
Vos antiqua dari nullo discrimine vobis
   Poscitis, in medio nataque verba foro.
Nos referre putamus an hæc scribatur, an illa;
   Auctoris locuples linguave pauper erit.
Hæc quoque posterius vos nunc expendite mecum,
   Quale boni officium debuit esse viri.
Si cui tanta fuit juvenili in corpore virtus
   Ausit ut insuetos stultus inire modos,
Et cadat infelix confestim in limine primo,
   Et madidum turpi verberet ore solum,
Quid facias? transferre alio coneris, et artem
   Linquere præcipias, cui minus aptus erat?
Sin valet ingenio, et quamvis non optima fecit
   Prima, tamen spes est post meliora fore,
Continuo jubeas cœpto desistere cursu,
   Aut regredi prima, qua stetit ille, via?
Pergere commoneas potius, nisi tristis ab omni
   Officio prorsus corda remota geris.
Ætas est ætate regenda, senisque maligni est
   Consilio juvenem nolle juvare suo;
Extremæ sed nequitiæ maledicere surdo,
   Crescere et alterius posse putare malis.
Diceris ut nostris excerpere carmina libris,
   Verbaque judicio pessima quæque tuo
Trunca palam Regi recitare et Regis amicis:
   Quo nihil improbius gignere terra potest.
Monstrares integra suis cum partibus, et quo
   Dicta modo, quo sint ordine, quoque loco;
Virtutes pariter melioraque verba notares.

Compensas paucis vel mala plura bonis :
O cæcum invidiæ crimen! non cernis ut intus
　　Non mea, sed mores rideat ille tuos?
Solus nempe vides, ut sol tibi scilicet uni
　　Nasum et judicii lumen habere dedit.
Tu modo si belle et festive pauca locutus
　　Risum aliis, risum moveris ipse tibi;
Magnum te fecisse putas: ea scilicet ingens
　　Magnaque scurrilibus gloria parta jocis.
O stulti veræque ignari laudis, in isto
　　Ducitis egregium vincere curriculo?
Quo præstat vobis iratus scriba, vel is qui
　　Legatus nuper venerat Antipoli?
Sed quisnam vobis hoc regni detulit, ut non
　　Arbitrio liceat scribere cuique suo!
Lex est, absenti si quis maledixit amico,
　　Si famam læsit, nomen et alterius;
Si contra Regem petulanti protulit ore,
　　Aut contra superos impia verba Deos.
Præterea fraudi nunquam fuit ante Poetis
　　Sive bonos versus scribere, sive malos.
Quis Reges istos, quis possit ferre Tyrannos,
　　Delatum et falsis vatibus imperium?
Vestram omnes imploro fidem, testorque, Poetæ,
　　Libera difficili solvite colla jugo.
Vestrum jus adimi libertatemque sinetis,
　　Qua decus erepta versibus omne perit?
Nam si omnes hæc tam crudelia regna feratis,
　　Desertus vobis sim licet, ipse feram.
Verum age, dic aliquid cur nolis verba novari,
　　Seu decuit fieri, sive necesse fuit?
Præsertim græcis cum fontibus illa trahantur,
　　Nec sint arbitrio nomina ficta meo.
Nam, Græci nisi multa novassent atque Latini,
　　Non ea verborum copia visque foret.
Sed primi studuere homines sermonis ad usum
　　Divitias patriæ suppeditare suæ.
Rhetoribus parce res et tentata pudenter

Examen populi judiciumque subit.
Pars mox cœpta coli, cum pars rejecta fuisset,
 Post æque placuit versa per ora virum.
Liberius prisci fabricarunt verba Poetæ,
 Sed populi quæ non usibus apta forent.
Ipsos namque putes aliena scribere lingua,
 Tam variis constant disparibusque notis.
Hæc quondam populus risit, risere Poetæ
 Ipsi principio non sibi nota satis.
Ut mea tu rides, sic est derisus ab illis
 Æschylus, et qui etiam nomen ab ære tulit.
Nec post cessavere novi nova condere Vates
 Nomina verborum, parcius illa tamen.
Propterea græci scriptores atque latini
 Et parce et timide verba novare jubent.
Qui poterit varios tenuis componere versus,
 Diversis eadem facta referre modis,
Ni vel multa novat, vel mutua plurima sumit,
 Ni vacat augendis ingeniosa suis?
Quid? multos non hæc regio tulit ante Poetas,
 Carminaque a nostris multa leguntur avis?
Scripta quidem fateor, sed quæ tamen omnia nullam
 Ingenii laudem lecta vel artis habent.
Non quisquis potuit numerose claudere versum
 Continuo vatis nomine dignus erit.
Multa habeat provisa necesse est ante Poetæ
 Egregii nomen quisquis habere volet:
Ut veterum ediscat monimenta, nec ullius artis
 Doctrinæve pium pectus inane gerat;
Ut possit Reges et Regum dicere pugnas,
 Possit ab armatis oppida capta viris;
Ut teneat quoscunque animis accendere motus
 Cum volet, accensos ut cohibere sciat.
Scilicet hæc tua sunt, præstabis et omnia solus,
 Unum te toto pectore Phœbus amat.
Hæc te posse amens profiteris? Non ego; verum,
 Ut possem, puero maxima cura fuit.
Sed me conantem Latio deducere Musas,

Atque illis patrio ponere templa solo,
Turbavere mali vates, falsique Poetæ,
  Quos premit invidiæ laus aliena malo.
O nimium vere sapientem, qui sibi tantum
  Contentus patriis laudibus ipse canit,
Nec longinqua virum quærit volitare per ora,
  Nomen et ad cœli sidera ferre suum;
Nec, prodesse suis ut posset civibus olim,
  Invidiæ solus subdidit ipse caput.
Et tamen est aliquid quo me consoler, et unde
  Auxilium plagis vulneribusque petam.
Despectus tibi sim, non sic mea carmina vexes,
  Non rabido toties, ut facis, ore petas;
Non metuas jaceant lectis semel ut tua nostris,
  Non tacitus dicas: Hei mihi quid faciam?
Hic nos ejiciet regno, plebemque videri
  Efficiet, turbas innumerasque dabit.
Visa semelque audita placebunt ista, placebunt,
  Immundique terent vilia nostra pedes.
Hæc tecum, tu si quid habes modo luminis intus,
  Attonitum nisi cor vel sine mente geris.
Quos mihi nunc animos, quantas in carmina vires,
  Et quam spem reliqui temporis esse putas,
Cum videam miserum torqueri versibus istis,
  Qui mihi vix placeant ni tibi displiceant?
Non etenim nostri tam sum quam fingis amator,
  Ut mea confestim qualiacumque probem.
Mutem quinetiam, vel te monitore, libenter,
  Quæ nova sunt scriptis vel peregrina meis,
Ut mihi ne vere posthac male dicere possis,
  Atratis mala nec pungere verba notis,
Utque adimam ridere tibi, quo diceris uno
  Inter honoratos scurra valere greges.
Qui mos quam sacro Christi sit præside dignus
  Videris id tute, Gallia tota videt.
At tibi cum fuerit factum satis, ipse vicissim
  Oris pone tui spicula, pone faces.
Non mihi semper erit circum patientia pectus,

Non tua perpetuo dicta salesque feram.
Invitus, juro, tristes accingar iambos,
 Læsus et expediam carmina mille tibi,
Quæ miserum subigant laqueum vel nectere collo,
 Francica vel turpi linquere regna fuga;
Ut discant homines linguæ sors ultima et oris
 Exitus effreni quam miser esse solet.

LE RECUEIL
DES
ELEGIES

Retranchées par Ronsard aux dernières éditions de ses œuvres.

VERS COMMUNS

Douce Maistresse, à qui j'ai dedié
Mon cœur captif que vous tenez lié
Dedans les rets de vostre tresse blonde,
En qui la soye et le fin or abonde ;
Oyez, helas ! le mal que je reçoy,
Pour le plaisir de n'estre plus à moy !
Perdant du tout l'esperance de l'estre :
Car contre un Dieu un homme n'est pas maistre.
  Ce petit Dieu qui porte dans la main,
Un trait lavé de nostre sang humain,
Qui ne se plaist que d'allumer nos ames
Du chaud brandon de ses cruelles flames,
Qui peut donter les hommes et les Dieux,
Fut l'autre jour de mon aise envieux,
Me prit captif, et me mit sur la teste
Le pied vainqueur en signe de conqueste,
M'osta le sens, l'esprit et la raison,

Puis m'enferma dedans vostre prison,
Et me lia d'une si douce sorte
Que j'ay plaisir des liens que je porte.
Tous prisonniers, tant soient-ils enferrez,
Et dessous terre à l'obscur enserrez,
Flattent leur mal et vivent d'esperance
D'avoir un jour de leurs maux delivrance,
Et de revoir du Soleil la clarté,
Estans remis en pleine liberté.
Mais dès le jour que la belle lumiere
De vos yeux prit mon ame prisonniere,
Je n'ay voulu pour hoste recevoir
Ceste esperance, et n'en veux point avoir,
Bien que flateuse à toute heure elle essaye
De soulager ma prison et ma playe,
Me promettant de me faire jouir
De liberté; mais je ne veux l'ouir,
Ne luy donner dedans mon cœur passage,
De peur, helas! que mon penser mal sage
Ne m'asseurast de me faire partir
De la prison dont je ne veux sortir.
   Ceste esperance, au soir quand je me couche,
Et au matin quand je sors de ma couche,
Vient toute seule, à fin de m'offenser,
Secrettement pratiquer mon penser,
Pour me trahir; mais plus elle s'efforce
D'entrer chez-moy, je resiste à sa force;
Je la repousse, et point ne la reçoy,
Pour ne loger mon ennemy chez-moy.
   Allez ailleurs chercher vostre demeure,
Luy di-je alors, il me plaist que je meure
Sans nul espoir; sus donc partez d'icy,
Vous ne sçauriez soulager mon soucy,
Ny d'autre part tourner mon entreprise;
Car ma prison vaut mieux qu'une franchise.
Un plus grand bien je ne sçaurois choisir,
Qu'un languissant mourir à mon plaisir.
   Ceste langueur m'est une douce vie,

Et si n'ay point en languissant envie
De me guarir; car de ceste langueur
Vient le plaisir qui soulage mon cœur.
 Douce prison, vous m'estes honorable,
Sans vos liens je serois miserable,
Vostre malheur bien-heureux m'a rendu ;
En me perdant je me suis bien perdu,
Et ne veux point qu'ailleurs je me retrouve.
J'ayme mon mal, j'y consens et l'approuve,
J'ayme ma perte, et ne voudrois pour rien
Me regaigner pour estre du tout mien.
 Il ne faut point qu'une autre Damoiselle
Pense esbranler ma constance fidelle ;
En autre part je ne sçaurois aimer.
Je suis semblable au Polype de mer,
Qui aime tant les branches de l'Olive,
Qu'il sort de l'eau et vient dessur la rive
Les caresser, festoyer, embrasser,
Et tellement il se laisse enlasser
Par l'arbre aimé, que glaive ne qu'espée
(Dedans son sang plus d'une fois trempée)
Ne peut l'oster d'un tel embrassement,
Ains en serrant tousjours obstinément,
N'a soin de voir sa vie consommée,
Mourant joyeux dessur la branche aimée.
 Las ! telle mort je voudrois recevoir,
Si dans mes bras je vous pouvois avoir ;
Et ne craindrois la Mort, tant fust cruelle,
Car je suis seur que Cyprine la belle
Feroit entrer mon esprit amoureux,
Après ma mort, au Paradis heureux,
Soit de Paphos, d'Amathonte, ou d'Eryce.
 En ce beau lieu tout remply de delice
Où le Printemps florit tout à l'entour,
J'irois volant accompagné d'Amour.
Tous les esprits me feroient reverence,
J'aurois entre-eux honneur et preminence ;
Et comme un Dieu je serois estimé,

Pour le loyer d'avoir si bien aimé.
 Douce beauté, ha que vous m'estes fiere !
Sans avoir paix vous m'estes trop guerriere :
En vous voyant tout le cœur me defaut,
Je meurs pour vous, et si ne vous en chaut !
Souffrez au moins qu'icy je vous accuse
De me charmer ainsi qu'une Méduse.
 Toutes les fois que je sens approcher
Vos yeux sur moy, je deviens un rocher
Sans sentiment, car mon âme gelée,
Qui par frayeur au cœur s'en est allée,
De froide peur me glace tout le sang ;
Sans respirer je demeure tout blanc,
Pasle et tout froid, comme une roche dure
En qui l'on voit d'un homme la figure.
 Telle en Sipyle aparoist Niobé,
Dans un rocher dessus la mer courbé,
Qui fut changée en pierre larmoyante,
Voyant les fils de Latone puissante
Tuer les siens, dont l'horreur la froidit,
Si bien qu'en roc tout son corps se roidit,
Et ne resta pour une femme à l heure,
Sinon au bord une roche qui pleure,
Comme je fais ; mais gueres je ne puis
En un rocher lamenter mes ennuis ;
Car aussi tost que vos lévres décloses,
Pleines de lys, de perles et de roses,
Parlent à moy, descharmer je me sens,
De vos propos qui raniment mes sens,
Par la vertu d'une haleine amoureuse,
Qui rend soudain mon ame chaleureuse,
Chassant du cœur la crainte et la froideur,
Pour faire place à la nouvelle ardeur.
Mon ame adonc, laquelle est toute pleine
De la chaleur d'une si douce haleine,
Imprime en elle au vif vostre portrait,
Qu'Amour subtil engrave de son trait :
Lors ce portrait qui, jamais ne se lasse

D'errer en moy, de veine en veine passe,
De nerfs en nerfs, si bien que maugré moy,
De moy s'est fait le seigneur et le roy.
Maugré moy non! je l'aime et le desire;
C'est ce portrait qui doucement m'inspire
Mille pensers, que changer ne voudrois,
Non pas un seul, aux richesses des Rois.
 Puis qu'en moy donc nuict et jour je vous porte,
Quand il vous plaist mon cœur ouvre sa porte
A tout cela qui de vostre part vient,
Car de vous seule au Monde se souvient:
Je cognois bien que je ne suis pas sage,
Et que l'ardeur a forcé mon courage,
Que mes desseins ne sont point avancez;
Je suis aveugle, et si cognois assez
Que j'aime trop le mal qui me tourmente,
Et toutefois si vous estiez contente,
Pour vous donner les biens que j'aime mieux,
Mon sang, mon cœur, ma lumiere et mes yeux,
Je le ferois sans aucune priere:
Car ny mon cœur, mon sang, ni ma lumiere,
Ame, ny vie, helas! ne me font rien,
Au prix de vous, qui estes tout mon bien.
 Or pour la fin ces presents je vous donne
Pour les donner à une autre personne,
S'ainsi vous plaist, ou pour les retenir:
Car rien de vous ne me sçauroit venir,
Qui ne m'apporte une joye parfaite,
Si par mon mal je vous voy satisfaite.

(1564.)

ELEGIE

Cherche, Cassandre, un Poëte nouveau
Qui apres moy se rompe le cerveau
A te chanter : il aura bien affaire,
Fust-ce un Baïf, s'il peut aussi bien faire.
Si nostre Empire avoit jadis esté
Par nos François aussi avant planté
Que le Romain, tu serois autant leue,
Que si Tibul' t'avoit pour sienne esleue :
Et neanmoins tu te dois contenter
De voir ton nom par la France chanter,
Autant que Laure en Tuscan anoblie
Se voit chanter par la belle Italie.
 Or, pour t'avoir consacré mes escris,
Je n'ay gaigné sinon des cheveux gris,
La ride au front, la tristesse en la face,
Sans meriter un seul bien de ta grace :
Bien que mon nom, mes vers, ma loyauté,
Eussent d'un tigre esmeu la cruauté :
Et toutefois je m'asseure, quand l'âge
Aura donté l'orgueil de ton courage,
Que de mon mal tu te repentiras,
Et qu'à la fin tu te convertiras :
Et cependant je souffriray la peine,
Toy le plaisir, comme Dame inhumaine,
De trop me voir languir en ton amour,
Dont Nemesis te doit punir un jour.
 Ceux qui Amour cognoissent par espreuve,
Lisant le mal dans lequel je me treuve,
Ne pardon'ront à ma simple amitié
Tant seulement, mais en auront pitié.
 Or, quant à moy, je pense avoir perdue,

En te servant, ma jeunesse espandue
Deçà delà dedans ce livre icy.
Je voy ma faute et la prends à mercy,
Comme celuy qui sçait que nostre vie
N'est rien que vent, que songe et que folie.

(1560.)

ELEGIE

A JEAN BRINON

Des faits d'Amour Diotime (1) certaine,
Dit à bon droit qu'Amour est Capitaine
De nos Daimons, et qu'il a le pouvoir
De les contraindre, ou de les esmouvoir,
Comme celuy qui Coronel preside
A leur Cantons, et par bandes les guide.
Et que lui seul peut l'homme accoüardi
En un moment rendre caut et hardi,
Quand il luy plaist l'eschauffer de sa flame,
Et d'un beau soin luy espoinçonner l'ame.
  Auparavant que je fusse amoureux,
J'estoy, Brinon, et honteux et poureux :
Si j'entendois quelque chose en la rue
Grouler de nuict, j'avoy l'ame esperdue,
Deçà delà tout le corps me trembloit,

---

1. Personnage réel ou imaginaire que Platon cite dans son Banquet, d'où le commencement de cette élégie est tiré.

Autour du cœur une peur s'assembloit
Gelant mes os, et mes saillantes veines
En lieu de sang de froideur estoient pleines,
Et d'une horreur tous mes cheveux dressez
Sous le chapeau se tenoient herissez ;
Mais par-sus tout je perdoy le courage
Quand je passoy de nuict par un bocage,
Ou prés d'un autre, et me sembloit avis
Que par derrière un esprit m'avoit pris.

Ores sans peur j'esleve au Ciel la teste,
Je ne crain plus ny gresle, ny tempeste,
Ny les voleurs par lesquels sont pillés
Les vestements des amants despouillés,
Ny les Daimons des antres solitaires,
Ny les esprits des ombreux cemetaires :
Car le Daimon qui leur peut commander
Me tient escorte, et me fait hazarder
De mettre à fin tout ce que je propose ;
Ou si je crains, je ne crains autre chose
Que le babil, l'envie et le courrous
D'une voisine, ou d'un mary jalous ;
Ou qu'un plus riche en ma place ne vienne,
Et que ma Dame entre ses bras le tienne
Toute une nuict, et que, sot cependant,
A l'huis fermé je ne bée, attendant
Ou qu'on m'appelle, ou bien qu'une chambriere
Vienne esconduire humblement ma priere
Par une excuse, ou, me laissant devant
La porte close à la pluye et au vent,
Triste et pensif, je ne me couche à terre,
Tremblant de froid au bruit de ma guiterre.
Donque, Brinon, si tu te plais d'avoir
L'estomach plein de force et de pouvoir,
Sois amoureux, et tu auras l'audace
Plus forte au cœur, que si une cuirasse
Vestoit ton corps, ou si un camp armé
De legions te gardoit enfermé.

Car pour jouir d'une maîtresse belle,
L'amant ne craint la mort, tant soit cruelle (a).

(1560.)

ELEGIE (1)

Pour vous monstrer que j'ay parfaite envie
De vous servir tout le temps de ma vie,
Je vous suppli' vouloir prendre de moy
Ce seul present, le tesmoin de ma foy,
Vous le donnant d'affection extresme
Avec mon cœur, ma peinture, et moy-mesme.
   Or, ce present que je vous donne icy
Est d'un metail qui reluit tout ainsi
Que fait ma foy, qui purement s'enflame
De la clarté de vostre saincte flame,
Et tellement vit en vostre amitié,
Qu'autre que vous n'y a part ny moitié.
   L'or est gravé, et l'Amour qui m'imprime
Vostre vertu que tout le Monde estime,
M'a si au vif engravé de son trait,
Et vostre grace, et vostre beau portrait,
Que je ne vy, sans voir en toute place
Vostre presence au devant de ma face,
Car plus vos yeux sont eslongnez de moy,
Et de plus pres en esprit je les voy.
   Sur les deux bords sont engravez deux Temples,

a. Var. :

Puisque la mort à l'homme est naturelle,
Belle est la mort pour une chose belle.

1. Cette élégie a été faite au nom d'une dame du nom d'Anne, qui envoyoit son portrait à une amie appelée Diane. Voyez, page 428 du 1er vol., le *Sonnet* 81, fait pour répondre à cette élégie.

(Des amitiez les fideles exemples,)
Car par peinture il faut representer
Ce qui nous peut toutes deux contenter.
 Le Temple donc d'Apollon represente
Le beau Chorebe, et l'ardeur violente,
Dont pour Cassandre Amour tant le ferut,
Que pour sa Dame à la fin il mourut.
 O belle mort, advienne que je meure
Vostre, pourveu que vostre je demeure !
Heureuse lors je pourrois m'estimer,
Quand je mourrois ainsi pour vous aimer,
Car l'amitié dont je vous sers est telle,
Qu'elle sera apres mort immortelle.
 Aussi le temps, ny l'absence des lieux,
Tempeste, guerre, ou effort d'envieux,
N'effaceront, tant leur rigueur soit forte,
Nostre amitié que sainctement je porte.
 Pour ce j'ay mis autour du Temple aussi
Ce vers Latin qui s'interprete ainsi :
Vostre amitié chaste avecque la mienne,
Surmontera toute amour ancienne.
 Dans l'autre Temple à Diane voué,
(Où la Scythie a tant de fois loué
L'amour de deux qui rarement s'assemble)
Se voit Oreste, et son Pylade ensemble,
Deux compagnons si fermement amis,
Que l'un cent fois comme prodigue a mis
Son sang pour l'autre, ayans tous deux envie
De consacrer l'un pour l'autre la vie :
Cœurs genereux, et dignes de renom,
Qui pour aimer ont celebré leur nom !
 Telle amitié, bien qu'elle fust parfaite,
Est aujourd'huy par la mienne desfaite,
Car je la passe autant que je voudrois
Mourir pour vous cent et cent mille fois;
Pource j'ay pris un vers Latin, qui montre
Qu'Amour pareille icy ne se rencontre,
Et que ces deux les lieux doivent quitter

A nostre foy, qui les peut surmonter.
  Dessous le Temple est l'Autel où la Grece
(Ains que tuer la Troyenne jeunesse)
Jura dessus, que point ne se lairroit,
Mais au combat l'un pour l'autre mourroit.
  Sur cet Autel, Maistresse, je vous jure
De vous servir, et si je suis parjure,
Le Ciel vengeur de l'incertaine foy,
Puisse ruer la foudre dessur moy !
Le vers Romain donne assez à cognestre
Qu'en vostre endroit fidelle je veux estre,
Et que mon sang je voudrois sur l'Autel
Verser pour vous par service immortel.
  Dedans la pomme est peinte ma figure,
Pasle, muette, et triste, qui endure
Trop griévement l'absence de nous deux,
Ne jouyssant du seul bien que je veux.
  Hà ! je voudroy que celuy qui l'a faite
Pour mon secours ne l'eust point fait muette,
Elle pourroit vous conter à loisir,
Seule à par-vous, l'extreme desplaisir
Que je reçoy me voyant separée
De vous, mon Tout, demeurant égarée
De tant de bien qui me souloit venir,
Ne vivant plus que du seul souvenir,
Et du beau Nom que vous portez, Madame,
Qui si avant m'est escrit dedans l'ame.
  Mais quel besoin est-il de presenter
Un portrait mort, qui ne peut contenter;
Quand de mon corps vous estes la Maistresse,
Et de l'esprit qui jamais ne vous laisse ?
  Las ! c'est à fin qu'en le voyant ainsi,
A tout le moins ayez quelque souci
De moy qui suis en douleur languissante,
Pour ne voir point vostre face presente ;
Car plus grand bien je ne pourrois avoir,
Que vous servir en presence, et vous voir.
  Puis tellement dedans vous je veux estre,

Qu'autre que vous je ne veux recognestre.
Le vers Romain mis autour du portrait
Declare assez mon desir si parfait :
C'est qu'Anne vit en sa Diane esprise,
Diane en Anne, et que le Temps qui brise
Empire et Roys, et qui tout fait plier,
Deux si beaux noms ne sçauroit deslier.
    Le plus grand bien que Dieu ça-bas nous face,
C'est l'amitié qui toute chose efface.
    Sans amitié la personne mourroit,
Et vivre saine au monde ne pourroit.
C'est donc le bien qu'au monde il nous faut suivre.
Le sang, le cœur, ne font les hommes vivre
Tant comme fait la fidelle amitié,
Ayant trouvé un autre sa moitié.
    Telle, Maistresse, en m'ayant esprouvée,
M'avez certaine en vostre amour trouvée,
Car vous et moy ne sommes sinon qu'un,
Et si n'avons qu'un mesme corps commun :
Vostre penser est le mien, et ma vie
Est de la vostre entierement suivie :
Ce n'est qu'un cœur, qu'une ame, et qu'une foy.
Je suis en vous, et vous estes en moy
D'un nœud si fort estroitement liée,
Que je ne puis de vous estre oubliée,
Sans oublier vous-mesmes, et ainsi
Je n'ay ny peur ny crainte ny souci,
Car toute en vous je me trouve, Madame,
Et mon ame est toute entiere en vostre ame.
    Ce bien ne vient (pour point n'en abuser)
De la faveur dont il vous plaist m'user,
Me cognoissant de beaucoup estre moindre ;
Mais vous daignez vostre hautesse joindre
A moy plus basse, à fin que tel honneur
Me rende égale à vous par le bon-heur :
C'est la raison pourquoy je vous dedie
Mon sang, mon cœur, ma peinture et ma vie.

(1567.)

ELEGIE

Oyant un jour redoubler mes souspirs,
Les seurs tesmoins des cœurs qui sont martyrs,
Pitié vous prit de me voir en détresse,
Pour aimer trop une jeune Maistresse,
Ce disiez-vous, qui me rendoit ainsi
Plein de souspirs, de dueil et de souci :
Car pour n'avoir le moyen à toute heure
D'aller au lieu où sa beauté demeure,
Et ne pouvoir souvent la visiter,
Le souvenir me forçoit de jetter
Tant de souspirs, qui donnoient cognoissance,
Qu'une Maistresse avoit sur moy puissance.
 Or vous voyant encores aujourd'huy
En cet erreur, croyant que mon ennuy
Vienne d'aimer une autre Damoiselle,
C'est bien raison qu'icy je vous revelle
Ma passion, et pourquoy tant de fois,
Tant de souspirs m'entre-rompent la voix,
A celle fin de vous faire certaine,
Par cet escrit, d'où procede ma peine.
 Helas, ma Dame ! et à vous et à moy
Vous faites tort de douter de ma foy ;
Car vous estant telle comme vous estes,
Ayant du Ciel tant de graces parfaites,
Vos vertus sont un sujet bien heureux
Pour travailler un esclave amoureux
De vos vertus, à qui vostre hautesse
Voudroit de l'œil faire un peu de caresse,
Voudroit l'aimer, l'estimer, et le voir,
Et ses propos doucement recevoir,
Comme il vous plaist de me faire, ma Dame,

Et tel plaisir je sens jusques en l'ame.
Le serviteur qui ne le sentiroit,
En lieu d'un cœur un rocher porteroit.
 Mais plus grand tort vous me faites encore,
Sçachant assez combien je vous honore :
Puis autre-fois m'ayant fait cet honneur
De m'estimer et me faire faveur,
Il semble à voir que vostre amour, cognue
En mon endroit, se change et diminue,
Quand vous pensez qu'estimer je ne puis
Vostre vertu, dont serviteur je suis,
Ou, l'estimant, qu'assez je ne revere
Sa grand' valeur comme chose tres-chere.
 Pource je suis contraint de souspirer,
Quand prés de vous je me sens retirer,
Parlant à vous, et voyant vostre face,
Qui de beauté les plus belles efface,
Dont je reçois trop plus d'honnesteté
Et de faveur que je n'ay merité.
 Or, vous voyant si belle et si aimable,
Courtoise, douce, honneste, desirable,
Pleine d'honneur et de perfection,
Dont vous gagnez de tous l'affection ;
Puis cognoissant (suivant ma Destinee)
A vous aimer ma nature inclinée,
A vous priser, honorer et chercher,
Et vostre amour sur toutes pourchasser,
Je me resous d'abandonner la bride
A mon Destin, lequel me sert de guide,
Et au tourment qui me rend langoureux,
En m'asseurant que l'homme est mal-heureux,
Qui fuit le jour, et dont l'ame grossiere
Ne daigne voir du Soleil la lumiere.
 Mal-heureux est qui ne veut s'enflammer
D'un beau visage, et qui ne l'ose aimer.
Celuy vray'ment de la vertu n'a cure,
Et fut conceu de quelque roche dure :
En lieu d'esprit a du plomb au cerveau,

Puis qu'en vivant n'aime rien qui soit beau.
 Vous aimant donc comme chose tres-belle,
Je veux souffrir toute peine cruelle,
Et pour loyer je ne veux autre bien
Sinon l'honneur que de n'estre plus mien,
M'estant perdu sous vostre obeïssance,
Dont le malheur m'est trop de recompense.
 Car quand je voy le lieu que vous avez,
Ce que je puis, et ce que vous pouvez,
Et en quel rang estes icy tenue,
Ma petitesse et vostre grand value,
Et que mon sort au vostre n'est égal,
Amour adonc, qui redouble mon mal,
Me desespere, et la bride retire
A mon penser qui vainement desire.
 Puis la Raison, qui ma faute reprend,
Telle conqueste en amour me deffend,
Comme trop haute, et dont je ne suis digne :
Car pour les Dieux est la chose divine.
 Voilà le poinct, et la cause pourquoy
Tant de souspirs deslogent de chez-moy,
Car la raison qui resiste à ma flame,
Et l'opinion diverse qui s'enflame
Par les rayons de vostre grand' beauté,
Ont un combat en mon cœur arresté,
Et de là vient l'eternelle abondance
De mes souspirs, dont avez cognoissance.
 Donc, je vous pri', desormais ne pensez
Que ces souspirs hors de moy soient poussez
Pour autre effect que pour rompre la glace
De vostre cœur, à fin d'y trouver place.
 Et si, alors que vous n'entendiez point
L'occasion pour qui j'estois espoint
A souspirer, comme douce et humaine
Aviez pitié dequoy j'estois en peine ;
Maintenant donc que vous cognoissez bien
L'occasion de mon mal et mon bien,
Et de tous deux estes la cause vraye,

Soyez-moy douce, et guarissez ma playe,
Ayez pitié de me voir en langueur,
Car mon malheur n'est digne de rigueur.
 Outre qu'en tout vous estes tres-aimable,
On vous dira courtoise et pitoyable ;
Vostre beauté, qui tousjours fleurira,
De vos vertus tout ce Monde emplira :
Ainsi serez par un bon œuvre faite
Tant en vertu comme en beauté parfaite.

(1564.)

ELEGIE

A MYLORD ROBERT DUDLEY

Comte de Leicester (1)

Quand Jupiter, le grand pere des Rois,
 Forma Dudley (*a*), l'ornement des Anglois,
Pour un chef-d'œuvre et merveille du Monde,
Il amassa toute la terre et l'onde,
Le feu leger, et les astres qui font
A tous mortels porter dessus le front,
Comme il leur plaist, cent diverses fortunes,

a. Var. :

Fit naistre Artus.

1. En 1584 cette pièce est intitulée : *Les Paroles que dit Merlin le prophete Anglois, esmerveillé de voir Artus en sa jeunesse accomply de toutes vertus.* C'est probablement à cause de la persécution exercée contre Marie Stuart que Ronsard retrancha d'abord de cette pièce le nom et l'Eloge du favori d'Elisabeth, et plus tard l'élimina complétement de ses Œuvres.

Blanches tantost, tantost noires et brunes,
Versant sur nous je ne sçay quel Destin
Qui nous maistrise et suit jusqu'à la fin.
 Il choisit l'eau la plus claire et luisante,
La terre apres la moins dure et pesante,
Les mit en masse, et en fit du levain ;
Il la poitrit longuement en sa main,
L'amollissant de son doigt bien agile,
Comme un potier amollit son argille.
 Tournant la terre, en homme la forma,
Souffla dedans un feu qui anima
La masse rude et de soy paresseuse,
D'une ame vive, ardente et genereuse,
Semblable au feu qui pront, chaud et leger,
Fuyant la terre, au Ciel se va loger
 En-ce-pendant les trois Parques chenues
Sont à l'entour de l'image venues,
Ayant au col trois quenoilles d'airain,
Fuseaux de fer, puis, tirant de leur sein
Une filace et blanche et deliée,
L'ont tout au rond des quenoilles liée.
 Mouillant souvent de salive leurs doigts,
Pinçoient le fil d'un accord toutes trois,
Prime et subtil, de la trace suivie
Du fil tiré filoient sa belle vie (*a*),
La polissant d'une mordante dent ;
Puis, pour durer contre tout accident
Qui va troublant des mortels le courage,
D'un triple brin renforçoient tout l'ouvrage,
A fin qu'ensemble il fust et blanc et fort,
Blanc en beauté, et dur contre l'effort
Que le malheur ou que l'envie ameine,
Brisant le cours de nostre vie humaine.
 Lors Jupiter, qui seul presidoit-là,

a. Var. :

Et de la trame en tourbillon suyvie
D'un beau fuseau filoient sa blanche vie.

A haute voix tous les Dieux appella
Pour contempler ceste image parfaite
Que pour miracle au Ciel il avoit faite,
Leur commandant d'un front paisible et doux
Qu'elle receust un beau present de tous.
 Adonc Amour d'une allaigre secousse
Luy renversa tous les traits de sa trousse
Dedans les yeux ; non seulement ses traits,
Mais ses douceurs, ses graces, ses attraits,
Qui volletoient sur son chef, comme avettes
Vollent autour des plus belles fleurettes.
 Venus, d'œillets et de roses a peint
La couleur vive et fraische de son teint ;
Mars luy donna la taille et la prouesse,
Pallas prudence, et Junon la richesse ;
Phebus luy fist le chef au sien pareil,
Et Promethé luy donna le conseil,
L'esprit Mercure, et Pithon la faconde ;
Puis Jupiter le fit descendre au Monde.
 Si tost qu'à bas l'image descendit,
La Renommée aux grands yeux l'entendit ;
Lors, ne souffrant que la belle venue
D'un homme tel fut long-temps incognue,
Laissa couler, comme les Nymphes font,
Ses longs cheveux à l'entour de son front,
Et sur le dos ; puis elle prit ses aisles
A cent couleurs, grandes, longues et belles,
Faites de rang à cerceaux inégaux,
Telles qu'on voit celles des papegaux,
Present de l'Inde, estre toutes couvertes
D'azur, de rouge, et de peintures vertes,
Et se monstrer diverses à nos yeux,
Ainsi qu'Iris en un temps pluvieux.
Elle cacha cent langues en sa bouche,
Print son cornet que soudain elle embouche
A joue enflée, et promptement de là
Sur le Palais d'Europe s'envolla.
 Europe avoit sur sa robe engravée

Mainte province à fils d'or eslevée,
Mainte cité, maints fleuves et maints ports,
Et mainte mer servant de frange aux bords
De son habit, mainte droicte montagne,
Mainte forest, maint lac, mainte campagne,
Et maint sablon sur les plis jaunissant
De son habit en or resplendissant.
Son œil fut plein, tout son front et sa face
De majesté, de douceur et de grace.

  Dessur son chef mainte couronne estoit;
Dedans la main maint sceptre elle portoit,
Et haute assise en un throsne d'yvoire
De toutes pars s'environnoit de gloire,
Et de joyaux qui flambans à l'entour
De ses beaux doigts faisoient un autre jour.

  Comme elle veut ceste Europe commande
Aux Rois sceptrez assis d'une grand' bande
Pres de son throsne; un a le front joyeux,
L'autre marry fiche à terre les yeux,
L'autre rusé discourt en sa pensée
De mettre à fin la guerre commencée,
L'un vit en paix, l'autre ne veut sinon
Par le harnois acquerir du renom.

  L'un est heureux, et l'autre n'est prospere,
L'un est Tyran, l'autre regne en bon pere,
L'un est prudent, l'autre mal-avisé;
  L'un, ramassant de son sceptre brisé
Les grands esclats, miserable s'estonne,
Et l'autre voit à terre sa couronne.
L'un est vieillard et l'autre jeune enfant,
L'un est vaincu et l'autre triomphant.

  Tout à l'entour sont les Ducs et les Comtes;
Que toy, Fortune, en un jour tu surmontes,
Et de pompeux les fais aller seulets,
De grands seigneurs transformez en valets.

  Auprés du throsne estoient grandes Princesses;
Roynes de nom, Marquises et Duchesses,
Qui venoient voir Europe bien souvent.

L'une derriere et l'autre alloit devant
Selon le rang, le sang et le lignage.
    Elles, ouvrant à l'éguille un ouvrage,
Brodoient ensemble à traits longs et parfaits
De leur païs les gestes et les faits,
Et l'origine, et les longues Annales,
Grand ornement des dignitez Royales.
    Or aussi tost que l'Europe entendit
La haute voix que la Fame espandit
Au Ciel, en mer, et ça bas en la terre ;
Elle appella sa mignonne Angleterre,
Luy commandant d'aller voir que c'estoit
Que ceste voix publiquement chantoit.
    Tout aussi tost qu'Angleterre eut ouye
Telle nouvelle, elle en fut réjouye,
Et supplia la Fame de pouvoir
(Pour le redire à l'Europe) aller voir
Cette belle ame en beauté si parfaitte,
Qu'elle cornoit avecques sa trompette.
    La Renommée adonc se mist devant,
Et l'Angleterre après l'alloit suyvant,
Tousjours parlant d'un si plaisant visage,
Dont jà le nom avoit pris son courage.
    Incontinent que ceste Nymphe eut veu
Ce nouveau corps de beauté si pourveu,
De qui la face et douce et genereuse
Eust pris les Dieux, elle en fut desireuse,
Et, en dressant les yeux pleins de soucy
Vers Jupiter, fit sa requeste ainsi :
    « Pere Jupin qui habites les nues,
A qui des cœurs les flammes sont cognues,
Si j'ay suivy ta haute Majesté,
Si j'ay fidele à ton service esté,
Si tu m'as humble en tous lieux rencontrée ;
De si belle âme honore ma contrée. »
    Ainsi priant la Nymphe demanda,
Et d'un clin d'œil Jupiter l'accorda.
    Incontinent cent mille courtoisies,

Toutes vertus dedans le Ciel choisies,
Et tout l'honneur qui sert de lustre aux Rois
Vient honorer le beau païs Anglois (*a*),
[Aussi Dudley homme icy ne te passe
Soit en prouesse ou soit en bonne grace,
Soit en beauté, galantise ou vertu
Dont l'envieux est par toy combattu.
 Nul mieux que toy ne donte en la campagne
Soit le roussin soit le cheval d'Espagne,
A bride ronde, à voltes ou au cours,
Ou de pied coy, ou en cent mille tours ;
Soit en cernant une ville assiégée,
Soit combattant en bataille rangée,
Escarmouchant, soit courant et mouvant
Meinte poussiere esparse sous le vent,
Trompant les yeux de l'ennemy pour faire
Qu'en t'assaillant il se vienne deffaire.

 a. Var. (1584) :

Fils de Neptun tout environné d'onde,
Et separé des malices du monde.
 Alors que l'âge aura de ton Printemps
Un peu meury les plaisirs inconstans,
Et que l'ardeur qui les guerres anime,
Te rendra Prince et fort et magnanime,
Toutes forests, tous rochers d'alentour,
Ne parleront que d'armes et d'amour,
De pale-frois, d'escuyers, de querelles,
Et de venger l'honneur des Damoiselles,
De vains combats, et de ponts perilleux,
D'enchantements, de hazards merveilleux,
Le vray suject de ceste Table-ronde
Qui de son nom doit couvrir tout le monde,
Et de laquelle, ô tres-vaillant Artus,
Seras l'honneur pour tes hautes vertus,
Et de tous Rois, qui, boüillans de jeunesse,
Voudront un jour imiter ta prouesse.

Nul mieux que toy sous le faix du harnois
Ne sçait combattre aux paisibles tournois,
Ou soit en lice ou soit à la carrière,
A picque mousse ou soit à la barrière,
Lorsque le fer non tranchant fait voler
En se froissant mille esclats dedans l'air;
Et lorsqu'on veoit les dames apparoistre
A une tour ou à une fenestre
Favorisant d'yeux, de signe et d'ardeur
Les plus gaillards qui ont gaigné leur cœur.

Nul mieux que toy ne suit par les bocages
Les cerfs rameux ou les sangliers sauvages,
Armez de foudre, ou le daim plus leger
Ou le chevreuil qu'on chasse sans danger.

Bien que le cerf en cent tours se devoye
Fuyant la mort, tu ne faux point sa voye,
La trompe au poing haletant et pressant
Les chiens certains, apres luy languissant
Du long travail; à la fin tu le meines
Mourir aux bords des heureuses fontaines.
Tu prends son chef, puis à Diane après
Le consacrant l'attaches ès forests.

Nul mieux que toy ne tombe à la cadence
Quand main à main tu guides une danse,
Soit découpant ou les Branles anglois,
Ou les Flamans, ou les nostres François,
Ou soit balant d'une jambe soudaine
Une Gaillarde espagnole ou romaine,
Monstrant la grève et le corps bien adroit
Que pour espoux une nymphe voudroit.

Nul tant que toy n'honore la musique
Ny la douceur du bel art poétique
Qui fait ton nom voler jusques aux cieux.
Que sert aux Rois d'estre victorieux,
De commander à beaucoup de provinces,
D'estre seigneurs des peuples et des princes,
Si sans honneur ainsy qu'un bucheron
Tombent là-bas au bateau de Caron

Nus de louange, et si leur renommée
N'est par les vers d'age en age animée,
Ressuscitez du tombeau paresseux ?
Heureux vrayment, heureux mille fois ceux
Dont la gloire est de la muse suyvie,
Qui d'une mort fait renaistre une vie.
 Mais quand il faut disputer au conseil,
Ton bon esprit ne trouve son pareil
Soit pour traiter affaires d'importance
Où la raison en deux parts se balance,
Soit pour garnir les havres et les ports
De ton pays, les villes et les forts,
Et faire vivre en paix le populaire
Dessous ta Royne à qui rien ne peut plaire
Que la vertu qui compagne la suit
Et sur son front comme un astre reluit.
 Nul mieux que toy l'estranger ne caresse
Qui doucement par ta grace se laisse
Prendre et gaigner, ainsi que le poisson
Sans y penser se prend à l'hameçon.
Nul mieux que toy d'un visage accointable
Et d'un parler courtois et amiable
Pour de ta Royne illustrer la grandeur,
Ne fait caresse à un ambassadeur
De quelque part qu'en Angleterre il vienne,
Et que ta grace amy ne le retienne ;
Aussi es-tu la facture des Dieux.
Ne sois pourtant d'un tel heur glorieux :
Tant plus en haut les choses sont poussées,
Plus de fortune elles sont menacées
Et de l'Envie, à qui n'est rien si cher
Que voir d'enhaut les Princes trebucher.
 Mais toy, qui prens des Dieux mesme la vie,
N'es point subject comme un peuple à l'envie,
Plus puissant qu'elle, et la voirras mourir,
Et tes vertus héroïques fleurir,
Sans que sa lime odieuse les ronge.

Car ta vertu surmonte le mensonge (a).
Or, Monseigneur, coupable je serois
Si moy qui suis chantre de tant de rois,
Fils de ce siècle et vivant de ton age,
Je ne rendois au peuple tesmoignage
De ta vertu ; car point je n'ay passé
La mer qui tient ce royaume embrassé
Pour te chanter d'une chanson frivole ;
Je veux que vive à jamais elle vole
Et qu'à tout age elle fasse savoir
Que j'ay franchi l'Océan pour te voir.

(1567.)

ELEGIE

Seule apres Dieu la forte destinée
Commande en terre à toute chose née,
Et son lien nous enlasse si fort,
Que rien ne peut le trancher que la Mort.
  Ny pour voguer par les mers poissonneuses,
Ny pour tracer les Syrtes sablonneuses,
Pour se cacher dans l'Antre d'un rocher,
Ou sous la terre, on ne peut empescher
Le cours fatal, que vainqueur ne nous suive,
Et que chacun par contraire ne vive
Dessous la loy qu'il receut en naissant ;
Tant le decret du Destin est puissant,
Qui va forçant tous les hommes de faire
Une action l'une à l'autre contraire.
  L'un en cela, l'autre en cecy se plaist,
Et si ardent en son courage il est
Au cœur touché du destin qui l'incline

---

a. Var. Fin de 1584, en place des 10 derniers vers :

Ainsi Merlin d'Artus prophetisoit,
Et vray devient tout cela qu'il disoit.

Que son instinct ne sort de sa poitrine,
Mais s'attachant en ses veines l'emeust,
Le pousse et poingt en la part où il veut.]
   Ainsy du jour que je vous vy, Madame,
Vous fustes seule empreinte dans mon ame,
Et le Destin ne m'a permis depuis
Aimer ailleurs, tant condamné je suis
A vous servir, ne sentant autre braise,
Ny ne voyant autre bien qui me plaise.
[Car je ne puis regarder autre part
Autre soleil. Sans plus vostre regard
Me sert de sang, de poulmons et de vie;
Seule en vous gist mon tout et mon envie;
Seule pour vous je fus prédestiné
Et pour vous seule et non pour autre né.
   Quant le haut ciel, qui a toute puissance
Sur nous humains avant nostre naissance,
En vos cheveux ne m'auroit enlassé
De vous aimer je n'eusse point laissé.
Qui est celui, s'il n'est fait d'une glace
Ou d'un rocher, qui, voyant vostre grace,
Vostre jeunesse et les raiz de vos yeux,
Vostre beau front, vostre port gratieux,
Et par sus tout vostre âme genereuse,
Ne bruleroit d'une flame amoureuse?]
   Quand je vous voy (il n'en faut point mentir),
Vostre beauté au cœur me fait sentir
Cent passions diverses, et me semble
Que tout le cœur passionné me tremble.
[Celant mon feu qui ne se peut celer,
Car il ne laisse en me bruslant d'aller
De nerfs en nerfs et d'artère en artère,
De veine en veine, et forcé de le taire,
Il se decele et monstre assez combien
Vous estes seule et mon mal et mon bien.]
   En vous je vy, et en vous je respire;
Autre richesse au monde je n'aspire;
Seuls vos beaux yeux font mon contentement;

Sans leurs rayons je mourrois seulement.
[D'un seul regard je prends mort et naissance.
Ne vous voyant, je perds toute puissance,
Froid et perclus ; et, sans le souvenir
Qui compagnon me vient entretenir,
Representant ainsi qu'un bel image
De nuit, de jour, vos yeux, vostre visage,
Vostre parler et tous les biens qu'Amour
Loge dans vous, je mourrois dès le jour
Que par fortune ou par autre disgrace
Je n'ai point veu vostre gentille face,
Qui nous fait foy et tesmoigne à nos yeux
Que vos beautez ne sentent que les cieux,
Comme passant les dames de vostre age
En corps divin, en esprit meur et sage,
En courtoisie et jeunesse, qui fait
Le port plus beau, plus aimable et parfait.]
  Voila pourquoy mon ame, qui s'oublie
Pour vous aimer, si fermement se lie,
En me laissant, à la vostre, qu'elle est
Tousjours collée au plaisir qui lui plaist,
Sans se souler de telle jouyssance.
Et pour cela nos noms, comme je pense,
Sont accordans ; car nous ne sommes pas
Deux cœurs en un liez jusqu'au trepas.
Mais le Destin, qui les amans assemble,
Nous a liez de mesmes noms ensemble,
Comme de cloux pour tenir l'amitié
Qui nous conjoint sans changer de moitié.
  Las ! je ne puis changer d'autre pensée,
Tant la mienne est en la vostre passée,
Mon cœur au vostre, et plus rien je ne suis
Sinon vous-mesme, et rien de moy ne puis ;
Car tout en vous, je ne suis nulle chose,
Et n'ay besoin d'autre metamorphose,
S'il ne vous plaist vous-mesmes vous changer,
Et vous desfaire et rompre et desloger
Hors de chez vous ; autre mal-heur extréme

Ne peut forcer moy qui suis en vous mesme.
　Pour ce, Madame, esperer il vous faut
Un serviteur loyal et sans defaut,
Comme je suis, qui pour vostre service
Se vient soi-mesme offrir en sacrifice
A vos beautez, dont de jour et de nuict
Le beau portrait de toutes parts me suit;
Bien que souvent ou par doute ou par crainte,
Ou par respect ou par autre contrainte,
En vous voyant, tout pensif et tremblant,
De voir vos yeux je n'ay pas fait semblant,
Comme monstrant par froide contenance
Qu'en autre part j'avois fait alliance,
Faisant entrer les hommes en soupçon
Que mon ardeur n'estoit plus qu'un glaçon,
Et la chaleur auparavant si forte,
Par trait de temps languissoit toute morte.
　Mais je cachois d'une cendre le feu
Qui me brusloit; à fin qu'il ne fust veu
Par le dehors que le dedans, Madame,
Ardoit pour vous d'une si chaude flame.
Car je ne suis un amant incertain
Qui prend et laisse amour aussi soudain
Qu'un vestement; c'est un acte volage
Et punissable; Amour m'est heritage,
Comme mon sang, mes veines et mon cœur,
Que ny le temps, desespoir ni rigueur,
Ne peut m'oster; il faudroit me desfaire.
Mais je ne veux que l'importun vulgaire,
Menteur, causeur, cognoisse rien de moy,
Pour ne commettre à sa langue ma foy.
　Qui veut garder une amour bien entiere,
Ne faut donner au medisant matiere
De caqueter; il faut dissimuler:
Souvent se taire est meilleur que parler;
Puis l'amitié qui est bien commencée
Sans parler parle avecques la pensée.
　　　　　　　　　　(1573.)

ELEGIE

A AMADIS JAMIN

Son Page

Couvre mon chef de Pavot, je te prie,
A fin, Jamin, que mes soucis j'oublie.
De luy tout seul pour perdre mon meschef,
Je ne veux point me couronner le chef;
Mais de son jus à longs traits je veux boire
Pour de mes maux endormir la memoire
De fond en comble, et pour ne retenir
Jamais au cœur un si dur souvenir;
Voulant du tout en forçant ma nature,
Du charactere effacer la figure
Que je portois engravé dans le cœur,
Qui par deux ans a nourri ma langueur.
   Le temps perdu soit perdu, et je pense
Avoir assez entiere recompense,
Si de ses rets je me puis deslier,
Et tout à coup son amour oublier.
   Charge mon vin de Pavots et ma tes'e,
Et ne vien plus d'une reprise honneste
Me condamner que je suis inconstant,
Ou si tu veux, repren, j'en suis content,
Pourveu qu'ainsi je la puisse en ma vie
Autant haïr comme je l'ay servie.
   Le mal traité s'éjouit à son tour,
Quand le Destin triomphe de l'amour,
Et bien souvent pour ne pouvoir complaire,
Le trop d'amour se transforme en colere,

En rage, en feu, qui de vengeance sert,
Et pour un rien souvent le tout se perd.

(1573.)

ELEGIE

A CASSANDRE

L'Absence, ny l'oubly, ny la course du jour,
N'ont effacé le nom, les graces ny l'amour
Qu'au cœur je m'imprimay dés ma jeunesse tendre,
Fait nouveau serviteur de toy, belle Cassandre,
Cassandre, qui me fus plus chere que mes yeux,
Que mon sang, que ma vie, et que seule en tous lieux
Pour sujet eternel ma Muse avoit choisie,
A fin de te chanter par longue poësie.
  Car le trait qui sortit de ton regard si beau
Ne fut l'un de ces traits qui deschirent la peau;
Mais ce fut un de ceux dont la poincte cruelle
Perse cœur et poumons, et veines et mouelle.
Ma Cassandre, aussi tost que je me vy blessé,
Jeune d'ans et gaillard, depuis je n'ay pensé
Qu'à toy, mon cœur, mon ame, à qui tu as ravie
Absente si longtemps la raison et la vie.
Et quand le bon Destin jamais n'eust fait revoir
Tes yeux si beaux aux miens, le temps n'avoit pouvoir
D'enlever une esquierre, ou d'amoindrir l'image
Qu'Amour m'avoit portraite au vif de ton visage;
Si bien qu'en souvenir je t'aimois tout ainsi
Que dés le premier jour que tu fus mon souci.
  Et si l'âge, qui rompt et murs et forteresses,
En coulant a perdu un peu de nos jeunesses,

Cassandre, c'est tout un ; car je n'ay pas esgard
A ce qui est present, mais au premier regard,
Au trait qui me navra de ta grace enfantine,
Qu'encores tout sanglant je sens en la poitrine.
Bien-heureux soit le jour que tes yeux je revy,
Qui m'ont et pres et loin de moy mesme ravy.

 Et si j'estois un Roy qui toute chose ordonne,
Je mettrois en la place une haute Colonne
Pour remarque d'Amour, où tous ceux qui viendroient,
En baisant le pilier, de nous se souviendroient.

 Je devins une idole aux rayons de ta veue,
Sans parler, sans marcher, tant la raison esmeue
Me gela tout l'esprit, loin de moy m'estrangeant,
Et vivois de tes yeux seulement en songeant.
Tousjours me souvenoit de ceste heure premiere
Où jeune je perdi mes yeux en ta lumiere,
Et des propos qu'un soir nous eusmes, devisant,
Dont le seul souvenir, non autre, m'est plaisant.

 Ce fut en la saison du Printemps qui est ores ;
En la mesme saison je t'ay reveue encores ;
Face Amour que l'Avril où je fus amoureux
Me fasse aussi content que l'autre mal-heureux.

(1573.)

ELEGIE

A NICOLAS DE NICOLAY

Daulphinois, seigneur d'Arfeuille, varlet de chambre
et géographe ordinaire du Roy Charles IX (1)

Soit que l'homme autres fois d'argile retastée
 Fust au pourtrait des Dieux moulé par Promethée,

1. J'ai trouvé ces vers en tête d'un volume in-4° intitulé

Soit que l'humeur du Nil, miracle nompareil,
L'ait produit, eschauffée aux rayons du soleil,
Quand la terre pesante au centre demourée
Du ciel son compaignon se trouva séparée ;
L'homme est vrayment divin, sçavant, ingénieux,
Et sur tous animaux le plus semblable aux Dieux,
Parfaict quoique divers ; car de cent mille ensemble
Un ne peut se trouver qui à l'autre ressemble.
Non les peuples qui sont diversement lointains,
Mais les frères, les sœurs et les cousins germains.
Et tout ainsi qu'ils sont differens de visages,
Ils different aussi de mœurs et de courages.
L'un ayme sans renom le casanier repos,
L'autre à ses ennemys ensanglante le dos.
L'un, revesche et chagrin, languit dessus un livre ;
L'autre de la faveur des grands Princes s'enyvre.
L'un ayme le barreau et, suant au parquet,
Revend au poids de l'or son avare caquet.
L'autre fend un rocher pour un palais du Louvre,
L'autre près des enfers les minières descouvre.
L'un sillonne la mer, voguant de toutes pars,
Et prodigue sa vie, hostesse des hazars ;
L'autre parmy les champs exerce son ouvrage
Et courbé sur le soc travaille au labourage.
Mais j'estime sur tous celuy le plus heureux
Qui, devant que vestir le cercueil tenebreux,
Laisse, par la vertu, maugré la Parque noire,
D'avoir jadis vescu quelque belle memoire.

A toy, Nicolay, appartient ce bon heur
Qui as dez ton enfance aymé tousjours l'honneur,
Aux armes t'adonnant, à la cosmographie,
Aux dessaings, aux pourtraicts, à la geographie,
Et à mille beaux-arts, que ton divin esprit

Les navigations, pérégrinations et voyages, faicts en la Turquie par Nicolas de Nicolay, etc. Anvers, Guill. Sylvius, 1676. — La préface, datée du chasteau de Molins, en Bourbonnais, 1567, fait penser que les vers de Ronsard doivent être de cette époque.

Presque dez le berceau divinement apprit.
    Puis, jeune abandonnant les Françoises provinces
Pour obéir aux Roys qui lors furent nos princes,
A ce grand roy François et à son fils Henry,
L'un du docte Apollon, l'autre de Mars chery;
L'un que tout l'univers aprez sa mort honore,
Et l'autre qui aux siens serviroit bien encore,
Prince doux et bening, lequel n'a desdaigné,
De ses plus grands seigneurs estant accompaigné,
D'aller en ta maison veoir mille belles choses,
Qui dans ton cabinet proprement sont encloses,
Aussy pour inciter à l'exemple de toy
L'esprit de ses vassaux à bien servir le Roy.
    Doncque dez ton enfance aymant les choses belles,
Et curieux de veoir mille terres nouvelles,
Amoureux de vertu, ennemy de repos,
Ayant comme le corps l'esprit sain et dispos,
Tu courus veoir premier les nations prochaines,
Ceux qui vont habitant les Bourguignones plaines,
Hennuyers, Brabançons, Liegeois et Flamans;
Puis tu passas le Rhin et vis les Allemans,
Les Hongres et tous ceux qui, d'une bouche froide,
Boivent les eaux d'Ister, de glace tousjours roide.
Tu vis les Transylvains, Daces et Polonnois,
Et les Franconiens, les ayeux des François.
Tu vis Hongrie et Prusse et Suede et Gothie,
Les Vandales, Alains, grands peuples de Scythie;
Puis, gaillard, retournant en un païs plus chault,
Tu as veu l'Iberie, où le soleil d'en haut
Plonge en l'eau ses coursiers, et, tournoyant la terre
Comme ce grand flambeau, tu as veu l'Angleterre,
L'Escosse, l'Ibernie, et tout ce que la mer
Peut en se promenant de ses bras enfermer.
    De là tu vis l'Itale et la belle contrée
Qui jadis chef du monde au monde s'est monstrée,
Et n est ores plus rien, si non serve de ceux
Qui jadis luy servoient de triomphes pompeux.
Puis tu osas dompter la tempeste enragée

Des ondes d'Ionie et de la mer Ægée,
Et l'humide fureur des Propontides eaux,
Qui bornent aux deux bouts les Bosphores jumeaux.
   Puis, laissant le travail de la mer escumeuse,
Tu vins surgir au port de la ville fameuse
Que le grand Constantin, accroissant son renom,
Enrichist de l'Empire et orna de son nom.
   De là tu allas veoir les Royaumes d'Asie,
Infidelle demeure aux peuples de Turquie.
   Tu n'as certes esté en ces terres oisif,
Ains les divers pourtraicts tu nous monstres au vif
Des temples, des chasteaux, des regions entières,
Des palais, des citez, des ports et des rivières,
Partout où tu passois ne laissant rien de beau,
Sans le représenter en ton docte tableau,
Et sans nous découvrir les vives pourtraictures
Par encre et par couleur, des diverses vestures
Des sciences, des mœurs et des religions
Qui ornent les grandeurs de tant de regions.
   Si bien que desormais, sans plus partir de France
Nostre François aura parfaite cognoissance
De ces peuples loingtains que Charles, ce grand roy,
Doit surmonter un jour et leur donner sa loy.
Si n'as tu pas trouvé la France plus tranquille
Que la mer qui tousjours de vagues est mobile ;
Tu l'as trouvée en guerre et pleine de soldars,
Poussée à la fureur de Bellone et de Mars ;
Et ce trouble fascheux est la cause premiere
De quoy ce livre tien n'estoit mis en lumiere ;
Qui or comme un enfant nouvellement conceu
Est de tous à l'envy avec faveur receu.
Le Roy le favorise, et les terres estranges
Honnorent ta vertu de diverses louanges ;
Car un si beau labeur mérite en tous endroits
Le bon accueil du peuple et la faveur des Rois.

ELEGIE

A M. NICOLAS

Secretaire du Roy

Bellot, à fin que mort tu puisses vivre,
J'ay par ton nom encommencé mon livre ;
Mais pour autant que tu n'es pas un Dieu,
Tu n'auras pas la fin ny le milieu,
Ainsy qu'avoit ce Jupiter antique
Qui entendoit la chanson olympique
Se commencer et se finir par luy.
Tu n'oirras donc, mon Bellot, aujourd'huy
Finir par toy le bout de cet ouvrage.
   Mais tout ainsy que ceux du premier age,
Sortant de table avant que leur coucher,
Laissoient du vin sur la terre épancher,
En finissant le tour par leur Mercure,
Haut l'invoquant contre la nuit obscure,
Dieu sous la terre et dans le ciel puissant.
   Ainsy je vay mon labeur finissant,
Par Nicolas qui mon Mercure enflamme
Et dont le nom m'est portrait dedans l'âme,
Et par qui seul cent bienfaits je reçoy
Appuy certain des Muses et de moy.
   Pren donc, amy, ces vers que je te donne
En attendant qu'Euterpe me façonne
Un œuvre entier plus digne de ton nom ;
Car celluy-cy, Nicolas, n'est sinon
Un avant-jeu d'une chanson plus grande
Qui hautement tes louanges respande,

De tous costez chantant le nom vainqueur
Qui a donté les peuples et leur cœur.

(1573.)

ELEGIE (1)

Madame, oyez le mal que je reçoy
Pour le plaisir de n'être plus à moy,
Perdant du tout l'esperance de l'estre :
Contre un grand Dieu un homme n'est pas maître.
　Ce petit Dieu qui porte dans la main
Un trait lavé de notre sang humain,
Qui ne se plaist que d'allumer nos ames
Du chaud brandon de ses cruelles flames,
Qui peut donter les hommes et les Dieux,
Fut l'autre jour de mon aise envieux.
Rendant ma vie à ses pieds estouffée,
De ma franchise augmenta son trophée,
M'osta le sens, l'esprit et la raison,
Puis m'enferma dedans vostre prison,
Et me lia d'une si douce sorte
Que j'ay plaisir des liens que je porte.
　Tous prisonniers, tant soient-ils enferrez
Dessous la terre à l'obscur enserrez,
Hatent leur mal et vivent d'esperance
D'avoir en bref de leurs maux delivrance,
Et de revoir du soleil la clarté,
Estant remis en douce liberté.
　Or, dès le jour que la belle lumière
De vos yeux prit mon ame prisonnière,
Je n'ay voulu pour hoste recevoir

---

1. Cette Elégie, que j'ai trouvée dans les éditions de 1578
et 1584, ne se rencontre plus que dans celle de Lyon, Sou-
bron, 1592.

Nulle esperance, et n'en veux point avoir,
Bien que flatteuse à toute heure elle essaye
De soulager ma prison et ma playe,
Me promettant de me faire jouyr
De liberté ; mais je ne veux l'ouyr
Ny luy donner dedans mon cœur passage,
De peur, hélas ! que mon penser volage
Ne m'asseurast de me faire partir
De la prison d'où je ne peux sortir.
 Ceste esperance au soir, quand je me couche,
Et au matin, quand je sors de ma couche,
Vient toute seule, afin de m'offenser,
Secretement pratiquer mon penser
Pour me trahir ; mais plus elle s'efforce
D'entrer chez moy, je resiste à sa force,
Je la repousse et point ne la reçoy
Pour ne loger mon ennemy chez moy.
 Il ne faut point qu'une autre, tant soit belle,
Pense esbranler ma constance fidelle :
Autre beauté je ne sçaurais aimer.
Je suis semblable au polype de mer
Qui aime tant les branches de l'olive
Qu'il sort de l'eau et vient dessus la rive
Les caresser, festoyer, embrasser,
Et tellement il se laisse enlasser
En l'arbre aimé que glaive ny espée
Dedans son sang mille fois retrampée
Ne peut l'oster d'un tel embrassement ;
Ains en serrant toujours obstinément
N'a peur de voir sa vie consommée,
Mourant joyeux de sur la branche aimée.
 Pareille mort je voudrois recevoir
Si dans mes bras je vous pouvois avoir.
Souffrez au moins qu'icy je vous accuse
De me charmer ainsy qu'une Meduse.
Toutes les fois que je sens approcher
Vos yeux sur moy, je deviens un rocher
Sans sentiment, et mon ame gelée,

Qui par frayeur au cœur s'est en allée,
De froide peur me glace tout le sang.
Sans respirer je demeure tout blanc,
Pale, empierré, comme une roche dure
En qui se voit d'un homme la figure.
Telle en Sipyle apparoist Niobé
Dans un rocher dessus la mer courbé.
Je cognois bien que je ne suis pas sage
Et que l'ardeur a forcé mon courage,
Que mes desseins ne sont point avancez.
Je suis aveugle, et si je vois assez
Que j'aime trop le mal qui me tourmente ;
Et toutefois si vous estiez constante
Pour vous donner les biens que j'aime mieux,
Mon sang, mon cœur, mon esprit et mes yeux,
Je le ferois sans aucune prière.
Mon cœur, mon sang, ni ma douce lumiere,
Ame ni vie, hélas! ne me sont rien
Au prix de vous qui estes tout mon bien.
 Or, pour la fin cest escrit je vous donne
Pour le donner à une autre personne
S'ainsy vous plaist, ou pour le retenir.
Rien ne sçauroit de vostre part venir
Qui ne m'apporte une joye parfaite,
Si par mon mal je vous voy satisfaite.

(1578.)

FIN DU TOME IV.

TABLE DES MATIÈRES

CONTENUES DANS CE VOLUME.

                                      Pages.

Au duc d'Anjou............................ 3

EGLOGUES.

I. Bergerie........................... 5
II. Les pasteurs..................... 45
III. Chant pastoral pour les nopces du duc de Lorraine........................... 54
IV. Du Thier......................... 81
V. Daphnis et Thyrsis............... 92
Le Cyclope amoureux................ 104
VI. Sur la mort de Marguerite de France.... 115

MASCARADES

A Henry de Lorraine, duc de Guise...... 121
Cartel I. Pour le chevalier contant..... 123
Cartel II. Pour le chevalier mal-contant.. 125
Cartel III. *Si le renom des chevaliers*.... 127
Cartel IV. *Demeure, chevalier*........... 129
Le Trophée d'Amour.................... 131
Le Trophée de la Chasteté............. 132

	Pages.
Mascarades faites à Bar-le-Duc.	134
Stances pour l'avant-venue de la Royne d'Espagne.	137
Les Sereines représentées au canal du jardin du duc d'Orléans à Fontainebleau.	141
Chanson à la louange du roy Charles IX.	146
Comparaison du soleil et du roy Charles IX.	148
Cartel pour le roy Charles IX.	150
Cartel pour un combat que fist le roy Charles IX.	151
Cartel contre l'amour mondain	152
Cartel pour l'Amour.	155
Pour le roy habillé en Hercule.	159
Cartel pour Monsieur.	160
Amour et Mercure, dialogue.	162
Mercure aux dames	163
Jupiter	165
Pallas	166
Cartel. *Huict chevaliers de nation estrange.*	167
Autre. *Trois guerriers incognus*	169
Mascarade pour les nopces du duc de Joyeuse. Aux dames	170
Cartel pour le combat à cheval.	171
Cartel pour les chevaliers célestes	173
Cartel pour les chevaliers de la Renommée	174
Cartel pour les chevaliers des flames	175
LA CHARITÉ	177
Vers récitez sur la fin de la comédie à Fontainebleau.	184

MASCARADES RETRANCHÉES AUX DERNIÈRES ÉDITIONS.

Ce diamant, maistresse, je vous donne.	186
Cartel pour présenter au roy	187
Envoy à une damoiselle	189
Cartel pour le duc d'Anjou	190
Mascarade. *Las ! pour avoir aymé trop haut.*	190
Cartel pour le roy Henri III	191
Cartel pour le roy.	192
Sonnet pour une mascarade	192
Sonnet pour une mommerie.	193
Cartel pour le roy célébrant sa naissance.	194
Entrée de Charles IX à Paris.	200
Envoy des chevaliers aux dames.	206

ELÉGIES.

	Pages.
Epithalame du duc de Joyeuse............	211
Elégie I. Au roy Henry III...............	215
II. A Philippes Des-Portes.............	217
III. *L'autre jour que j'estois assis*...........	220
IV. Discours amoureux de Genèvre.........	224
V. A M. de Fictes....................	239
VI. A Genèvre.......................	250
VII. *Si le Ciel, qui la foy des amans favorise*.....	255
VIII. *Celuy devoit mourir de l'esclat du tonnerre*...	258
IX. *Cinq jours sont jà passez, Denizot*........	261
X. *De vous et de fortune et de moi je me deuls*....	263
XI. *J'avois toujours et craint et voulu*........	268
XII. A J. Hurault....................	272
XIII. *Bien que l'obéissance et l'amour*........	274
XIV. Traduite du grec d'Ergasto...........	280
XV. *J'ay ce matin amassé de ma main*........	284
XVI. *Je suis certain que vostre bon esprit*......	286
XVII. *Nous fismes un contract*............	289
XVIII. *Sans âme, sans esprit*............	290
XIX. A Robert de La Haye...............	291
XX. A Remy Belleau..................	296
XXI. A Martial de Lomenie..............	301
XXII. L'Amour oiseau..................	302
XXIII. *Nous vivons, mon Panias*...........	305
XXIV. A Genèvre.....................	306
XXV. *Comme un guerrier refroïdi de prouesse*.....	315
XXVI. *Pour vous aimer, maistresse, je me tue*.....	319
XXVII. *Un long voyage ou un courroux, Madame*...	324
XXVIII. *Vous qui passez en tristesse le jour*.....	326
XXIX. Dires ou imprécations.............	338
XXX. Contre les bûcherons de la forest de Gastine.	347
XXXI. *Si mes vers semblent doux*...........	349
XXXII. Invective.....................	350
XXXIII. A Barthelemi Del-Bene...........	356
Ode del signor Del-Bene................	359
Elegia Mich. Hospitallii................	361

ELÉGIES RETRANCHÉES AUX DERNIÈRES ÉDITIONS.

Douce maistresse à qui j'ay dedié..........	367
Cherche, Cassandre, un poëte nouveau........	372

	Pages.
A Jean Brinon.	373
Pour vous monstrer que j'ay parfaite envie.	375
Oyant un jour redoubler mes souspirs.	379
A Robert Dudley	382
Seule après Dieu la forte destinée.	390
A Amadis Jamyn	394
A Cassandre.	395
A Nicolas de Nicolay	396
A M. Nicolas	400
Madame, oyez le mal que je reçoy.	401

FIN DE LA TABLE DU TOME QUATRIÈME.

Paris, imprimé par CH. JOUAUST, 338, rue Saint-Honoré.

LIBRAIRIE A. FRANCK,

67, RUE RICHELIEU.

BIBLIOTHÈQUE ELZEVIRIENNE.

IN-16, PAPIER VERGÉ, RELIURE EN PERCALINE.

L'Internelle consolation, première version françoise de l'*Imitation de Jésus-Christ*. Nouvelle édition, publiée par MM. L. Moland et Ch. d'Héricault. 1 vol.   5 fr.

Réflexions, Sentences et Maximes de la Rochefoucauld. Nouvelle édition, par G. Duplessis. Préface par Sainte-Beuve. 1 vol.   5 fr.

Gérard de Rossillon. Poème provençal, publié, d'après le manuscrit unique, par M. Francisque Michel. 1 vol.   5 fr.

Le Dolopathos, recueil de contes en vers du XII⁰ siècle, par Hebers, publiés, d'après les manuscrits, par MM. Ch. Brunet et A. de Montaiglon, 1 vol.   5 fr.

Floire et Blanceflor, poèmes du XIII⁰ siècle, avec une Introduction, des Notes et un Glossaire, par M. Edélestand du Méril. 1 vol.   5 fr.

Recueil de Poésies françoises des XV⁰ et XVI⁰ siècles, morales, facétieuses, historiques, revues sur les anciennes éditions et annotées par M. A. de Montaiglon. Tomes I-IX. Ch. vol. 5 fr.

Chansons de Jehannot, de Lescurel. 1 vol. 2 fr.

Œuvres de G. Coquillart. Nouvelle édition, revue et annotée, par M. Ch. d'Héricault. 2 vol. 10 fr.

Œuvres complètes de Pierre Gringore, revues et annotées par MM. Ch. d'Héricault et A. de Montaiglon. T. I. 5 fr.

OEuvres de Roger de Collerye. Nouvelle édition, avec une préface et des notes, par M. Ch. d'Héricault, 1 vol. 5 fr.

OEuvres complètes de Ronsard, avec les variantes et des notes, par M. Prosper Blanchemain. 8 vol. Chaque vol. 5 fr.

Les Tragiques, de Théodore Agrippa d'Aubigné. Edition annotée, par M. Ludovic Lalanne. 1 vol. 5 fr.

OEuvres complètes de Remy Belleau, avec notice et portraits, publiées d'après les éditions originales par A. Gouverneur. 3 vol. 15 fr.

Le Panthéon et Temple des Oracles, par Fr. d'Hervé, 1 vol. 5 fr.

OEuvres complètes de Racan, revues et annotées par M. Tenant de Latour. 2 vol. 10 fr.

OEuvres complètes de Théophile, revues, annotées et précédées d'une Notice biographique par M. Alleaume, 2 vol. 10 fr.

Œuvres complètes de Saint-Amant. Nouvelle édition, revue et annotée par Ch. L. Livet. 2 vol. 10 fr.

Œuvres choisies de Senecé. Nouvelle édition, publiée par MM. Emile Chasles et P. A. Cap. 1 vol. 5 fr.

Œuvres posthumes de Senecé, publiées par MM. Emile Chasles et P. A. Cap. 1 vol. 5 fr.

Œuvres de Chapelle et de Bachaumont, publiées par M. Tenant de Latour. 1 vol. 4 fr.

Ancien Théâtre françois, ou Collection des ouvrages dramatiques les plus remarquables depuis les Mystères jusqu'à Corneille, publiés avec des notices et éclaircissements. 10 vol. 50 fr.

Histoire de la vie et des ouvrages de Corneille, par M. J. Taschereau. 1 vol. 5 fr.

Œuvres complètes de Pierre Corneille, revues et annotées par M. J. Taschereau. Tomes I et II. Chaque volume. 5 fr.

Mélusine, par Jehan d'Arras. Nouvelle édition, publiée par M. Ch. Brunet. 1 vol. 5 fr.

Le Roman de Jehan de Paris. Nouvelle édition, revue et annotée par M. Emile Mabille. 1 vol. 3 fr.

Le Roman comique, par Scarron, revu et annoté par M. Victor Fournel. 2 vol. 10 fr.

Histoire amoureuse des Gaules, par Bussy-Rabutin, revue et annotée par M. Paul Boiteau; suivie des Romans historico-satiriques du XVII° siècle, recueillis et annotés par M. C. L. Livet. Tomes I-III. 15 fr.

Six mois de la vie d'un jeune homme (1797), par Viollet-le-Duc. 1 vol. 4 fr.

Les Aventures de don Juan de Vargas, racontées par lui-même, traduites de l'espagnol par Charles Navarin. 1 vol. 3 fr.

Nouvelles françoises en prose du XIII° siècle, avec notice et notes par MM. Moland et Ch. d'Héricault, 1 vol. 5 fr.

Nouvelles françoises en prose du XIV° siècle, par les mêmes. 1 vol. 5 fr.

Le Violier des Histoires romaines, ancienne traduction françoise des **Gesta Romanorum,** revue et annotée par M. G. Brunet, 1 vol. 5 fr.

Les Facétieuses Nuits de Straparole, traduites par Jean Louveau et Pierre de Larivey. 2 vol. 10 fr.

Hitopadésa, ou l'Instruction utile, recueil d'Apologues et de Contes, traduits du sanscrit par M. Ed. Lancereau. 1 vol. 5 fr.

Morlini Novellæ, Fabulæ et Comœdia. 1 vol. 5 fr.

Les Quinze joyes de mariage. 2ᵉ édition. 1 vol. 3 fr.

Les Évangiles des Quenouilles. 1 vol. Prix. 3 fr.

OEuvres complètes de Rabelais, seule édition conforme aux derniers textes revus par l'auteur, avec des variantes des anciennes éditions, des notes et un glossaire. Tome I. 5 fr.

La nouvelle Fabrique des excellents traits de vérité, par Philippe d'Alcrippe, sieur de Neri en Verbos. 1 vol. 4 fr.

OEuvres complètes de Tabarin, publiées par M. G. Aventin. 2 vol. 10 fr.

Les Caquets de l'Accouchée. Nouvelle édition, revue sur les pièces originales et annotée par M. Edouard Fournier, avec une Introduction par M. Le Roux de Lincy. 1 vol. 5 fr.

Le Dictionnaire des Précieuses, par le sieur de Somaize. Nouvelle édition, augmentée de divers opuscules relatifs aux Précieuses, et d'une clef historique et anecdotique, par M. C. L. Livet. 2 vol. 10 fr.

OEuvres de Bonaventure des Périers, revues et annotées par M. Louis Lacour. 2 vol. 10 fr.

Relations des trois ambassades du comte de Carlisle, de la part de Charles II, en Russie, en Suède et en Danemark. Nouvelle édition, avec préface, notes et glossaire, par le prince Augustin Galitzin. 1 vol. 5 fr.

Histoire du Pérou, par le P. Anello Oliva, traduite de l'espagnol sur le manuscrit inédit par M. H. Ternaux-Compans. 1 vol. 3 fr.

Les Aventures du baron de Fœneste, par d'Aubigné. Edition revue et annotée par M. Prosper Mérimée, de l'Académie française. 1 vol. 5 fr.

Chronique de Charles VII, par Jean Chartier, publiée par M. Vallet de Viriville. 3 vol. 15 fr.

Mémoires de la reine Marguerite, suivis des Anecdotes tirés de la bouche de M. du Vair. Notes par M. Ludovic Lalanne. 1 vol. 5 fr.

Mémoires de Henri de Campion, annotés par M. C. Moreau, 1 vol. 5 fr.

Les Courriers de la Fronde, en vers burlesques, par Saint-Julien, annotés par M. C. Moreau, 2 vol. 10 fr.

Mémoires du comte de Tavannes, suivis de l'Histoire de la guerre de Guienne, par Balthazar. Notes par M. C. Moreau. 1 vol. 5 fr.

Mémoires de la marquise de Courcelles, publiés, avec une notice et des notes, par M. Paul Pougin, 1 vol. 5 fr.

Mémoires de madame de la Guette. Nouvelle édition, revue et annotée par M. C. Moreau. 1 vol. 5 fr.

Mémoires et Journal du marquis d'Argenson, ministre des affaires étrangères sous Louis XV, annotés par M. le marquis d'Argenson. 5 vol. Chaque vol. 5 fr.

OEuvres complètes de La Fontaine, revues et annotées par M. Marty-Laveaux. Tomes II-IV. Chaque volume. 5 fr.

Variétés historiques et littéraires, recueil de pièces volantes, rares et curieuses en prose et en vers, revues et annotées par M. Edouard Fournier, 10 vol. Chaque volume. 5 fr.

OEuvres complètes de Branthôme, avec une introduction, par M. Mérimée, et des notes par M. Louis Lacour. Tomes I-III. 15 fr.

Chansons de Gaultier Garguille, revues et annotées par M. Ed. Fournier. 1 vol. 5 fr.

Les Cent Nouvelles nouvelles publiées d'après le seul manuscrit connu, avec une introduction et des notes. 2 vol. 10 fr.

Le Plaisir des champs, poème en quatre livres, par Claude Gauchet, revu et annoté par M. Prosper Blanchemain. 1 vol. 5 fr.

Catalogue raisonné de la Bibliothèque elzevirienne. 1853-1865. 1 vol. 2 fr.

Ce catalogue est donné gratuitement à toute personne qui achète quatre volumes au moins à la fois, et aux anciens souscripteurs à la collection qui s'engagent à en prendre la suite.

SOUS PRESSE.

OEuvres complètes de Rutebeuf, trouvère du XIIIe siècle, publiées et annotées par M. Achille Jubinal. 2 vol.

Le grand Parangon des Nouvelles nouvelles, par Nicolas de Troyes, publié d'après le manuscrit original par M. Emile Mabille. 1 vol.

VOLUMES ÉPUISÉS

DONT IL NE RESTE PLUS QUE DES EXEMPLAIRES SUR PAPIER FORT.

Les Caractères de Théophraste, traduits du grec, avec les Caractères et les Mœurs de ce temps, par La Bruyère. Nouvelle édit. par M. A. Destailleur. 2 vol. 20 fr.

OEuvres complètes de François Villon, publiées par P. L. Jacob, bibliophile. 1 vol. 10 fr.

OEuvres complètes de Mathurin Regnier, précédées d'une histoire de la satire en France par M. Viollet le Duc. 1 vol. 10 fr.

Le livre du Chevalier de La Tour-Landry pour l'enseignement de ses filles, publié par M. A. de Montaiglon. 1 vol. 10 fr.

Extrait abrégé des vieux Mémoriaux de l'abbaye de Saint-Aubin-des-Boys en Bretagne. 1 vol. 5 fr.

VOLUMES ENTIÈREMENT ÉPUISÉS

SUR PAPIER ORDINAIRE ET PAPIER FORT.

Le livre des Peintres et Graveurs par Michel de Marolles, publié par M. G. Duplessis. 1 vol.

Le Roman bourgeois par A. Furetière, publié par M. Ed. Fournier. 1 vol.

Histoire notable de la Floride par le capitaine Laudonnière. 1 vol.

Mémoires pour servir à l'histoire de l'Académie royale de peinture et de sculpture depuis 1648 jusqu'en 1664, publiés par M. A. de Montaiglon. 2 vol.

LES ANCIENS POÈTES
DE LA FRANCE,

publiés sous les auspices de S. Exc. M. le Ministre de l'instruction publique, et sous la direction de M. F. Guessard, membre de l'Institut. In-16 rel. en percaline. Papier vergé, caractères elzeviriens, format de la Bibliothèque elzevirienne.

I. **Gui de Bourgogne**, publié par MM. F. Guessard et H. Michelant. — **Otinel**, publié par MM. F. Guessard et H. Michelant. — **Floovant**, publié par MM. F. Guessard et H. Michelant. 5 fr.

II. **Doon de Maience**, publié par M. A. Pey. 5 fr.

III. **Gaufrey**, publié par MM. F. Guessard et P. Chabaille. 5 fr.

IV. **Fierabras**, publié par MM. A. Krœber et G. Servois. — **Parise la duchesse**, publié par MM. F. Guessard et L. Larchey. 5 fr.

V. **Huon de Bordeaux**, publié par MM. F. Guessard et C. Grandmaison. 5 fr.

VI. **Aye d'Avignon**, publié par MM. F. Guessard et P. Meyer. — **Gui de Nanteuil**, publié par M. P. Meyer. 5 fr.

VII. **Gaydon**, publié par MM. Guessard et S. Luce. 5 fr.

VIII. **Hugues Capet**, publié par M. le marquis de La Grange. 5 fr.

IX. **Macaire**, publié par M. Guessard. 7 fr. 50

X. **Aliscans**, publié par MM. F. Guessard et A. de Montaiglon. 5 fr.

SOUS PRESSE :
Renaut de Montauban, 2 vol.

Nogent-le-Rotrou, imprimerie de A. GOUVERNEUR.

www.ingramcontent.com/pod-product-compliance
Lightning Source LLC
Chambersburg PA
CBHW052115230426
43671CB00009B/1009